世界体育史丛书

郝勤　主编

德国体育史

潘华　著

人民体育出版社

图书在版编目（CIP）数据

德国体育史 / 潘华著. -- 北京 : 人民体育出版社,
2019 (2022.3重印)
（世界体育史丛书 / 郝勤主编）
ISBN 978-7-5009-5254-1

Ⅰ. ①德… Ⅱ. ①潘… Ⅲ. ①体育运动史—德国
Ⅳ. ①G815.169

中国版本图书馆CIP数据核字(2022)第026890号

*

人民体育出版社出版发行
北京建宏印刷有限公司印刷
新　华　书　店　经　销

*

787×1092　16开本　20印张　325千字
2019年8月第1版　　2022年3月第3次印刷

*

ISBN 978-7-5009-5254-1
定价：90.00元

社址：北京市东城区体育馆路8号（天坛公园东门）
电话：67151482（发行部）　　　邮编：100061
传真：67151483　　　　　　　　邮购：67118491
网址：www.sportspublish.cn
（购买本社图书，如遇有缺损页可与邮购部联系）

潘华简介

潘华，男，1962年2月生，重庆大足人。先后毕业于四川外国语大学、成都体育学院和奥地利萨尔茨堡大学。德国科隆体育大学访问学者。现任成都体育学院教授、硕士研究生导师，中外体育史研究室主任。长期从事中外体育史研究，除出版《德国大众体育》专著外，还发表学术论文《德国体育史学研究评述》《中德体育交流百年回眸》及《近年来中国的外国体育史研究前沿探析》等100余篇，主持和参与《中国古代体育文物调查与数据库建设》《古日耳曼体育与游戏的社会学研究》及《四川体育百年百人》等多项国家级和省部级课题。

序

体育：在历史中奔跑

郝勤

现代体育是一个全球文化体系，是人类社会发展与文明进步的重要成果与标志。现代体育以共同的理念、统一的规则、跨国性组织、周期性赛事及全球化活动方式将世界连接为一个整体，使全人类拥有共同的语言与梦想。现代体育以竞技与身体运动为核心，在促进人的身心健康、人格发展、社会和谐及世界和平等方面具有重大意义，并在政治、经济、文化、国际交往等领域产生着重要作用与影响。

中国体育是世界体育的重要成员与组成部分。从历史来看，现代体育是中国人最早接纳并融入世界的领域之一。资料显示，早在1840年前后，现代体育的一些运动项目即在香港、澳门等地登陆中国。19世纪末20世纪初，随着教会学校的出现与基督教青年会的传教活动，田径、球类等许多现代体育项目陆续由天津、上海、广东等地传入中国。与此同时，在“救亡图存”“强国强种”的强烈愿望下，清末民初的中国知识分子也从日、德、英、美等国大力引进现代体育。20世纪上半叶，中国逐渐融入世界体育体系，不仅在全国中小学设置体育课，还举办了七届全国运动会，参加了十届远东运动会和三届奥运会。中华人民共和国成立伊始，即排除各种障碍，参加了1952年赫尔辛基奥运会。1958年至1979年，中国因众所周知的原因脱离了世界体坛。改革开放后，中国重新回到国际体育大家庭。从1984年洛杉矶奥运会开始，中国运动员在一系列重大国际赛事中取得了举世瞩目的成就。1990年，北京成功举办亚运会，2008年北京成功举办第29届夏季奥运会，中国体育代表团取得金牌总数第一。中国为世界体育的发展作出了重要贡献，成为促进世界体育发展、推动世界和平与人类进步的重要力量。

就中国体育与现代体育的历史关系而言，与欧美人不一样，现代体育是中国人在家仇国恨、民族危亡背景下被动接受的外来文化。体育对中国人而言从一开始就不是欢快的游戏，而是在强烈民族情绪下“救亡图存”“强国强种”的路径与手段。对体育这一外来文化的功能与价值，中国人始终是以自己的视角与心态来理解的。这就是为什么从康、梁、秋瑾、蔡锷再到蔡元培都力主“军国民主义体育”。从清末民初始，“打败洋人”“为国人争气”一直是中国体育的主旋律。直至今天，“为国争光”“爱国主义”仍然是中国人心目中厚重的体育价值观。

从1984年洛杉矶奥运会到2008年北京奥运会，中华民族的“百年耻辱”终于在奥运会奖台上一扫而光，中国人的“百年梦想”在体育领域得到实现。但与此同时，在中国全面奔向小康社会的背景下，中国人对体育的价值需求也发生了显著而重大的变化。中国人民不仅需要在重大国际赛场上扬眉吐气，也需要通过体育增强国民体质，促进身心健康，实现人的全面发展与社会和谐进步，提高生活质量，发挥体育在社会、经济、文化、外交等领域的独特作用与重大影响。由此，在北京奥运会后，中国体育进入了全民健身、竞技体育、体育产业、体育文化全面协调发展的新阶段。2014年，国务院下发的《关于加快发展体育产业促进体育消费的若干意见》指出："发展体育事业和产业是提高中华民族身体素质和健康水平的必然要求，有利于满足人民群众多样化的体育需求，保障和改善民生，有利于扩大内需，增加就业，培育新的经济增长点，有利于弘扬民族精神、增强国家凝聚力和文化竞争力。"显而易见，这是新的历史时期中国政府与人民对体育的全新需求与共识。

新的实践需要新的理论。在新的历史时期，中国体育发展实践对体育理论和学术研究必然提出新的任务与要求。在实现由体育大国向体育强国迈进的道路上，我们迫切需要研究和了解世界各国体育发展的历史与经验。毕竟，西方发达国家在体育的社会化、市场化和职业化道路上比我们先行一步，当前中国体育发展中遇到的许多问题都是欧美发达国家经历过的，他们的经验与教训都值得我们很好地去学习与借鉴。

在新一轮体育改革发展进程中，体育史学必将扮演重要的角色，彰显自身的学术价值与理论意义。体育史学是记录、收集、整理、研究、解释体育这一社会文化现象发生、发展、演变的过程与规律，从而帮助人们认知体育并为体育的发展提供历史借鉴的学科。体育史学通过严谨的材料收集、甄别、分析与运用，将历史的经验与教训加以总结与研究，从而为体育改革发展决策与实践提供必不可少的参考与借鉴。就这一意义而言，体育史学不仅是体育学的基础性学科，而且也是一门实践指导性很强的应用学科。

举个例子来说，中国足球的职业化与市场化改革从1995年起步，期间历经大起大落，曲折坎坷，迄今仍在艰难中摸索。而欧美各国职业足球已有百余年历史，发展水平高，法规配套，市场完善，产业成熟，已经发展成为规模巨大的产业门类。其实，欧美足球在职业化过程中也曾遭遇很多挫折，有的问题比中国足球还要严重，但是我们却很少去研究、借鉴别人的经历与经验，思考如何避免再走这些弯路。再推而广之，诸如大众健身产业打造，职业赛事组织管理，俱乐部、联赛或联盟建设，电视网媒赛事转播权营销，体育媒介运行与服务，运动员转会市场管理营销，运动员保险，体育赞助与广告，球迷关系公关，体育场馆管理与营销等，这些都是目前中国体育改革发展的新课题，在实践中也遇到了很多新问题。但由于欧美发达国家历经多年发展，业已形成较为完善而成熟的市场管理与运行机制，这些问题都需要从史学的角度加以总结与阐释，以为我所用。

自现代体育传入中国以来，体育史学就是中国体育科学体系的基础理论学科之一。早在19世纪初，严复、孙中山、梁启超、蔡锷、陈独秀、毛泽东、蔡元培等时代先驱便在了解和研究欧美、日本等国家和地区近代史基础上，注意到了体育之于“强国强种”、振兴中华的重大意义与价值。1919年，当中国刚开始出现体育教育之时，郭希汾先生便撰著了国内首部《中国体育史》教材，开启了中国体育史研究的先声。此后，体育史学也开始逐步成为中国体育理论和学术研究的基础性学科。

20世纪60年代是中国体育史研究的奠基时期。1962年，成都体育学院体育史研究室（1986年改为体育史研究所）的成立是中国的体育史学科的里程碑。这不仅是国内第一个正式建立的体育史专业研究机构，而且形成了首个体育史学术团队与梯队。老一辈体育史学者李季芳、孙仲达、董时恒、张咏、卢君雄、周西宽、旷文楠、梁光柱、颜绍泸等在十分困难的条件下开辟了中国古代体育史、中国近现代体育史和外国体育史等各个研究领域，发表和出版了大量重要文章与著作，为中国体育理论与体育史学的发展作出了开拓性的重要贡献。

在新的历史时期，体育史研究秉承"继承传统，开拓创新"理念，不仅完成了大量科研成果，获得了包括国家社科基金重大招标课题等在内的国家重大课题立项，而且创建了国内首个以中国古代体育史为主题的体育史博物馆，建立了国内体育院校首个文史专业，形成了本科、硕士、博士在内的人才培养体系，成为国内公认的体育史与体育文化人才培养基础与摇篮。

外国体育史是成都体育学院体育史研究所开创的重要研究领域。早在20世纪60年代初，体育史学的前辈们就对美国、英国、日本、德国等国体育史资料进行了翻译与整理。笔者于20世纪80年代初在成都体育学院体育史研究所攻读硕士研究生时，使用的教材就包括了美国学者范达冷的《世界体育史》、日本学者岸野雄三所著《欧洲体育史》、日本学者今村嘉雄的《体育史学》等。而这些珍贵的文献都是前辈学者们翻译且亲自用蜡纸钢板手刻油印的！

遗憾的是，因为种种原因，当年老一辈苦心翻译的这些译著并未能正式出版。更令人遗憾的是，除了20世纪90年代周西宽、颜绍泸先生所著《体育运动全史》及近年来翻译出版的德国历史学者沃尔夫冈·贝林格所著《运动通史》、法国历史学家乔治·维加雷洛所著《体育神话是如何炼成的》等著作外，迄今为止国内正式出版的外国体育史研究成果寥寥无几。由此导致国内对世界各国，尤其是发达国家体育发展的历史与特点几乎一无所知。这种情况不仅不利于我们了解这些国家体育发展的情况与特点，而且对体育理论与学术研究领域也是一个巨大的缺失。

2011年，成都体育学院体育史研究所在学校领导的大力支持下，利用学校申报博士授权单位专项基金，组织有关专家学者撰译《世界体育史丛书》。该丛书拟分别就英、美、德、俄、法、日等主要体育发达国家的体育史进行研究和翻译，系统全面地介绍这些国家体育发展的历史与特点。之所以选择这些国家，不仅是因为它们在当今国际体坛有较大影响，而且在历史上这些国家与中国现代体育的兴起与发展关系十分密切，有助于我们更好地了解中国现代体育传入发展的源流脉络。

路漫漫其修远兮，吾将上下而求索。出版一套世界体育史系列丛书，不仅是中国体育学科建设和体育改革发展实践的需要，也是几代体育史学者的心愿。在此，我们谨对支持这套丛书撰译出版的成都体育学院领导、人民体育出版社，以及所有参与和支持这套丛书的专家学者表示衷心的感谢。我们相信，是共同的理想与事业将我们联系在一起，并将指引我们在探索的道路上继续走下去！

2019.5

目 录

导 言

德意志联邦共和国，简称德国，位于欧洲的中部。公元前境内就居住着日耳曼人。公元2—3世纪逐渐形成部落。10世纪形成德意志早期封建国家——神圣罗马帝国。13世纪中期走向封建割据。18世纪初奥地利和普鲁士崛起，根据1815年维也纳会议，组成了德意志邦联，1848年德国各地爆发革命，普鲁士于1866年的“七星期战争”中击败奥地利，次年建立北德意志联邦，1871年统一的德意志帝国建立。该帝国1914年挑起第一次世界大战，1918年因战败而宣告崩溃。1919年2月德意志建立魏玛共和国。1933年希特勒上台实行独裁统治，并于1939年发动第二次世界大战，1945年5月8日德国战败投降。战后，根据雅尔塔协定和波茨坦协定，德国分别由美、英、法、苏四国占领，并由四国组成盟国管制委员会接管德国最高权力。柏林市也划分成4个占领区。1948年6月，美、英、法三国占领区合并。翌年5月23日，合并后的西部占领区成立了德意志联邦共和国（联邦德国）。同年10月7日，东部的苏占区成立了德意志民主共和国（民主德国）。德国从此正式分裂为两个主权国家。1989年民主德国局势发生了急剧变化，自同年5月起，大批公民出走。10月初，许多城市相继爆发了规模不等的示威游行，要求放宽出国旅行和新闻媒介的限制等。10月18日，民主德国总统昂纳克宣布辞职。11月9日，“柏林墙”开放。11月28日，联邦德国总理科尔提出关于两个德国实现统一的10点计划。1990年2月13日民主德国总理莫德罗首次访问联邦德国。3月18日，民主德国人民议会实行自由选举，德梅齐埃任总理后，两德统一的步伐大大加快。5月18日，两德在波恩签署关于建立货币。经济和社会联盟的国家条约。8月31日，双方又在柏林签署两德统一条约。9月24日，民主德国国家人民军正式退出华约组织。10月3日民主德国正式加入联邦德国。民主德国的宪法、人民议院、政府自动取消，原14个专区为适应联邦德国建制改为5个州，并入了联邦德国，分裂40多年的两个德国重新统一。

德国文明起步虽然较晚，但是近现代对世界体育文化贡献却是良多。德国体育充满魅力。虽然1936年沦为纳粹宣传工具的柏林奥运会、1972年慕尼黑奥运会惨案、民主德国体育的兴奋剂疑云，以及1990年德国统一前后竞技体育成绩的巨大反差给人们留下了灰色的记忆，但活动的蓬勃开展、足球等项目的长盛不衰和近些年冬季奥运会上的一枝独秀，又让德国体育始终焕发着青春。本书将引领读者在德国漫长的体育历史中探寻其魅力所在。

1

第一章

古日耳曼体育

（公元前500—公元500年）

第一节　古日耳曼概况

日耳曼民族（German）是欧洲的古代民族之一，日尔曼人是一些语言、文化和习俗相近的民族的总称，公元前5世纪起，以部落集团的形式分布在北海和波罗的海周围的北欧地区，古罗马人称之为日耳曼人或“野蛮人”。大约在公元前50年，大部分日耳曼人开始定居在莱茵河以东、多瑙河以北和北海之间的广大地区，该地区称为“日耳曼尼亚”或“蛮族之地”。可见，日耳曼人兴起于北欧的斯堪的纳维亚半岛，直至今天，挪威和瑞典地区主要的居民仍是以日耳曼人为主。例如，在瑞典，日耳曼族人占总人口的90%以上；在挪威，日耳曼族人约占总人口的95%；而在丹麦，日耳曼族人占总人口的96%。历史上的日耳曼人，长相酷似他们今天的后代——北欧人、德国人和奥地利人，他们身躯高大、皮肤白皙、金发碧眼、性情暴躁、缺乏耐心。他们习惯于冰天雪地的北方生活，却不喜炎热潮湿的海洋气候。早期日耳曼人的部落成员一般以粗麻为衣，以动物的肉奶为食。那时的日耳曼人比起罗马人来，性情更为憨厚、质朴，身体更为强悍有力，但是知识显得较为匮乏，有点像现在的城里人跟乡下人。但这却是个崇尚武力的民族，男人们不会无所事事，他们要么去打仗，要么是去狩猎，平日以赌博和角力为乐，这点与罗马人截然不同。

“日耳曼”一词来源于拉丁文，其意义迄今尚无定论，但有许多语言学家认为，“Ger-Mannen”（国内一般按音译为日耳曼人）应该由拉丁文词源直译为德文“Speer-Träger”，本意就是指携带标枪的男人，这基本符合当时日耳曼男人主要从事狩猎和战争的史实。日耳曼在旧时还指日耳曼人所居住的地区，之后在近代的一些语言中，如英语、希腊语、意大利语和俄语中被保留用作对“德国”的称呼。

最早使用“日耳曼人”这个词的是希腊历史学家波希多尼。他在约公元前80年时第一次使用这个词。公元前51年恺撒在其《高卢战记》中也使用了“日耳曼人”这个名称。恺撒这里将所有莱茵河以东的民族统称为日耳曼人。罗马历史学家塔西佗于公元98年在其《日耳曼尼亚志》中称“日耳曼人”是一个比较新的称呼，一开始只有通格人被称为日耳曼人，后来所有日耳曼民族都被这样称呼。

可见，日耳曼人是古代占据中欧和东欧广大地区的部族，自称德意志人（Deutsche），古罗马人称之为日耳曼人；分布在莱茵河以东、维斯瓦河以西、多瑙河以北地区；以从事游猎、畜牧为主，长期处于原始氏族社会阶段；其语系属于印欧语系日尔曼语族。日耳曼人，不是像东方民族那样生活在大河流域，也不是像古代希腊人那样集中地生活在狭小的河谷，而是分散地生活在北欧和中欧广袤的森林地带。由于地广人稀，日耳曼人没有建立起像汉朝那样的中央集权专制大国，也没有形成类似于古希腊、罗马那种紧凑强固的城邦，而是演变成为氏族公社形式。

最早的关于日耳曼人的报道来自他们与希腊人和罗马人的接触。约公元前330年，希腊旅行家皮提亚斯从马赛出发报道了北海地区和在那里生活的民族，记载了约公元前200年东日耳曼人中的古顿人和条顿人进入今天的罗马尼亚东部并与马其顿和巴尔干半岛上的其他民族发生战争。这是关于日耳曼人的最早文字记载。

公元前180年前后，罗马帝国时期传记作家及伦理学家普卢塔克称日耳曼民族是些野蛮的战士：“人们既不善耕作，也不善航行，也不会利用畜产品。他们只关心一件事情、一种技艺，就是不断战斗和打倒一切抵抗。”

根据恺撒《高卢战记》的描写，日耳曼男子主要的职业就是打猎和军事训练。考古报告也证实在德国南部的洞穴里考古人员发现过赤身人物狩猎图。

条顿人是古代日耳曼人中的一支，公元前 4 世纪时分布在易北河下游的沿海地带。公元前 2 世纪下半叶，条顿人与日耳曼人中的另一支森布里人组成部落联盟，越过阿尔卑斯山脉侵入罗马帝国境内，从而揭开了日耳曼人与罗马人冲突的序幕，这是日耳曼人登上历史舞台的标志。

公元前后，在多瑙河和莱茵河流域，已定居着许多日耳曼部落，这些部落同企图征服此地的罗马帝国不断发生冲突。

公元9年，日耳曼各部族在海尔曼的领导下，在条顿堡森林战役中战胜了当时强盛的罗马帝国。在这次战役中，日耳曼部落伏击并几乎全部消灭了瓦卢斯统帅的三个罗马军团约2.5万人。军团覆灭的消息传到罗马，七十高龄的奥古斯都暴跳如雷，痛不欲生，留下了军事史上的一句名言：瓦卢斯，把我的军团还给我！

海尔曼无疑是一位日耳曼历史上的英雄，塔西佗称赞他是日耳曼的解放者，有人称他为有勇有谋的德意志之父，而大多史学家也认为条顿堡森林之战是德意志历史的起点。经过这次历史性的战役，日耳曼人赢得了独立，他们避免了和希腊、迦太基、埃及一样的命运，免遭了罗马的同化，所以称此战为日耳曼的立国之战一点也不过分。此后，为了避免日耳曼人乘胜反攻，罗马军队在莱茵河和多瑙河边界修筑了长达550公里的“长城”。后来，罗马人再也没有真正尝试过把它们帝国推进过莱茵河。而日耳曼这个充满野性而又生机勃勃的民族，终于在历史舞台上开始扮演愈来愈重要的角色。人民不会忘记英雄，1875年，一座巨大的海尔曼雕像在条顿森林竖立起来，这座雕像至今仍然完好，供无数后人凭吊。

公元1世纪末至2世纪初，部分日耳曼人由游牧生活转向农业生活，出现了土地分配不均的现象，少数军事贵族往往占有更多土地，军事首领（“王”）及其亲兵以征战为职业，战利品通过抽签方式来分配，首领分到的战利品常常多于亲兵。此时的日耳曼人已处于原始社会末期的军事民主制阶段。

从3世纪起，罗马奴隶制帝国日益没落，无法抵御外族入侵。奴隶和隶农的起义连绵不断，并把日耳曼人当成救星。

376年，黑海北岸的西哥特人抵挡不住匈奴人的进攻，经罗马帝国皇帝允许，渡过多瑙河进入帝国，是为日耳曼人大迁徙的开始。

日耳曼部落虽是以语言、血统、生活习惯、文化及信仰为族群的指标，但因散居之故，个别差异可以相当大。所以公元4世纪起的大规模族群迁移时，并不是整个血缘民族集体行动，而是以较小的氏族组织为单位。历史学家将这些移动的日耳曼部落约略分成西日耳曼人、东日耳曼人及北日耳曼人三个大类别。

19世纪和20世纪前半叶在德语地区日耳曼人往往被描绘为“超人”，这个形象的主要缘由是塔西佗、恺撒等的描写。在他们的作品中将日耳曼人描写为金发碧眼的巨人，他们拥有超人的力气。考古研究证明日耳曼人的确比罗马人高出一头。

历史证明，在严酷的气候和恶劣的生存条件下磨砺出来的日尔曼人身材高大、孔武有力，他们意志坚强，耐力惊人，是天生的猎手和战士。和罗马的文明世界相比，日尔曼人的社会非常原始。日尔曼人没有文字，没有历史，他们穿兽皮制成的袍子，妇女能织一些粗糙的亚麻布。在整个日尔曼尼亚，只有不足90个定居点可以勉强称作是城镇。日尔曼人住的是名副其实的草房，由原木搭建，干草敷顶，见不到一块石头、砖块或瓦片。日尔曼人通常是家徒四壁，唯一值得一提的财产是他们数目庞大的牛群。日尔曼男人性情暴烈如火，在和平时期，除了狩猎以外，他们基本不事劳作，整天酗酒解闷，而由妇女和老人承担起所有的生产活动和家务。一有战事，他们立刻复苏，摩拳擦掌，跃跃欲试，仿佛冲锋的号角是世上最悦耳的音乐。

第二节　北日耳曼体育

北日耳曼人是斯堪的纳维亚的日耳曼人。他们后来演化为丹麦人、瑞典人、挪威人和冰岛人。

撇开考古学的成就不说，我们可以从北日耳曼人自己讲述的故事中，了解他们的生活片断。因此，关于北日耳曼人的体育我们主要依据了中古时代冰岛用散文体记录下来的故事、传说与神话诗集。

当时居住在这一区域的日耳曼人面临严酷的气候和恶劣的生存条件，他们必须保持高度的警惕和时刻准备战斗。这样的生存状态决定了其教育必然带有明显的军事性质，男孩在游戏和竞技中首先要训练的就是力量、速度、灵敏和使用兵器等军事技能。从孩提时代开始，日耳曼人就喜爱种种竞争激烈的游戏，他们比试马术、举重、划船、摔跤、射箭、滑雪、滑冰、跑步、跳跃和游泳等，每年的部族大会同时也是北欧日耳曼人的奥林匹克运动会。哪怕冬天躲在屋里玩的棋盘游戏，内容也总是练习进攻和防守的技巧。所有这些比赛和游戏只有一个目的：锻炼出更加强壮和灵敏的战士。

在这种环境中长大的日耳曼人自然成为了强悍的战士。在战斗中他们表现出异乎寻常的狂热、强悍和视死如归。由于他们的人数较少，在战斗中往往只能依靠周密的策划和出其不意的突袭。日耳曼人的突击通常分成两个部分：先在远距离上投掷长矛，发射捆着火把的箭；然后用剑和战斧在近距离进行玩命的搏杀。

一般的日耳曼人已是武艺高强，大小国王更是身先士卒、身怀绝技。史书上记载了挪威国王斯古尔特和艾斯泰因两兄弟间关于竞技能力孰优孰劣的争论。斯古尔特问：“我俩比试一下游泳好吗？如果我愿意，完全可以在水中将你置于死地。”艾斯泰因不满地答道：“我并不比你游得近呀，而且我是不错的潜水者。另外，我还是无人超越的滑冰高手，而你对此一窍不通。”斯古尔特接着说：“我是优秀的弓箭手，你可能使出全身力气也拉不开我的弓箭。”艾斯泰因又答道：“我也许没有你力气大，但我比你射得准，此外在古老的实用技术滑雪上我还比你高出许多。”斯古尔特继续说：“我认为国王最重要的技能是军事技能，在这方面他应该是所有臣民的佼佼者和榜样，只有这样他统率的千军万马才会百战不殆，使本民族永远立于世界民族之林……”通过两位国王简短的对话我们已可以判断：两位国王均是多项运动的爱好者和推崇者，他们要求全体男子在日常生活中必须时常参加体育锻炼和竞技比赛，便于日后成为坚强的战士。

据史料记载，竞技优胜者荣获用鲜花编织的桂冠，如摔跤无敌手格勒梯尔、游泳王卡亚尔堂和滑雪高手亨利克等都获得过这种桂冠。他们的事迹还被吟唱诗人广为传颂。

北日耳曼人的竞技活动归结起来主要有下列几项。

一、棒球游戏

这是一种用木棒击打一个皮球的游戏，在北日耳曼人中最为盛行，后来成为一种风俗习惯。游戏时有固定的简单规则和画出了一定界线的场地（如田地或冰场），赛事一般在秋冬之交进行。参赛人员为本部落和附近部落的男子，因参加人员较多和比赛难分高下，整个赛事时常持续数日或数周，路途较远的参赛者无法回家，就在赛场外搭上简易木屋住宿到全部比赛结束。成年组和少年组比赛最后均由两位最优者进行决赛。可见，当时的棒球游戏是个人项目，与今天的棒球运动为集体项目是有区别的。少年队员时常在比赛中相互打得鼻青脸肿，成年人有时赛后离死亡仅一步之遥，比赛的激烈程度可想而知。尽管如此，人们还是把这段时间作为秋天休闲娱乐的最好时光加以忘情享受。

二、赛跑

跑步作为最原始的人类基本活动能力，当然也是日耳曼人较为喜欢的竞技项目之一。史料上记载得最有趣的是跑者与骑手之间的赛跑，而比赛结果往往是跑者取胜。

三、跳跃

在跳跃上日耳曼人最多练习的是跳远，史料上甚至记载了撑竿跳远，当时一位男子用标枪作为撑竿，跳过了一条半冰封的小河。

四、游泳

游泳作为日耳曼战士的必备能力之一受到格外的偏爱。北欧岩画及文史资料中描述了许多他们游泳的场景，但未说明确定的泳姿。潜水也大受欢迎，潜水比赛时，由对手分别轮换潜入水下，看谁的潜水时间更久，有时也同时潜水并在水中搏斗，这样的比赛常常是累得双方筋疲力尽为止。

五、投掷

当时日耳曼人使用的投掷器材主要有标枪、石块、铁锤和战斧等。其中接住飞行的标枪就是一项广为流传的培养灵敏的练习。

六、摔跤

日耳曼人最热衷的运动是摔跤。他们画出一片空旷的场地，中央放置一块尖头的界石，比赛的双方赤裸上身，先行短兵器比武，当武器击断后，再进行肉搏摔跤，可以使用各种进攻和防守动作，用力将对方推到石头上去或摔倒。

不论胜者还是败者，结果往往都浑身鲜血淋漓，场面十分惨烈，堪称活生生的军事演习。

七、滑雪

北日耳曼人的冬季运动是滑雪和滑冰。当时已有简易的滑雪鞋，而滑雪技术已经可以达到利用滑雪板在转弯时减速和在下坡时高速飞驰。冬季作战时战士均配备滑雪装备，这在长途行军时更显优势。

第三节　西日耳曼体育

西日耳曼人包括三支：一是易北河日耳曼人，如斯维比人，后来演进为士瓦本人、马科曼尼人、马克曼人、夸迪人、夸地人等，最终成为巴伐利亚人；二是北海日耳曼人，如巴塔维人、弗里斯兰人、弗里斯人、考肯人、萨克森人、盎格鲁人、朱特人等，后来形成盎格鲁-撒克逊人；三是莱茵河-威悉河日耳曼人，如切鲁西人、卡狄人（为黑森人的祖先）、法兰克人等。整个西日耳曼人约在公元1世纪时相对集中地居住在西起莱茵河、东至卫塞河、南至多瑙河、北达北海的区域内。

关于西日耳曼人的体育我们主要依据了古罗马人撰写的有关文献。其中最重要的当属恺撒的《高卢战记》和塔西佗的《日耳曼尼亚志》。

一、《高卢战记》

《高卢战记》是古罗马统帅，政治家、军事家恺撒战绩的平实记录。这本书发表于公元前50年，全书共8卷。恺撒完成前7卷，其副帅希尔提乌斯曾为此书续写了第8卷，把战争叙述到公元前50年。

这本书成为记述这些地区情况的最古老的历史文献之一，它对高卢和日耳曼各地区的从氏族公社逐渐解体、到萌芽状态国家出现这段时间里的政治、社会、风俗和宗教等的记述，成为人们研究原始社会和民族学的重要依据。恩格斯的著作《家庭、私有制和国家的起源》，以及《马尔克》《论日耳曼人的古代历史》等论著都把该书当作重要的参考文献。

第1卷（公元前58年）介绍高卢概况，日耳曼人对高卢的进攻，恺撒的反击以及日耳曼人在维松提奥战败；第2卷至第6卷分别叙述恺撒同高卢诸部族的冲突和战争以及对不列颠的两次远征；第7卷（公元前52年）记述高卢人利用意大利的内乱发动大规模骚乱，恺撒自意大利重赴高卢加以平定，最后攻克阿莱西亚并俘获其领袖维尔琴革托里克斯。

在高卢的多次战役中，恺撒与日耳曼人各部落的战斗最为精彩，从中我们可以了解到日耳曼人的生活方式、风俗习惯、宗教信仰、作战能力、军事装备、战略战术等，其体育活动亦交融于这些社会活动之中。诚如恺撒所言，“日耳曼人的全部生活只有狩猎和追逐战争”。那么，勇敢的猎手和无畏的战士是如何炼成的呢？当然要靠平时艰苦的练习和长期的训练，《高卢战记》是这样记载的。

（一）狩猎

“粗野横蛮”的日耳曼人“特别注重打猎”。“日耳曼人很热衷于时常利用陷阱捕杀一种气力很大、奔跑速度极快的野牛，青年人也借此练习吃苦耐劳，通过这种狩猎锻炼自己。杀死野牛最多的人，把牛角带到公共场所去作为证明，博取极大的赞扬”。这里有两点需要强调：一是日耳曼人先辈总结的“战争主要应当依靠勇为”，青年人正是在狩猎中培养了胆识和勇气；二是“勇敢”成为日耳曼青年人人格评判的标准之一。

（二）战争

1. 频繁的战斗

《高卢战记》开篇有这样一句话：“所有这些人中，最勇悍的是比尔及人，因为他们离开行省的文明和教化最远，并且也是商贩们往来最少、那些使人萎靡不振的东西输入也最少的地方；再则还因为他们离开住在莱茵河对岸的日耳曼人最近，在跟他们不断作战的缘故。也就是为了这个原因，高卢人中的厄尔维几族，就勇武而论，远超过高卢的其他各族，因为他们差不多天天在和日耳曼人作战，不是抵抗他们侵入自己的国境，就是自己侵入到他们的领域中去作战。”

2. 勇敢善战的苏威皮人

恺撒认为，“苏威皮族是所有日耳曼人中最大、最骁勇善战的一族，据说他们有一百个部，每年都从每一个部征召一千名武装人员到境外去作战，其余留在本土的，即从事生产，以维持自己和那些出征者的生活。同样，下一年就轮到他们出去参加战争，再由上年服役的人回家生产。这样，无论是种地还是作战的方略和技术都不会荒疏掉。”这种方式使得农事与军事两不误，特别是轮换作战能确保新鲜的战斗力。

3. 巧妙的攻城方式

恺撒发现，“罗马人在战争中与日耳曼人频繁接触，日耳曼人的攻城方式是：先围住目标，然后用石块和箭矢从四面八方向城墙上投掷，直到把城墙上的守军赶走，再搭起盾墙，逐渐逼近城墙，靠近后开始挖掘墙角，完成攻城”；在阵地战中日耳曼人也向敌人大量“投射矢石”和“发出梭标和投枪”。可见，盾、箭矢、标枪和石头等是当时日耳曼人作战的常规武器。

4. 骑兵与步兵协同作战的独到战术

恺撒总结“日耳曼人练习有素的战术是这样的：他们大约用六千骑兵，配备了同样数目的极敏捷、极勇敢的步兵，这些步兵都是骑兵们为了自身的安全，各人挑一个，从全部军队中选出来的，在战斗中跟他们配合在一起，骑兵撤退时就退向他们那边去，如果发生什么紧急情况，他们也很迅速地冲向前接应，有人受重伤从马上跌下来，他们便立在他四周团团围住保护他，如果需要前进得更远或撤退得更迅速时，他们的速度也非常之快，只要攀着马鬃，就可以随同骑兵一起进退”。这里先不论骑兵与步兵密切配合、协同作战，只看看勇敢的步兵进退神速，便可以想象得到日耳曼人平时是如何进行速度、灵敏和骑马的训练的。

5. 残酷的抗寒训练

日耳曼人衣着单薄，有意识地进行抗寒训练已成为“一种习惯，即哪怕在最寒冷的地方，常常只是穿一片兽皮，同时又因兽皮的稀少，迫使他们不得不把身体的大部分都裸露在外面”。此外，冷水浴也是其抗寒训练手段之一，即使在冬天，“男女老幼就在河里洗澡及游泳”。

6. 实用的养生之道

恺撒记录了日耳曼人的一种习俗，在当地“保持童身最久的人，在亲友中能得到极大的赞扬，有人认为这样可以使人体格魁梧，又有人认为这样可以增强体力和筋骨。一个人20岁以前就有关于女性的知识，被认为是极可耻的事情之一”。显然，日耳曼人已认识到过早的性行为不利于青少年身体的茁壮成长，日后也不会成为强壮的战士和猎手。

二、《日耳曼尼亚志》

《日耳曼尼亚志》（拉丁语：Deorigine et situ Germanorum，意为“关于日耳曼人的起源和分布”）系罗马历史学家塔西佗于公元98年完成，详细记述了西日耳曼人的社会制度、政治组织、宗教信仰和物质文化生活。全书虽篇幅不长，但有极高的史学价值，被看成是有关日耳曼地区资料的可靠来源。我们在研究日耳曼人的历史、研究德国古代体育史的时候，绝不可能不提到塔西佗的《日耳曼尼亚志》。

如果说凯撒的《高卢战记》只是零星地谈到了一些日耳曼人的情况，那么，塔西佗的《日耳曼尼亚志》就是最早一部全面记载古代日耳曼人的文献，其中军事、狩猎、宗教、艺术、赌博及风俗习惯中不少内容涉及体育。

（一）种族与体格

塔西佗同意日耳曼民族是一种“保持自己纯净的血统的种族”，认为日耳曼人的体格特征是“凶暴的蓝眼睛、金黄色的头发、高大的身躯”，性格中“只有突然冲动的勇猛”。平时“他们有盾，而且喜欢步行，矫捷善走”。“在每个家庭中，孩子们都是赤裸着的和很肮脏的，但却长出一副我们所最羡慕的壮健身躯”。简短几句话便总结出日耳曼民族是“纯种”民族和日耳曼人具有金发、高大、健壮、善走、好战等体格、体能及性格特征。的确，日耳曼人一般身材高大俊美，多为优秀的勇士，且珍惜其自由，朴素不荒淫。但是纯种论对后世影响极大，该书在多个时期内成了日耳曼民族主义者的圣经，特别是对于纳粹者在精神上的作用相当重要。因此，1956年意大利历史学家莫米廉洛将该书描述成“历史上最危险的书之一”。

（二）兵器与阵形

据塔西佗描述，“他们都使用一种短矛，并将这种短矛称为‘夫拉矛’，它带有一个狭而尖的铁头，非常轻便，因此，无论在短兵交接或长距离交战时，这种武器都能适用。骑兵的装备就是一支夫拉矛和一面盾牌；步兵除此以外还有一束可供投掷的标枪。步兵每人带着不少的标枪，赤裸着，或顶多披上一件轻便的外衣，将标枪投掷得极远极远。他们没有护胸甲，也很少见到戴着金属或兽皮制的头盔的人。一般说来，他们的步兵较强，所以步兵总和骑兵配合作战。从全体壮丁中挑选出来的矫捷的步兵列在最前排，他们都是很适宜于配合骑兵作战的。步兵的数额是固定的：每部出一百人。他们的阵式列成楔形；丢掉了自己的盾是一件奇辱大耻的罪行，犯了这种罪的人不许参加宗教仪式，也不能出席大会”“他们无论在办理公事或私事时，兵器总不离手”。甚至死后都不与兵器和战马分离，“在火葬的柴堆上，并不堆积寿衣和香料，只是将死者的甲胄，有时连他的坐骑，投入火中”。木棒和弓箭也是当时的常用狩猎工具及战斗武器，“他们通常使用木棒，铁制的兵器是很少见的”“他们一切都仰仗于弓箭，因为没有铁，他们在箭头上装上一块尖骨”。的确，当时日耳曼人使用的武器，无论是进攻型的还是防御型的，都是以缺少金属材料为特征。他们的主要武器是长矛，很少人佩戴刀剑。他们对头盔及胸甲几乎毫不知晓。他们使用一种轻型盾牌，是木制或柳条编织的，有时镶以铁边，有时用皮革加固，这就是他们唯一的防御武器。他们中间没有一个民族曾建立起一支武装足以与查士丁尼一世的重型装备的骑兵射手相抗衡。甚至到6世纪时，日耳曼诸民族也很少拥有足够的军事装备。另外，正是由于缺少足够的装备，日耳曼人同武装精良的罗马军队交锋时总是采取猛攻猛打、速战速决的战术。如果他们卷入一种拖延时间的肉搏战，他们的轻型盾牌和长矛便会遇到罗马人的长剑和铁甲，毫无取胜的希望。当然，也有例外，“你可以见到其他的日耳曼部落从事小规模的战争，但卡狄人却只进行大规模的战役。他们很少从事抄掠和突击。大凡骑兵的特点就是胜如潮涌、败如山崩，迅捷和慌怯总是连在一起的；而步兵往往能沉着应战，颇近乎刚毅之勇”。

归纳起来我们知道，日耳曼人的武器是一种短矛，短矛的铁头极为锋利，短兵相接时用于肉搏，远距离交战时可以作标枪投掷。此外，日耳曼的骑兵都配备有盾牌，而步兵则背负标枪。没有人穿护胸甲，连头盔也极少有人戴。作战时一般是步兵在前，骑兵在后，成楔型阵。其战术却显得较为简单，一般是列好阵势，首领向前举起兵刃一声号令，然后所有人跟随着一拥而上。

（三）武选与队列

《日耳曼尼亚志》记载：“他们的国王是按照选举产生的，而选拔将军则以勇力为标准。国王的权力并不是无限的，他不能一意孤行，将军们也不是以命令来驾驭士兵，而是以身作则地统率着士兵，他们借作战的勇敢和身先士卒的精神来博取战士们的拥戴。他们的军阵的编制并非临时随意排列，而是按照各个家庭和血缘关系编制的，最足以激发他们勇气的一个原因也就在于此：因为，站在自己身旁的就是自己最亲爱的人，他们可以听到妇孺的悲号声；这里有着每个男子心目中所最重视的旁观者；这里有着他们所急于想博得的赞誉；他们把自己的创伤带到母亲和妻子们面前，而她们也毫不畏惧地要求看一看和数一数那些伤口：她们管理战士的饮食和给他们以鼓励”。勇敢可以说是日耳曼各部落选举将士的第一要素，因为“在战场上，酋帅的勇敢不如他人，是他的耻辱；侍从们的勇敢不如酋帅，也是他们的耻辱。假使自己的酋帅战死，而自己却从战场上生还，这就是毕生的羞辱了”“他们不相信侥幸，而凭仗勇力；尤其不平凡的是，他们居然依恃将军的身先士卒甚于依仗军队的盲目冲锋，这是只有罗马人严明的纪律才能达到的”。勇敢甚至是某些部落成年男子的标志之一，例如“卡狄人有一种专用以表示个人勇敢的风俗，这在其他的日耳曼人中倒很少见过。那就是：男人刚刚成年，便把鬓发蓄起来，直到他杀死一个敌人用以表示自己的勇敢以后，才站在敌人血淋淋的尸体上，将脸剃光，从此他才算尽了自己出生的义务，才不负自己的国家和父母”。

总之，日耳曼人的首领或国王主要是选举产生。这是一种完全的民主选举。

作战英勇、贵族出身的部落成员更有希望成为首领或国王。打仗时国王一马当先，身先士卒，奋勇冲杀，至于权力则较为有限，许多事务都要由部落会议决定。首领或国王的职位虽然光荣，但却要牺牲在前、享乐在后，体现着一种无私的奉献精神，史载有许多日耳曼国王战死沙场。日耳曼人作战非常勇敢，他们视死如归，很少临阵逃脱，连丢掉盾牌或是遗弃伤员都被认为是奇耻大辱。

（四）剑舞与娱乐

塔西佗认为，“他们的表演技术只有一种，在任何集会中都看不到第二种方式。赤裸着的青年在枪丛剑棘中跳着舞。他们经常练习这种舞蹈，所以跳得很精熟，其舞姿也就自然优美；虽然这种游戏非常危险，但这纯粹是为了观众们的愉快而表演；靠这个赚钱是从来没听说过的”。可见，这种剑舞在当时颇为流行，主要目的是愉悦观众。另外，对少年儿童的游戏也有描述，他们时常“在畜群中厮混，在泥地上打滚”“他们的儿童以骑马为游戏”。

（五）狩猎与好战

塔西佗发现，“当他们不打仗的时候，很多的时光是消磨在狩猎上面”。若本部落长期没有战斗，他们会主动去其他地方寻找战机，塔西佗写道“如果他们的本土长年安静无事，那么很多高贵的青年就要自愿地去找寻那些正在发生战争的部落：一则因为他们的天性好动而恶静；再则因为他们在危难之中容易博得声誉；三则因为只有在干戈扰攘之中才能维持人数众多的侍从。侍从从慷慨的酋帅那儿可以得到战马和无比锋利的长矛”。在平时生活中，他们的好斗本性不改，尤其是“醉汉经常是打得头破血流”。

（六）杀人与祭神

在日耳曼的有些部落，甚至有杀人来祭神的恶习。“麦叩利（Mercurius）是他们最尊崇的神，甚至在某些特定的日子里，杀人来祭他也不为非法”。“塞姆诺内斯人（Semnones）自称为斯维比人中最古老和声望最高的一支。在这里，当众杀一个人作为牺牲，这就是举行他们野蛮宗教仪式的恐怖开端”。难怪塔西佗和恺撒等都多次提到日耳曼人是名符其实的“野蛮人”。

（七）宗教与战斗

和其他原始部落一样，宗教迷信在日耳曼的部落中也起到一定作用。“在重要战役之前，他们另有一种预占胜负的方法。那就是设法从敌族中捉拿一个俘虏，使他和本族中挑出来的一名勇士搏斗，各人使用本族的兵器。从这二人的胜负来看出战争的预兆”。这里实用的兵器和英勇的战士无疑对未来的战斗产生了一定的影响，如果本方决斗失利，就放弃这次战斗；如果对方失败，就证明本方兵强马壮、武器精良，具备了天时、地利、人和等有利因素，可以按计划投入战斗并取得最后胜利。

（八）妇女与军事

在日耳曼部落中，妇女勤劳、勇敢，因而享有较高的社会地位，平时她们在家相夫教子、操持家务，遇到狩猎和战争，她们也一同参加。塔西佗写道，“妇女和男子一道打猎，同样分享猎物”。战争时，她们会“管理战士的饮食和给他们以鼓励”。有时甚至会亲临战场，为将士们摇旗呐喊、振臂助威，以此鼓舞士气。日耳曼的女人们在战事上鼓舞士气的方式比较特别，她们来到战场上，全体裸露上身，大声祈祷，以唤起男人们保卫自己的女人不遭受敌方蹂躏的勇气和决心，因此将士们常爆发出非常的战斗力。传说很多战役都是因为妇女的出现转败为胜的。其实，她们婚俗中的彩礼就与战事有关。“这些彩礼只是一轭牛、一匹勒缰的马、一面盾、一支矛或一把剑：既不是为了迎合女人的口味，也不能用作新妇的装饰；自送了这笔彩礼以后，妻子就被娶过来了，而她也带来一些盔甲之类送给自己的丈夫。他们认为这是一种最大的约束，这是一种神圣的仪节，这是一种保障婚姻的神力。为了恐怕妇女在婚后就放弃追求高贵行为的愿望和怀有避免战争危险的心理，因此，在成婚之夕，就谆嘱她应与她的丈夫共劳苦、同患难，在太平时候既与她的丈夫一同享福，遇到战争的时候也应当与他一共度过危难。驾轭之牛、勒缰之马以及那些交换的兵器也就是为了申明这种意义。做妻子的应为终身抱定这样的信念，那就是：她将自己所接受的结婚信物丝毫无损地传给她的儿子，使她的儿媳再接受它们而传给她的孙辈”。

日耳曼人中还有一个习俗，作战有利与否，要由他们族里的老妇人们经过占卜，请教过神愉之后再宣布。她们说：如果在新月出来以前作战，神意不会让日耳曼人得胜。他们相信妇女有一种神奇的预见力，因此遇事也愿意听取她们的意见。

综上，妇女在日耳曼人的社会中起着很重要的作用，由于日常的生产生活很多是由妇女操持，所以使得妇女在部落事务中有很大的发言权。妇女还有不输于男子的坚毅和强悍。她们通常随军出征，在营地里为男人们缝衣做饭；无论战况多么危急，她们都镇定自若，倘若战败，她们会毫不犹豫地自杀以保贞操。和古代中国人相反，日耳曼人奉行一夫一妻制。西方一夫一妻制的传统、尊重妇女的传统、女子可以当继承人的传统，大概都是从日耳曼人这里流传下来的。

（九）青年与军事

日耳曼青年与其他古老民族的青年一样，未成年者，可以不参加生产和狩猎活动，也不必参加战争，氏族对他们有哺育和保护的责任。但在他们成人后，氏族则要用各种方式测验其体质与生产、战争技能，以确定其能否取得氏族正式成员的资格。在日耳曼的成年礼中，以授予兵器为主。当一个人到达能使用兵器的年龄，就在大会上由一位酋帅、或本人的父亲、或亲属给这个青年装备一面盾和一支矛。在此从前，他还是家庭中的一员；此后他开始成为国家的一员并承担起民族兴亡的重担。他们乐于狩猎和战争，对农耕没有多大兴趣，“要想劝他们向敌人挑战和赢得创伤那样地去耕种土地和等待一年的收成，那是很困难的。而且，他们还觉得：可以用流血的方式获取的东西，如果用流汗的方式得之，未免太文弱无能了”。

（十）兵种与战力

在当时的日耳曼大小部落中，主要的兵种是步兵、骑兵和水兵，涉及陆军和海军两个军种。其中步兵的佼佼者是卡狄人（Chatti），“他们躯干肢体极其健壮，相貌凶恶而特别勇悍”。最好的骑兵当属邓克特累人（Tencteri）。“邓克特累人骑兵的威名并不在卡狄人步兵之下。他们的儿童以骑马为游戏；青年人争胜逞强；甚而老年人也乐此不疲。马，也和奴隶、房屋及其他遗产一样，由儿辈继承，所不同者，马不一定由长子继承，而是由特别勇敢善战的一个儿子来继承”。最初的海军这时在日耳曼人中也出现了，“绥约内斯人（Suiones）住在海中，不仅人多兵强，而且还有很强的海军。他们船只的形式是很特殊的，两端都有一个船头，准备随时可以靠岸。他们不能像日耳曼人中其他部落一样，可以人人持有兵器，他们的兵器专门由一个奴隶保管”。

第四节　东日耳曼体育

在东日耳曼人中有波罗的海南的哥特人、汪达尔人和勃艮第人等。由于匈奴人从亚洲进入以及斯拉夫人从东欧涌入，这些人受到极大的压力，他们被迫向西和向南迁徙，如汪达尔人甚至一直迁徙到非洲北部，这使他们与当地人之间产生了很多冲突并建立了不少短命的小王国（西哥特王国、汪达尔王国、勃艮第王国和东哥特王国等）。在他们新的家乡，日耳曼人与当地人混合，其体育活动除部分保持原日耳曼的形式及风格外，也具有了当地的一些特色，如汪达尔人与罗马人混居后，特别是其尚武的国王盖萨里克（428—477年在位）477年去世之后，王国的势力逐渐低落，历来尚武的汪达尔人渐渐入乡随俗地喜欢上了遍布罗马帝国的浴室，而不再偏好原来的军训项目，甚至由过去的积极主动地参加体育活动，变为消极被动地欣赏职业艺术家和杂耍艺人的音乐舞蹈和武艺表演了。

同样处于军事民主制下的东日耳曼人的体育总体上讲与北日耳曼人和西日耳曼人的体育一样也具有强烈的军事性质。跑步、跳跃、投掷、马术、剑术、摔跤、游泳、射箭、拳击、狩猎、游戏及军训等仍是他们的首选体育活动，如西哥特国王阿拉里希就热衷于狩猎、射箭、游戏和军事项目。另一位国王托梯拉在战场上表现出的灵活的身体和高超的骑术也令人惊叹。日耳曼人大迁移中居住在上意大利的朗哥巴登人也长期坚持战斗游戏和武器练习，骑马和游泳是他们一直保留的传统项目，拳击比赛时常举行，标枪、长矛、短剑和弓箭是其主要武器及军训器材。但是，随着时光的推移及环境的变化，他们开始强调体育与智育的结合，也认为应该“用知识武装大脑，用体育锻炼身体”。例如，当时的一位东哥特国王特沃德里希除强调青少年必须从小参加体育活动及军事训练外，还必须学习其他的文化知识。他本人年轻时在拜占庭作为人质的10年时光就是靠学习和锻炼来艰难度过的。

关于东日耳曼人的体育我们主要依据了古德语撰写的英雄史诗与叙事诗，其中主要的有《希尔德布兰特之歌》《尼伯龙根之歌》《瓦尔特哈里之歌》和《谷德仑之歌》等。

一、《希尔德布兰特之歌》

《希尔德布兰特之歌》为仅有的一首用古德语写成的日耳曼人史诗，残存68行，流传于公元8世纪，描述民族大迁移末期因战乱流落他乡的勇士希尔德布兰特，在30年后返回故乡及边境上和他儿子战斗的故事。父亲认出了儿子，赠给他一个金环。儿子拒绝这个“异族人”的赠品，为了保持日耳曼战士的荣誉，向父亲挑战，父亲也只能应战，残稿在描写激烈的战斗处中断了。根据另外的材料（《希尔德布兰特之死》《海瓦拉—萨迦》），故事的发展是这样的：在交战中父亲打败了儿子，他宽恕了儿子；但儿子却要弄诡计，最后死于父亲之手。这一片段不但刻画了日耳曼人刚强勇敢的性格，表现了战士的荣誉感更重于血统关系这一日耳曼习俗，而且使我们看到了父子俩决斗时使用长矛的马上比武、使用短剑的陆上近身打斗和拳腿相交的肉搏之战的精彩的场面。

二、《尼伯龙根之歌》

英雄史诗《尼伯龙根之歌》约产生于1198 年至1204 年，作者不详。全书39歌，分为上下两部，上部名为《西格夫里特之死》，下部名为《克里姆希尔特的复仇》，共9516行。故事来源于民族大迁移后期匈奴人和布尔艮特人的相互斗争，又穿插了许多其他历史传说。《尼伯龙根之歌》中描述的体育场景主要有尼德兰王子西格夫里特（英雄史诗中有名的骑士，早年曾杀死怪龙，用龙血沐浴，皮肤成为鳞甲质，变得刀枪不入，但沐浴时适逢一片树叶落到肩头，此处便成他的致命处。他占有尼伯龙根族的宝物）与布尔艮特武士哈根的打猎和赛跑；容貌出色且勇敢非凡的冰岛女王布仑希尔特与布尔艮特国王巩特尔在跳远、投石、投掷标枪上的较量（她声称谁能在这三次比赛中胜过她，便可娶她为妻，否则就要丧命）；还有当时骑士竞技大会的各项比武活动。

三、《瓦尔特哈里之歌》

《瓦尔特哈里之歌》是约公元10世纪德国的一部著名的英雄史诗。其中描写的一位逃亡的日耳曼王子与13位追捕者战斗的场面有趣地反映了当时的体育活动。是时，王子持短兵器与一敌人正进行近身殊死搏斗，却遭敌人的弓箭暗算，于是他大发雷霆，声称在双人决斗时未经许可使用远距离武器是大逆不道的。

四、《谷德仑之歌》

《谷德仑之歌》也是一部佚名作者写的德国史诗，约产生在1210 年至1220年。史诗的第一部分是爱尔兰国王儿子哈根的冒险故事，他与一个名叫希尔德的公主相爱结婚。第二部分是围绕着哈根和希尔德的女儿，名字也叫希尔德的婚事而展开的，最后她被丹麦国王黑特尔用计诱走成婚。第三部分也是史诗的主要部分，叙述了黑特尔和希尔德的女儿谷德仑与西兰国王黑尔威希的爱情故事，他俩相爱订婚，但谷德仑被诺曼国王的儿子哈尔姆特抢走，她历经磨难，终于被黑尔威希解救。

其中描述的竞技比赛就发生在最后章节的解救公主谷德仑的过程中：是时，西兰国王黑尔威希的解救人员来到一河边，因天气原因和要等待解救的最佳时机，突击之前解救人员就用比试跑步、跳远和投石的方式来打发等候的时间。

2

第二章

中世纪德国体育

（500—1500年）

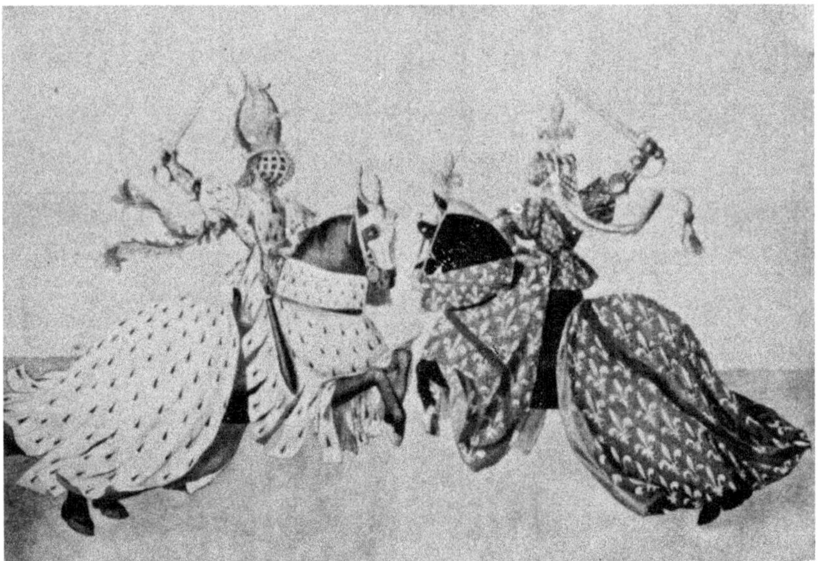

第一节　中世纪德国概况

中世纪是欧洲历史上的一个时代（主要是西欧），自西罗马帝国灭亡（476年）到东罗马帝国灭亡（1453年）的这段时期。

5世纪末，作为延续了几个世纪的日耳曼人一支的法兰克人建立法兰克王国，其中包括莫洛温王朝和卡洛林王朝的辉煌时期。在查理曼大帝（800年加冕）的统治下，王国几乎拓展到了今天的法国和德国的绝大部分地区，称为查理曼帝国。查理曼大帝去世后，帝国很快走向分裂。843年，法兰克王国的疆域按照《凡尔登条约》分成三部分：西边的部分即莱茵河左岸的西法兰克王国就成为后来法国的基础；而东边的部分即莱茵河右岸操德语的东法兰克王国成为后来的日耳曼王国的基础，成为未来的神圣罗马帝国，也是今天德国的雏形；中间的部分成为后来法德争斗的根源。

919年，萨克森公爵亨利一世当选为东法兰克王国的国王，建立了萨克森王朝。萨克森王朝的地域大致位于今荷兰、德国西部、瑞士和奥地利。严格意义上的德意志历史就此开始。亨利去世后其子奥托继位为东法兰克国王。962年，东法兰克国王、奥托王朝的奥托一世在罗马由教皇约翰十二世加冕称帝，到973年在位，成为罗马的监护人与皇帝和罗马天主教世界的最高统治者。

1157年，这一帝国得到了“神圣帝国”的称号，全盛时期领土包括了德意志全境，意大利中、北部，西西里岛，捷克，瑞士，爱沙尼亚，普鲁士。1254年，帝国第一次开始使用头衔“神圣罗马帝国”，1512年的科隆帝国会议后颁布敕令，使用“德意志民族的神圣罗马帝国”，此后作为官方名称沿用直至1806年。

在中世纪，基督教在欧洲包括德国取得了绝对的精神统治地位。基督教信仰上帝，宣扬禁欲主义，认为人的肉体是罪恶之源，而人的灵魂本来是纯洁的，只是受到肉体各种欲望的引诱和玷污，从而导致犯罪。因此，人只有信奉上帝，在上帝面前忏悔自己的罪恶，才能在末世审判中得到上帝的宽恕。

在基督教“肉体是灵魂的监狱”的教义下，德国教会禁止人们从事以满足精神和身体快乐为目的的游戏和竞技，认为这有悖于上帝的旨意，违背基督教教义。为此，罗马教廷和各地教会采取强硬的措施，规定其信徒不得参加任何游戏和竞技，违者要遭到惩罚。例如，基督教排斥那些与赌博、血腥搏斗、淫秽有联系的体育活动，赛马、浴室体育活动等均遭禁止。325 年，君士坦丁还下令禁止举办角斗士比赛。若有违规者，将受到身体上和精神上的严厉处罚。15世纪末的德国教会，曾把民间游戏视为异端行为而加以禁止。有一张当时教会的通知书上写道：如果有人在节日、礼拜日或圣诞节的晚上去参加游戏、赛马或戴假面具，要处以7年之内禁止外出，每天鞠躬100次、祈祷200次的惩罚。

在基督教的控制和影响下，中世纪德国学校教育的唯一目标就是控制青少年的精神，强制他们信仰基督教，接受基督教教义。学校采取一切措施禁锢和束缚学生的思想和行为，其主要的课程是《圣经》和基督教神学，体育活动被排斥在学校之外。学校教学内容枯燥，管理专制，体罚盛行。在基督教专制统治下，中世纪的德国人精神压抑，生活单调，缺乏运动，体质脆弱。在中世纪流传下来的一些人物肖像画中，无论是贵族、商人还是平民，在画师们的笔下无不神情呆滞，面容憔悴，身体衰弱，反映了这一时期基督教对德国人的精神和体质方面所产生的巨大负面作用和影响。直到14世纪文艺复兴运动之后，这种状况才逐渐得到改善。

长期以来，欧洲中世纪那“半梦半醒的一千年”（500—1500年）被学界视为体育史上的“黑暗时代”。诚然，中世纪早、中期基督教文化价值观对体育的歧视，使得体育一度萎靡。而随着基督教文明与日耳曼文明的交融，德意志民族的神圣罗马帝国的建立，城镇、商贸的兴起，以及军事、娱乐需要的增长，至迟在中世纪后期形成了以具有时代特征的骑士体育为主导，以市民、农民、教士等体育为重要构成部分的丰富多彩的中世纪德国体育。历史证明，中世纪德国许多体育项目都是近代体育项目的萌芽。因此，甚至可以说，这一阶段的体育还为近代德国的体育发展做出了一定的贡献。

第二节　骑士体育

800年，法兰克王国的查理大帝一统西欧，被教皇加冕为“伟大的罗马皇帝”，12名跟随查理大帝南征北战的勇士就当然成了“皇帝的侍卫”，他们被人们称为“帕拉丁”，即圣骑士，统帅着当时加洛林王朝的法兰克骑士们。

经过“铁锤”查理、“矮子”丕平、查理曼三代人的发展，当时的加洛林王朝已拥有整个西欧最强大的重骑兵军队。为封建主服骑兵役的军事贵族身份、以封建采邑作为经济来源、武士阶层所恪守的社会规则、基督教精神的融入及象征性的骑士授封仪式，这代表了中世纪初期的骑士在加洛林王朝已经成型，并成为之后整个欧洲的骑士制度源头所在。

早期的骑士是起源于日耳曼习俗的重骑兵，是中世纪欧洲战场上的主力军；11世纪以后在教会的影响下，骑士逐渐演变为“基督的战士”，并成为一种身份标志；13世纪左右在教会和社会环境的约束下，形成一种绅士风度和骑士精神。

“骑士精神”最早的意思是指马术。中古时代的精英战士，与农民、教士和那些靠自己的技术当上骑手和战士的人有所不同，其差异在于他们拥有快而强壮的马、美丽与有攻击力的武器和制作精良的装甲，这些都是当时的身份象征。

“骑士精神”根源于日耳曼民族的尚武传统和忠诚习俗，又受到基督教宣誓及献身理念的培养，再经过宫廷文化的渲染，最终在中世纪形成。骑士精神具体体现为忠诚、英勇、慷慨、谦逊等品质。

到了12世纪，骑士精神的意义转变为人生的整体规范。骑士精神规范的基本守则有保护老弱妇孺；为公义而战以对抗不平与邪恶；热爱家园和为保卫教会而冒死犯难等。

事实上，骑士和贵族会为私利漠视骑士精神。贵族之间的仇恨和土地的争夺，往往会摆在任何守则之上。例如，依日耳曼的部落习俗，酋长遗产由儿子均分，而非长子继承，为了争夺财产经常引发兄弟之间的战争。最好的例子就是查理曼的孙子之间的冲突。

在中世纪的德国，基督教会以其独有方式控制着整个社会，整个社会都围绕且依托着宗教信仰而运转。骑士贵族阶级正是在基督教信仰控制下，逐渐发育出了自身特有的，同时也是那个时代、那个社会特有的骑士精神。骑士精神不仅是一种阶级意识，更是一种在特定环境下社会生活与自我认知的完美结合，它所承载的是整个中世纪德国社会的信仰与价值。

骑士是德国中世纪时，受过正规军事训练的骑兵，后来演变为一种荣誉称号，用于表示一种社会阶层。在此阶段的纷乱局势中，国王和贵族都需要一些在战争上具有压倒性优势的兵种，为此他们会悉心培育一些年轻人，使之成为骑士。而骑士的身份往往不是继承而来的，其本质也与贵族不同，除了和贵族一样能够获得封地之外，骑士也必须在领主的军队中服役，并在战争时自备武器与马匹。

骑士是西欧中世纪封建领主制的一个特殊阶层。他们处于封建领主阶级的最下层，以自备武器、盔甲和马匹服骑兵军役为条件，从国王或大封建主处获得封地。从8世纪始，西欧骑士阶层开始形成。11至14世纪是欧洲骑士制度的兴旺时期。特别是11世纪90年代开始的以骑士为主体的十字军东征，使骑士的地位和影响大大提高。14世纪末，因火器的出现，骑士阶层及其制度逐渐没落消失。

骑士以信仰基督教和从事战争为宗旨。“骑士精神”是基督教义与日耳曼贵族野蛮性的综合体。所谓的“骑士精神”的标准，是信仰上帝，忠于君主，慓悍勇猛，讲究礼仪。围绕这一标准，形成了颇具特点的中世纪骑士教育和骑士体育。

骑士体育系指骑士为了参加战争的需要而形成的身体和技艺训练的方法手段体系。骑士体育是德国中世纪体育的代表，在世界体育史上具有重要地位和影响。

骑士的体育活动主要指骑士教育中的体育和骑士比武。

一、骑士教育中的体育

中世纪德国的教育主要有修道士教育、骑士教育和行会教育等。其中骑士教育里包含了丰富的体育活动。骑士教育一般分为侍童及扈从两个阶段。

（一）侍童阶段（7~15岁）

骑士阶层的男孩从7岁开始，被送往封建主的城堡或著名的牧师家里学习，15 岁以前跟从女主人。此阶段主要是以宗教教育、道德教育为主，体育教学内容是针对战争的需要，进行各种身体训练和赛跑、角力、拳斗、射箭、投掷重物、使用棍棒和大刀等技能训练。有时还要在练武场上真刀真枪练习厮杀。当然，儿童也在成人的引导下进行娱乐游戏活动，例如，板羽球、毽球、皮球、滚木球、跷跷板、踩高跷、户外奔跑、打闹、翻跟头等。另外，准备成为骑士的少年还要跟随女主人学习上流社会的各种礼节。15岁学习结束，经过特殊的仪式，抛下儿童时佩带的短刀，接过牧师手中的长剑，便成为“准骑士”。开始进入下一个学习阶段。

（二）扈从阶段（15~21岁）

15 岁到 21 岁做男主人的侍从，也是扈从阶段，这是培养一名优秀的骑士最为重要的阶段，准骑士在正式骑士的指导下，均需系统学习所谓的“骑士七技”，包括骑马、游泳、投枪、击剑、狩猎、游戏（包括下棋、球戏）、吟诗和舞蹈等。此外，为了准备随时听候国王或主人的战争召唤，骑士们平时非常注重身体训练和军事训练，准骑士们还用大量时间练习徒步或骑马冲刺、长距离跑、全副武装跃上马背、翻越高墙和射箭等实用军事技术和用木拍或木槌击打重木球等等各种球戏和竞技比赛活动。直到21岁学习期满，准骑士们在受封为骑士之前，首先要洁净自己，然后穿上白色的衣服及红色袍子：白衣表示自身的洁净，红袍喻意准备随时勇战受伤。穿好衣服后，要禁食一天，拿着剑在盾牌面前向上帝祷告，祷告内容包括求神宽恕己罪，圣洁己身，承诺保护教会及发誓“除强扶弱”，此时，任何不认同将获得骑士身分的侍从的人，皆可去破坏盾牌，侍从必须以剑捍卫其盾牌。最后，在教堂接受由牧师和领主主持的隆重仪式（授与者会放平其剑，按在其右肩上，有时候会有一种无剑尖的慈悲之剑来专门进行此仪式，施以祝福）后经过宣誓，才被正式授予骑士称号。

成为骑士后，骑士们的主要体育活动有狩猎（含放鹰猎鸟）、跑步、跳跃、投掷、角力、游泳、马球、圆舞、踢踏舞和骑士比武等。当然他还必须要保持所谓的骑士八大美德（谦卑、怜悯、公正、荣誉、牺牲、英勇、灵性、诚实）和严格遵守 “骑士精神”规范的基本守则，例如，效忠国王或领主、保护教会和妇孺、锄强扶弱、英勇作战及维护公正等。下面我们就其中的勇敢和公正举两个例子。勇敢是中世纪骑士美德之一，勇敢更是挑战精神的体现。德国中世纪的一部文学作品中曾经描述过骑士是如何渴望参加竞技和比武的：“我是一名骑士，骑马出行，寻找一个男子，像我一样武装起来，愿与我格斗。他要是能打败我，就会提高他的荣誉；我要是能战胜他，就会被看作英雄，我将得到前所未有的尊重”。公正也是骑士美德之一，据说中世纪有一名日尔曼骑士不满于国家法律的不公正判决——一名无辜者被判决死刑，冒天下之大不韪，在行刑日劫走了死刑犯。我们很容易想象到这名勇敢的骑士为恪守公正最后付出了何种代价。今天在德国一个博物馆里，还保留着这名骑士的雕像，以供后人瞻仰。

骑士教育

二、骑士比武

骑士比武是骑士体育的重要组成部分。骑士比武在9世纪上半叶就已经在法国、西班牙出现，但这时比赛并不太正规，多是即兴而起的游戏活动。由于这种比赛能够培养骑士的勇敢精神和实践中的攻防技术，因而得到当权者的提倡。10世纪初，在法国开始出现较为正规的比赛形式。以后在十字军东征时期，骑士比武得到了飞速发展，并传入英国、意大利、德国、波兰、捷克及其他欧洲国家，成为当时最受社会欢迎的竞赛活动。

骑士比武的时间一般是在基督教的宗教节日里进行，例如，圣诞节、复活节、万圣节等；骑士晋封，大贵族家的婴儿洗礼、婚礼，著名骑士、圣徒纪念日也是举行比武大会的时间。比武时间，长可达几个星期，短则只有几个小时。13世纪以前比赛场所非常简易，几乎可以说是纯自然环境。13世纪以后比赛场所逐渐规范，比赛场主要设在城市内的广场，或是野外空地。周围用栅栏围起来当作竞技场，并且设有安全区，参赛者可以在比赛过程中随时进入安全区休息或是处理伤口，对方此时不能再进攻。场地四周是装饰好的看台包厢，供贵族和民众观看欣赏，通常还有乐队演奏，增加氛围。

骑士比武场上的裁判是由老年或有经验的骑士组成的，他们在赛前要检查比赛双方的武器，赛后宣布胜利者的姓名和颁发奖品。在裁判中还有一名由大封建主及其夫人们选出的所谓名誉裁判。这一荣誉职务，多半落在比赛组织者或国王的头上。

另外，比赛还有一些具体的规定，如参赛者必须光明磊落相斗，这在集体比赛项目中则表现为，对手落马时，自己也得下马与之步战，不得几人同时进攻一人，不得伤及对手坐骑，应无条件服从裁判等。

德国中世纪的骑士比武充满节日气氛。还在比赛前几天，承办赛会的城堡或城市就已张灯结彩，装饰一新。开赛前一两天，几个月前就已接到邀请的各城镇的贵妇们陆续来到这里。有时，国王和王后也亲临观看。比赛一般持续3 天。临赛前，传令官跑遍全城或城堡，发出开赛的通知，传令官去后，参赛者各自打着自己的旗号，佩戴着自己的徽章列队进入赛场。赛场四周是新搭的看台，看台上彩旗招展。有名望的封主在随员的陪伴下偕同夫人及其女儿在上等席位就座，妇女们的首饰在阳光下闪闪发光。当国王和王后入座后，裁判一声号令，拼杀就开始了。赛场上震耳欲聋的砍杀声盖过了雷声，看台上贵妇人喝彩叫好，流浪乐师和歌手也大献其艺，为场上的拼杀助威。通常，比赛要进行几个钟头，有时甚至要延续到黄昏日落。比赛期间还经常间插击剑、跳跃、跑步、马术、摔跤、象棋和球类等比赛，并有音乐表演和其他娱乐活动。每次赛会总以盛大的舞会结束。

舞会上，胜利者将得到嘉奖，奖品有金剑、戒子、马刺、猎犬、猎鹰以及败者的马匹和武器等。

骑士比武主要分为单人决斗和集体混战两种形式。

（一）单人决斗

两个骑士在马背上，以比武用骑枪将对方从马上击落的竞技叫“单人决斗”，是特殊的军事训练和娱乐形式，9世纪开始最先在法国和普罗旺斯出现，11世纪末传入德国。这种新的比赛形式在法国叫“茹特”，在德国叫“季奥斯特”。比赛使用钝武器，冲杀也有规定。开赛号一响，赛者分别从赛场两端以最快的速度驰入场内，用长枪向对方的头盔或胸甲猛刺。通常这种冲刺都很猛烈，被刺中者很容易翻身落马。如果比赛双方经这种冲击之后，依然安坐马上，便又各自退回原地，再做下一次冲击。比赛要一直进行到其中的一方被刺中落马，才可决出胜负。13世纪时，单人马上比武成为骑士比武活动的主要内容。进入14世纪后，为了确保比赛安全，赛场用栅栏隔开，比赛双方只能隔篱互相攻击。

马上比武用骑枪和盔甲都与实战的款式不同，比武用骑枪多半是用无尖的皇冠状或杯型枪头，且枪身采用空心或刻划出沟槽（容易折断）的白杨木，盔甲在左胸也有特别强化的金属板以抵抗冲击，比武用的马鞍亦没有后桥，使骑士受击后容易摔落，有时候一方落地比赛仍要以其他武器互殴，直到一方死亡、失去意识或是投降，投降或失去意识一方将会变成赢家的俘虏，家属得要支付赎金或以马匹、武器和装甲作为赎金才可将其赎回。一个低级的骑士能够靠这种奖赏累积财富并吸引富有的女人。

“单人决斗”通常是一种友好的竞赛，但是如果比武双方之间心怀怨恨，就会很容易地以战死来结束比武。

（二）集体混战

两组以上的骑士进行马上比武的竞技活动称为“集体混战”。它是与实际相似的军事游戏。这种集体打斗比赛采用当时的攻、守、退等战术，再现了战争的场面。比赛一般是在户外开阔的自然环境中进行，没有固定的专门场地。比赛时使用真枪、真剑，骑士也着战时铁甲，双方厮杀不受任何规则的限制。比赛与实际的区别是，双方尽量不杀伤对方，也不用粗话互相咒骂。到11世纪下半叶，这种集体大战开始变得更加规范化，有些比赛已采用无锋武器，比赛者的头盔改做圆筒形或圆锥形，以尽量避免伤亡。同时比赛已经有了专门的场地。

这些竞技活动，最早出现的用意是国王为了将贵族们调动到身边来就近监视，亦可借此保持骑士的战斗素质。但经过长期的发展后，就变得非常复杂。它们会成为社会重大事件，并吸引来自远方的赞助者与竞赛者。特别的竞技场（比武的场地）会设置观众看台与参赛者的帐篷。骑士成组参赛，他们会使用不同的武器来与对手决斗，旁边会有很多模拟混战的骑士。马上长枪比武或持矛冲刺，是由两边冲锋的骑士以长矛作战，堪称首要大事。骑士竞争的目的宛如现代的运动员，为奖品、声誉和女士目光而竞赛。

12世纪时，在一生醉心于金戈铁马的尚武帝王红胡子腓特烈一世大力提倡下，德国骑士比武达到其发展的顶峰。他把大型的骑士比武当作准军事演习，还发起第三次十字军东征（1189—1192年），他的军队可能是最大的一支单独的十字军，人数至少有数万人。1198年，一些德国骑士创建了威震四方的条顿骑士团。

但是，也有很多骑士在比武活动中丧生，有时一场大型比赛死者竟达几十人，这是因为比赛虽然有不少避免伤亡的规定，但打斗毕竟相当粗野，使伤亡难以避免。特别是从12世纪末起，骑士比武逐渐演变成一些骑士获取意外之财的工具，比赛参加者都希望自己的对手是个装束昂贵的富户，有时甚至在赛前双方便立下赌博文书，结果，“高尚的”骑士比武往往变为图财忘义的闹剧，并以残酷的杀戮告终。

到了13世纪，已经有许多人在比武场上丧生。例如，1240年在科隆举行的比武就导致60多人死亡。次年，又有约100人在德国诺伊斯的骑士比武中死亡。尽管如此，比武依然盛行，并成为骑士生活的一部分。教皇和国王们曾对此进行警告或具文禁止，但禁令却未收到多大效果，如日耳曼人春节进行的比武大会，都从未被视为违背教规而遭禁。教皇希望骑士能为十字军在圣地作战，而不是在比武中白白牺牲。不少统治者企图把比武用的武器变钝，以减少受伤的意外。另外，比武的规则开始逐渐完善起来，对于参加人数、比武形式、比武装备都有所限制和规定。例如，锋利的武器必须刺到对手有铁甲保护的头部或胸部，也可以是刺到盾牌上。如果骑士伤了对方的手、腿或是坐骑，则必须退出比赛。这样就大大减少了比赛的伤亡，比赛的过程也更具有观赏性和娱乐性。

14世纪时，德国骑士比武更加成熟，有一套严格的比赛规则和章程。章程对参加比武者的资格、比武的方式和规则、胜负的判定和赏罚等都有详尽的规定。

三、骑士体育的特点

骑士体育的特点是围绕军事技术和战争技能而进行体能和技艺的训练。在德国中世纪体育活动极端萎缩的状态下，骑士体育的训练方法和手段成为这一时期德国体育的代表。虽然骑士体育的目的是为了培养野蛮而简单的战争机器，但其部分训练方法和手段成为近代体育的源头之一。

骑士体育，乃至整个教育都不存在古希腊人那种全面发展的理想，也不存在早期罗马人在体育中对国家和民族抱定的责任感，他们多是出于愚昧的宗教狂热，或基于个人的实用动机才投入体育活动的。另外，骑士的教育对智育十分忽视，有的骑士连自己的名字都拼写不好，不能不说是一大缺憾。

四、骑士体育的衰落

15世纪后的200年间，德国工商业资产阶级的社会地位已经显著提高。他们既富有又有文化修养，因而在城市的政治、经济和文化生活中开始发挥越来越大的作用。而这时，骑士的情况却正好相反，由于可以在远距离造成伤亡的火器的出现和更加灵活的步兵的正式登台，使得重装骑士在战场上的攻击力明显削弱，甚至成为火器射杀和步兵砍戮的对象，以致使他们失去了昔日在战场的威力而逐渐退出历史舞台，从而也使得他们的生活水平日趋下降。同时由于他们缺乏知识，没有文化，他们的高贵门第也只能使他们享受到某些名义上的特权，并不能赢得社会真正的尊敬。作为曾有巨大影响的骑士比武活动，这时也已经丧失了过去军事训练的价值而成为徒具形式的比武活动。骑士比武活动一直延续到欧洲中世纪晚期，随着骑士阶级退出历史舞台，才逐渐消声匿迹。1487年，在沃尔姆斯举办了最后一次全德骑士比武大会，到1512年，地方性的骑士比武会也最后终止。马克西米连皇帝（1493—1519年在位）被称为“德国最后的骑士”，此后，骑士比武活动仅仅作为一种娱乐活动而存在，因而对于比武参赛者的限制已经不很严格。

第三节　民众体育

德国中世纪的民众体育，主要是指这一时期的农民、市民和教士的体育活动。与古罗马奴隶制相比，德国中世纪的农民拥有一定的私有财产，也有一定的自由支配时间。封建的自然经济和与此相联系的生活方式，造就了德国不少地区形成了自己特色鲜明而又丰富多彩的民间体育文化传统。此外，在一些城市，建造了公共的体育设施，为市民开展体育活动提供了一定的基础条件。

一、体育活动组织

德国中世纪市民及农民的体育活动最初主要是在宗教节日（五月节、圣诞节等）或普通节日（骑士受封或领主家嫁娶喜事之日等）里自发地进行。但是随着市民及农民经济力量的加强，社会束缚的不断减弱，自身认知的不断发展，他们的体育活动逐渐有组织地进行，9 世纪就出现了具有近代意义的体育组织。例如，当时德国民间射箭活动日趋昌盛，成立了许多射箭组织，其中，最早的有亚琛卡尔射箭协会（9世纪）、居姆尼希射箭协会（1139年）、杜伊斯多夫射箭协会（1190年）和奥登堡射箭协会（1192年）等，它们不但是德国中世纪体育组织发展的重要果实，可以说是德国现代大众体育最主要的组织机构——体育俱乐部的雏形。这些组织还定期举办以民间体育活动为主要内容的射箭节，推动了当时德国大众体育的发展。

二、体育规章制度

9世纪起开始成立的上述几个射箭协会已按类似行会章程的原则开展活动，会员必须在一定的日子参加体育训练活动，由队长负责检查器材和指导训练。1198年菲特勒二世制订《猎鹰规则》。1389年还出版了由击剑大师里希特劳尔撰写的《击剑指导章程》，该专著用诗句加密把德国剑术技术传承下去，不但创立了德国剑术的一支流派，而且制定了最初的会员的责任和义务等详尽的规章制度。1480年瓦德堡诸侯沃尔费克在其《中世纪家政指南》中也提及游戏和骑士比武的一些规则。

三、体育活动内容

中世纪德国市民及农民的体育丰富多彩。一些传统的体育活动，如足球、棒球、板球、壁球、网球、台球、高尔夫球、橄榄球、链球、拳球、射箭、击剑、拳击、划船、国际象棋、西洋双陆棋、斗牛、滑冰、滑雪、赛跑、跳远、摔跤、赛马、舞蹈及各种游戏等，在他们当中得到了保留，并且随着时代和各种条件的变化而不断改进，在宗教节日或是其他节日里面得到开展。

拳球比赛场面

“美女”（妓女）赛跑曾在中世纪的慕尼黑举行，优胜者获毛巾一条，当然此赛事的根本目的是为妓女在狂叫的观众中做拉客广告，而非严格意义上的中世纪女子体育。但1382年维也纳和1472年巴塞尔等地的女子赛跑活动是可以代表当时极为少见的女子体育活动的。

杂技是流行于德国城乡的一种很受群众欢迎的表演活动。它的广泛传播与这个时期流浪于城乡之间的吟咏诗人的活动分不开。这些吟咏诗人除给群众朗诵诗歌、讲说故事、表演歌舞外，还表演各种从古代流传下来的杂技和魔术。他们善走绳索、翻筋斗、叠罗汉，以及借助脚或牙齿将自己倒悬空中的表演。有时，城市市民也进行这些表演项目的比赛。

骑士比武也被城乡群众效仿，变成了一种民间娱乐活动。在城市，骑士比武被市民们以娱乐的形式加以再现，通常先分队集体比武，然后是两人进行对抗；双方骑在马上或驴背上，手执木制的长枪或连枷等物对打，他们或者以木桶代马，以扫帚代枪矛，以篮子代盾牌，相互对打。有时还在桥上或水上进行。胜者会受到奖励，成为当地的英雄，得到姑娘们的青睐。在农村，农民们用猪、牛做坐骑，用连枷做武器，表演骑士的马上单人打斗。

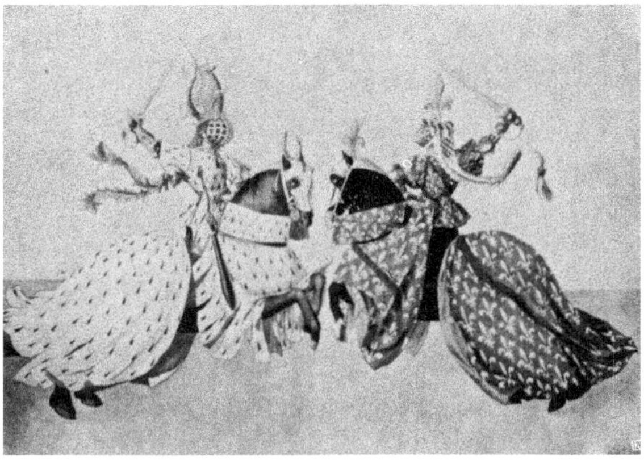

骑士比武

骑士冲刺

在儿童中，则流行抽陀螺、捉迷藏、蒙眼游戏、越脊跳、抢夺阵地、蛙跳、放风筝、踢石球、打水漂、弹玻璃球、掷骰子等游戏。

儿童游戏

中世纪基督教认为体育是无用的，并且浪费人们的精力，但是很多德国教士并不以为然，他们时常把体育活动与自己宗教思想相融合。例如，地掷球是在中世纪受神职人员喜欢的一种球类运动，这种球类运动被赋予宗教意义，神职人员把球要击倒的目标比喻成魔鬼，如果击球者成功击倒“魔鬼”，那么就代表了他的罪过可以被洗清。

另外，德国耶稣会的教士们也开始反对体罚，注重体育活动，并大力提倡骑马和各种游戏活动，在耶稣会及其控制下的学校里，明文规定一年之内，应特别定出一些节日和假日，让学生出外郊游。

3

第三章

近代德国体育

（1500—1945年）

第一节 近代德国概况

神圣罗马帝国早期是由拥有实际权力的皇帝统治的国家，中世纪时演变成承认皇帝为最高权威的公国、侯国、宗教贵族领地和帝国自由城市的政治联合体。962年，东法兰克国王、奥托王朝的奥托一世在罗马由教皇约翰十二世加冕称帝，1157年，这一帝国得到了“神圣帝国”的称号，1512年的科隆帝国会议后颁布敕令，使用“德意志民族的神圣罗马帝国”（962—1806年，史称第一帝国）。

1517年，马丁·路德为反对赎罪券买卖发表了95条论纲，发起德国宗教改革运动。

由于德意志是1618年至1648年的三十年战争的主要战场，其经济遭到极大破坏，而且战后诸侯国各割地盘，其内部分裂变成不可逆转，间接令神圣罗马帝国变得名存实亡。

1701年1月18日，勃兰登堡选帝侯腓特烈三世因支持神圣罗马帝国哈布斯堡王朝向法国波旁王朝宣战，在柯尼斯堡被加冕成为普鲁士国王腓特烈一世，自此，普鲁士作为一个王国才正式存在。

第一帝国在1806年灭亡后，德意志邦联在1815年成立，其中以普鲁士和奥地利最强大。1870年普法战争爆发，德国南部几个邦脱离法国控制，至1871年德国宣布完成统一，德意志帝国成立（史称第二帝国）。

1914年至1918年德国参与第一次世界大战。但《凡尔赛条约》将发动战争的责任悉数推给德国，从而对德国实行条件极为严厉的经济与军事制裁，德国失去13%的国土和12%的人口，还被解除武装，德国陆军被控制在10万人以下，且不许拥有空军。造成德国货币疯狂贬值，使得德国国民对强加给他们的条约有极强的抵触和反感情绪，因而引发德国民众强烈的民族复仇主义情绪。德国人为摆脱《凡尔赛条约》桎梏，各派政治势力、各种政治思想在德国你争我夺，显得尤为激烈。种种因素配合，以及德国在希特勒的纳粹党的领导下，1939年终于爆发了规模空前的第二次世界大战。1945年5月8日德国宣布无条件投降，“德意志第三帝国”寿终正寝。

第二节　德国宗教改革及其代表人物的体育观

欧洲中世纪晚期，封建社会腐朽反动势力的代表天主教僧侣凭借天主教教义和教规，更加变本加厉地对广大人民及下层教士实行残酷野蛮的统治与压迫，新兴的资产阶级在文艺复兴运动的推动下，于15—16世纪在宗教领域发动了反封建斗争的宗教改革运动。它是继文艺复兴运动之后又一次伟大的思想运动，它较文艺复兴运动具有更广泛的群众性。这场运动的矛头直指中世纪欧洲封建文化的精神堡垒——罗马教廷，从根本上动摇了宗教神学在欧洲数百年的专制统治，从而对欧洲的意识形态与思想文化变革产生了深刻影响。

在宗教改革浪潮的有力冲击下，促使罗马教廷和基督教对体育的态度也发生了变化。在这方面比较突出的是耶稣会。该会是天主教的主要修会之一，1534年创立。在教廷的支持下，耶稣会很快就控制了天主教国家的大部分学校。耶稣会宣扬灵肉统一关系，声称“灵魂和肉体是上帝一并亲手创造的，决不能够削弱其中任何一个方面”，认为骑马和各种游戏可以锻炼坚强的体格，培养为上帝献身的基督教徒，故而应大力提倡。此外，为了维持学生的健康，各学校都重视学生的卫生保健工作，要求对儿童经常进行卫生检查，教室也应空气流通，阳光充足。而且当时天主教会的多数学校都附设有文娱室、运动场、游戏场。由此可见，当时天主教会的学校体育及卫生保健制度已经较为先进了。耶稣会的这些认识反映了基督教会对体育态度上的变化。

一、德国宗教改革

1517年，德国牧师马丁·路德在维滕贝格教堂贴出95条论纲，主张改革教义，以适应资本主义发展的需要。宗教改革运动由此首先爆发于德国，欧洲各地广泛响应，并出现了一些新的教派，统称为新教（路德教）。新教主张人不必靠自己的善行，也无须借助教会的中介作用，只要立足于《圣经》的原旨，虔信上帝，便可获救；人的思想既不为教权控制，也不受俗权束缚，信仰是个人的私事。新教确定了一种新的价值观念：恪尽职守，刻苦工作是颂扬上帝功德的天职，身体健康正是完成天职的重要前提之一。这就使人们从宗教的彼岸世界回到了人的现实世界。新教还确认了灵肉的统一关系，从而在文艺复兴运动之后，再一次为体育发展扫清思想障碍。它所包含的博爱、平等思想打开了通向教育普及之门。近代体育也正是在新教取得了胜利的德国、瑞典和英美等国家最先发展起来的。

二、马丁·路德的体育观

马丁·路德，德国维滕堡大学的神学教授，人文主义者，基督教（新教）路德宗的创始人。他在进行宗教改革的过程中，也同时着手于宗教教育的改革，他对天主教教会禁欲主义的教育制度进行了猛烈抨击，对教会学校的学生遭到的“暴君式的僧侣的束缚”表示极大的愤慨。因而提出他的新教教育目的在于培养具有“真正的宗教信仰”，以及具备世俗生活的知识与能力的基督徒。指出应给予学生们自由活动的机会，不能再把学生“当作牢笼中的小鸟”。为此，他要求父母必须注意给子女以优良的体育和崇敬神的精神的教育，并把体操列为德国学校的固定教学内容。他认为，体操不仅能使学生们“快活、娱乐和保持身体健康，而且能使人改掉好逸恶劳、轻浮放荡的恶习”，并是防止参加“卑鄙活动”的有效手段。他说：“人们应有高尚和有用的（身体）练习”，因而他对击剑、摔跤、跳跃等骑士运动项目和游戏以及另外一些符合“道德标准”的活动项目也很推崇。他强调：“击剑、摔跤、跳跃等骑士的运动项目和游戏，不仅能驱散人的烦恼、苦闷，而且使四肢得以充分发展，可以增进健康，培养灵活、健美的身体”；并指出：“保持身体健壮是每一个基督徒的天职之一，身体健全结实才能劳动生产，获得并保持财富。”这些思想都是对传统基督教视身体为灵魂牢狱教义的大胆挑战与突破。

马丁·路德的体育主张，在他号召各城市创办的市民学校里得到了初步实施。

三、陶奇·卡美纳留斯的体育观

陶奇·卡美纳留斯，德国人文主义者，宗教改革的信奉者。曾任德国纽伦堡大学和莱比锡大学校长。著有《体操问答》一书。他在该书中赞扬了古代希腊、罗马的体育教育及其道德价值，并借此以宣传体育的作用。他还以当时市民学校学生为对象，注意了学生的年龄及身体特征的差异性，强调户外运动，并提出了室内体操的训练方法。

第三节　德国博爱主义教育及其代表人物的体育理论与实践

直到18世纪中期，德国仍然是个四分五裂的封建国家，资本主义发展十分缓慢，并远远地落后于英法等国，到了18世纪末至19世纪初，德国的社会生产力有所增长，资本主义生产关系已经萌发，各地经济略见繁荣。在英法资产阶级革命的影响下，德国资产阶级也急欲登上历史舞台。于是，一些资产阶级的新人文主义者首先在文化领域小试身手。18世纪末的以歌德和席勒为代表人物的“狂飙突进运动”就是在这样的条件下爆发的一场文化运动。博爱主义教育的出现就是这一运动在教育上的反映，博爱学校的创立便是这场运动在教育领域的产物。

一、德国博爱主义教育

博爱主义教育是18世纪后期在德国兴起的一种教育思潮。因其主要代表人物巴塞多所创办的博爱学校而得名。这一思潮的思想基础是18世纪卢梭的自然教育理论。

博爱主义教育宣扬博爱思想和人道主义，认为教育的目的在于培养幸福、健康、对社会有用和能促进人类幸福的人。主张由国家管理和监督学校教育，以摆脱教会的控制和教派斗争的影响。认为智育的目的在于发展儿童的智力，主张学习广泛、实用的知识。重视启发儿童的主动性，使学习变得有趣而令人愉快。要求对儿童进行以爱国主义精神和人类互爱为基本内容的道德教育，培养儿童具有温良、谦逊的态度。他们还重视体育，认为健康的身体是儿童心智发展的必要基础。因此，在博爱主义者所办的学校中，户外活动和游戏占有重要地位。强调进行军事体育训练，以促进儿童身体的发展。他们热爱儿童，肯定儿童的天性是善良的，反对经院主义、古典主义教育，禁绝体罚。

博爱主义的许多观点虽然并非巴塞多等人首创，而且其中也有谬误，但是在当时的德国却起到了反对封建教育、传播资产阶级进步思想的历史作用。博爱主义教育思想对德国初等教育的发展起到了重要的推动作用，并对裴斯泰洛齐等教育家的思想与实践给予了直接影响。

二、德国博爱主义教育家

德国近代体育首先从学校开始实施，经过近3个世纪的发展，学校教育和体育越来越受到社会重视，学校体育体制开始确立。但直到18世纪中期，仍局限于狭小的贵族范围。18世纪后期，在博爱主义教育家的努力下，这一情况得到极大的改观。

博爱主义教育家，即博爱学校的积极推动者。他们系统地整理了经过文艺复兴时期流传下来的古代体育理论知识和法国启蒙运动的理论成果，并在教学实践中试用；同时他们还运用了骑士教育和民间游戏的某些有益的传统。经过他们的努力，体育也正式进入了学校的教学大纲。他们的理论著作，使他们成为后来的德国体操流派的奠基人，从而对欧洲近代体操的形成产生了巨大的影响。其代表人物有巴塞多、菲特、古茨穆茨及沙尔茨曼等。

（一）巴塞多及其德绍博爱学校

巴塞多，德国博爱主义教育家。1724年，巴塞多出生于汉堡的一个手工匠家庭。1768年，巴塞多在卢梭著作《爱弥儿》的影响下，发表了《为学校、学科及其对公众福利的影响致志士仁人呼吁书》，详尽阐明了教育改革的基本思想，要求由国家管理初等教育，强调编写出版包括各个学科基础知识和适合教学的初级课本的重要意义，要求按照卢梭的教育思想创办新型学校。呼吁书很快引起社会各界的重视并得到德国上层社会和一些知名学者如康德、歌德等人的赞同和支持。

1770年至1774年，巴塞多印行出版了《初等读物》。这是与夸美纽斯的《世界图解》相类似的一种带有插图的儿童读物，在当时颇受赞扬。

1774年，在阿恩哈特—德绍王子利奥波德公爵的资助下，巴西多在德绍创办了德国第一所“博爱学校”（意为一视同仁、广泛地爱护儿童）。学校招收6～8岁的儿童，实行寄宿制。博爱学校建立初期，巴塞多即制定了详细的规则，共19条，对学生的学习、生活等做了全面的规定，其中包括学生每天读书写字1小时，学科作业3小时，手工劳动2小时，从事骑马、击剑、音乐、舞蹈2小时；寄宿学生接受军事训练；在经费和设备许可的条件下，学生每年在野外学习2个月；让学生快乐地学习；采用直观、对话、参观和游戏的教学法等。

受夸美纽斯和卢梭的影响，巴塞多也极力推崇自然主义教育，并形成了自己的体育主张和实践。他认为健康的身体是儿童心智发展的必要基础，因此，学校十分重视劳动教育和体育，积极开展户外活动和游戏。他把体育第一次列为正式课程，体育活动占了每天8学时中的2学时，其内容即包括了传统的骑士项目，如击剑、舞蹈、骑马、腾越等内容，又包括了所谓“希腊体操”，如跑跳、投掷、摔跤等，同时还采用了一些德国民间游戏内容，如秋千、铁环、翘翘板、网球、毽子、板球、手球戏、滚翻、跳背、九柱戏等。

后来，该校的体育主任西蒙不但设计了著名的“德绍五项”（跑步、跳高、攀登、平衡、负重），还按照学生年龄首先实行了体育分组教学。其继承人杜托依是斜梯这一体操器械的首创者，在教学上又增加了滑冰、射箭、园艺、木工、远足等内容。此外，学校在年龄稍大的学生中还实施军事训练、运动训练以及队列操练。在夏季还专门用两个月的时间举办“野营学校”活动，其有计划地开展狩猎、钓鱼、划船、游泳、攀登、跳跃等体育活动，地理课和自然课也利用户外环境进行。

德绍博爱学校改变了传统的体育模式和课外活动、游戏的教学方式，采用按年龄选用教材和分组教学的方法，使各种身体练习在教育意义上组成统一的体育手段，出现了近代最早的体育教师。

德绍博爱主义教育家们还通过他们的著作广泛宣传博爱主义，沙尔茨曼有3部通俗教育书籍，分别批评当时教育的弊病，阐述新教育的要求以及师资培养问题。巴斯多所著《方法论》甚至成为康德讲授教育学的课本。

德绍博爱学校开办后，由于它的教学制度和方法的独创性，不但吸引了来自德国各地和俄国、西班牙等国的学生，而且吸引了卡姆佩、萨尔茨曼、特拉普、罗霍等一批学者到学校任教，从而使学校得到进一步发展。在1793年德绍博爱学校关闭之前，学校的学者先后在德国各地开办同样性质的学校，并且都取名为博爱学校，如1777年由卡姆佩在特里顿创办的博爱学校和1784年沙尔茨曼在哥达附近创办的雪尼芬撒尔博爱学校等，从而使博爱主义教育的影响不断推广。严格意义上的近代学校体育就开始于德绍博爱学校，正如英国学者博·金所言："在巴塞多提出新教育方法以前，国民教育是不可能完全实现的"。

（二）菲特及其《体育百科全书》

菲特，德国18世纪博爱主义教育家，先在德绍博爱学校任数学、物理教师，1798年后升任该校校长。菲特并没有长期直接从事体育教学，但他设计和使用了一些体操器械，包括平衡木、木马、弹簧板、平台、不同高度的单杠等。尤其他的主要著作《体育百科全书》是世界上有关体育的第一部百科全书，在近代体育史上占有重要地位。该书分为3卷，第1卷为《体育史稿》（1794年）、第2卷为《体育体系》（1795年）、第3卷是第2卷的附录（1818年），因而以前两卷最为重要。

1.《体育史稿》

《体育史稿》分为5个部分：史前时代；古代东方各国时代；古希腊、古罗马时代；近代欧洲国家的体育状况；近代欧洲以外各地区、各国家、各民族的体育状况。探讨了从史前时代直到他所处时代的人类身体锻炼和训练的历史沿革，阐述了随着人类文明的发展身体逐渐衰弱的原因。此外，菲特还从人类学和生存竞争的角度，观察了体育产生和发展的原因，提出其原因在于人的心理、生理的自然需要和出于生存竞争的客观需要。后一观点由于后来达尔文进化论的问世而被体育史学家广泛采用。

菲特的《体育史稿》由于成书仓促，资料有限，且又属于毫无编写先例的开拓性著作，因而在体例上还显得不够成熟，非欧洲地区和民族体育部分也较为薄弱，但该书的问世却为体育史学的形成和发展奠定了基础。

2.《体育体系》

菲特在《体育体系》中，从理论上对体育的目的、功能和作用进行了探索。他认为：体育的目的是使人掌握各种身体动作，使人体的潜力得以展现，而体育的具体功能和作用则是：①保持身体健康；②增强肌力；③形成身体的形态美；④形成动作的稳定性和准确性；⑤增强脑力劳动者所必须的精力；⑥使人摆脱性生活。他还在解剖学和生理学基础上对身体运动进行分类，并用数学、物理学加以解释。同时对体操的分类和各项运动的历史做了研究，设计了平衡木、木马、弹簧板、平台、不同高度的单杠等体操器械，从而为德式体操体系的形成创造了条件。

总之，菲特的《体育百科全书》是近代体育理论建设的早期重要著作，对体育理论体系的建设具有重要价值，对近代体育史学和体育理论的形成和发展做出了巨大的贡献。

（三）古茨穆茨及其体操体系

古茨穆茨，德国18世纪最著名的博爱主义教育家，1785年起在萨尔茨曼于的雪尼芬撒尔博爱学校任地理和手工教员，1786年开始参与体操教学。在长达50年的体育实践中，他阐述了自己的体育观并创建了独特的古氏体操体系。

古茨穆茨塑像

1. 古氏体育观

古氏著述颇丰，如《游泳术》（1789年）、《青年体操》（1793年）、《游泳》（1796年）、《坦宁堡的家庭娱乐和游戏》（1793年）、《祖国男儿的体操》（1817年）、《体操术问答》（1818年）等，其体育观就主要散见于这些著作和平时体育实践的言论中。

古茨穆茨首先从理论上对博爱派及前辈的体育理论进行了系统的整理研究，他把体操视为“披上快乐外衣的劳动”。关于体操的目的及意义，古茨穆茨认为体操的最终目的是使身体健美、灵敏，有耐久力和力量，其主要意义在于培养坚强的男性性格。他根据古希腊人和卢梭的《爱弥儿》提出的身心并完的原则，坚持精神和身体协调发展的主张。他的这一主张具有明显的时代和民族的特征，即以理想中的勇武、忠诚、健壮、沉着的古代日尔曼人为身体或精神的标准。他认为，在精神和身体之间，后者更是人的根本，因为完美的道德往往是强健身体的产物，而羸弱者既难迸发出爱国的热情，也不可能见义勇为，为他人赴汤蹈火，以呈现壮士之豪勇、侠义和赤诚。

他提出了人体运动的 4种分类方法，即按运动的目的、性质、解剖学特点和动作的类型分类。在体操理论教学实践中，还特别重视教学的方法，如提倡示范法、矫正法和观察法等，这些方法是他的体操体系的基础，直到现代仍为体操教学所采用。

古茨穆茨还对近代学校的体育教师的素质与知识结构进行了研究，认为医学、生理学和教育理论等方面的知识在体育教学过程中是不可缺少的，体操教师必须拥有这些基础知识结构。同时，他也很重视竞赛对于提高教学质量和促进学生发展的作用，认为狭隘的劳动分工会给身体造成不良影响，主张全民参加体育锻炼。他还是德国第一个提出恢复古奥运会建议的人。

2. 古氏体操体系

在长期教学实践与研究基础上，古茨穆茨建立了古氏体操体系。他从教育角度将体操方法分为固有的体操运动、手工劳动和游戏三大类，其核心是固有的体操运动。它是在总结古希腊竞技和德、法两国的游戏以及古氏自己的体操实践汇集而成的，其中包括8类基本运动：① 跑步，含短跑和长跑；② 各种技术类型的跳高和跳远；③ 投掷，用石头、标枪和铁饼投高、投远和投准；④ 角力，在垫上互相抱推，努力挣脱对方的抱持并摔倒对方；⑤ 悬垂，使用木梯和吊绳进行攀缘和悬垂；⑥ 平衡，包括两类，一是在平衡木、秋千、竹马、竖梯晃板等器械上保持平衡，二是在手指或手掌上竖立木棒；⑦ 力量性运动，包括举重、搬运重物、手倒立、单人或双人的拔河、跳绳和滚翻等运动；⑧ 序列运动，包括舞蹈、队列变化和兵操。后来在此基础上又增加了剑术和射击等内容而变成了9类。这9项运动适应了大工业对提高劳动者身体素质的需求，成为近代学校体育的普遍模式，也使学校体育彻底改变了贵族性质。在具体体育教学上，他广泛应用实物教学，特别注意单杠、跳跃器械、平衡木、软梯及滚翻运动等器械体操的内容。

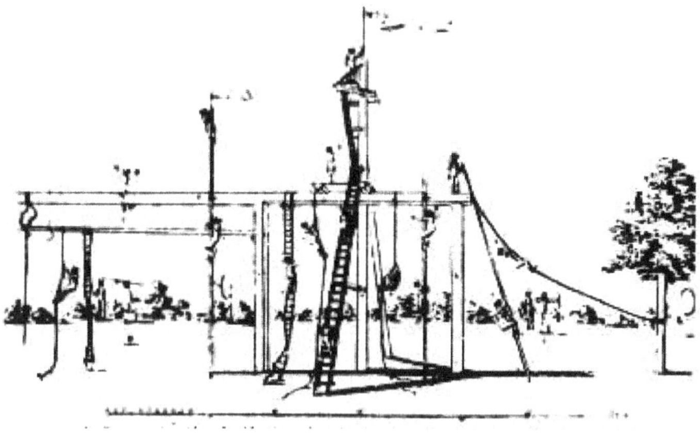

古茨穆茨所采用的体操器械和运动场面

古茨穆茨以传授体育技术技能为目的，将传统的身体练习方法进行系统的整理，形成了一个比较完整和成熟的体操体系，在近代体育发展史上意义深远。他所创造和整理的这些基本的体育运动技术和方法为近代学校体育教学活动所普遍采用。他所在学校一时成为欧洲体育教师造访的中心，其体育理论和实践为德国、瑞典、丹麦等国家的不同体操体系奠定了基础。尽管古茨穆茨的体育观及其体操体系还有很多地方不够合理和成熟，但已经大大超越了前人的成就，在德国及欧洲产生了很大的影响，赢得了广泛的国际声誉。

跑步与跳高

古茨穆茨亦以“德国近代体育之祖”的地位载入世界体育史册。

第四节　德国体操体系

从17世纪40年代到19世纪中期，封建专制制度被处于上升阶段的资产阶级迅速摧毁。与此同时，近代欧洲体育开始形成，其前后经历了两个阶段：一是经过启蒙运动以后，18世纪末，近代体育思想开始形成了完整的体系，并在部分学校开始初步实施；二是到19世纪前期和中期，由德国、瑞典、丹麦等国开始，近代体育逐渐以学校扩展到社会和军队，其主要内容是能直接发展身体各种能力和加强纪律性的体操以及户外运动。德国体操和瑞典体操、英国的户外运动逐步成为近代欧洲体育的三大基石。

其中德国体操体系主要包括杨氏体操、施氏体操和德国式的新体操体系。

一、杨及其国民体操

杨，德国政治家、教育家、体育家。杨一生从事体操活动，曾多次从军打仗。由于他年轻时正逢拿破仑战争时期，家乡曾多次被法国军队占领，因而其思想中充满了强烈的民族主义情绪。他立志要通过体操来培养德意志民族的爱国主义感情与国民素质，认为真正的国民教育应当能够培养未来的保卫者和理想的国民，体育就是这种教育的一个重要手段。正是由于救亡图存的目的，杨于1811年创办哈森海德体操场，从此走上了体育救国之途，并在两年后带领大批参加过体操运动的青年奔赴民族解放战争的疆场。

杨肖像画

《德国体操》（1816年）和《德意志国民性》（1810年）是杨的两大主要著作，它们较为全面地反映了杨的教育思想、体育思想及体操体系。

（一）杨的教育观

杨要求建立和实施“真正的国民教育”体系，而且这种教育必须对德意志民族的每个国民在身体和精神上进行全面教育，它是一种主要针对国民性所实施的教育。这种教育的首要任务是唤醒全德意志国民的“民族意识”和“爱国热情”，动员一切身体和精神潜力准备投入民族的解放战争。他认为“除了作为必要的全面教育的主要部分，我决不会将体操变成别的什么玩意儿的”；杨还进一步指出，一个民族的“防卫能力”，不能单纯局限于军事能力，而更主要的应是对国民的全面教育，即内在的凝聚力、高尚的道德和完美的精神的培养——这才是一个民族不可征服的最主要的力量。历史地看，杨的这些教育思想是符合当时德国国情的，其教育计划不愧为一项全面的民族教育计划。

（二）杨的体育观

杨认为：“体操是国民教育的重要组成部分和造就完人的主要手段，它应该使全体国民身强力壮和爱憎分明，真正成为民族与国家的有用之才”。杨氏体操又是爱国的，爱全德意志民族的。用杨自己的话来说：“体操永远是一种特殊形式的爱国行动和整个民族的事业，它本身与全德意志国家和整个德意志民族已经水乳交融在一起了”。这种超越狭隘的普鲁士爱国主义的倾向，符合时代趋势，因而为群众所欢迎。

（三）杨氏体操

就其手段而言，杨氏体操是对前辈体育遗产和同代人体育成果的继承、发展和移植。如杨将图卡罗的跳跃术，古茨穆茨的体操内容和裴斯泰洛齐的关节运动等运用于自己的体操之中。杨氏体操把体育的几乎一切内容都归于体操，主要包括：① 队列练习，依靠专门编排的队列，练习分列训练和器械训练，这种训练不仅提高了单个战士的锻炼和动作水平，甚至使几支大部队能够协同完成用各种信号发出的命令；② 徒手练习，经过创编成套的伸展、弯曲、摆动等练习，一般在器械练习前进行，起到准备活动的作用；③ 器械练习，这一练习分为两种，一种是手持轻器械的练习，另一种是在器械上的练习，所用器械有单杠、双杠、木马、鞍马、平衡木和吊环等，内容则多是经过创编成套的伸展、牵拉、悬垂、摆动以及平衡练习；④ 田径练习，由于杨氏体操包括的内容广泛，因此田径的许多内容都包括在内，如徒步走、跑步、跳高、跳远、撑竿跳高、投掷等；⑤ 摔跤、角力、搬运重物练习，设有专门的摔跤角力场进行练习和比赛；⑥ 攀登和越障碍练习，杨氏体操十分重视攀登和越障碍练习，攀登所用器械有爬梯、软梯、吊竿、吊绳等。

为了唤起体操参加者的民族感情和共同意识等，杨让所有的人都穿统一的体操服，使用德语体育术语，首先用“Turnen”代替“Gymnastik”，由此派生出许多其他的德语体操术语，也为后来体育术语学的形成迈出了可贵的一步；佩戴有关历史上重大事件的纪念章，高唱爱国歌曲，朗诵民间诗词，发表时事评论，参加集体郊游，使用平等称呼，使用统一口号（体操口号是：活泼，诚信，快乐，自由）。当时德国体操协会和德国体操学校所用的徽章图案“非” 便是由前面四个德语词的第一个字母组成的。最后还有在重大的纪念日，如在3月31日（纪念反法联军攻陷巴黎）、6月18日（纪念滑铁卢战役）、10月18日（纪念1813年在莱比锡战胜法军）等日子，举行隆重的体操节等。全国体操节是德意志帝国国民生活中的一件大事，在这一大会上成百名的参加者同时表演出各种体操技巧；如1913年在莱比锡举行的体操节，共进行了5天，有6万人参加表演，观众达25万人。

由于培养意志力的需要，杨特别重视器械体操，从而器械体操成为杨氏体操的代名词。杨氏体操所采用的体操器械，多源于巴塞多、古茨穆茨的体育实践。但是，他也做了不少的创新和发展。杨氏体操中著名的单杠，便是他将悬垂运动加以发展而成的；他又把木马上进行的支撑运动发展成为双杠运动；他还给木马去掉马鞍，蒙上皮面，使之更合于练习，形制近于现代，此外，尚有攀登爬越的联合器械、跳跃器、吊绳、吊杆等。

因为竞技运动被杨视为能体现“最高的练习效率”，而且是“意志教育的原动力”，所以，竞技运动成为杨氏体操的主要内容之一，具体的竞赛活动有疾跑、耐力跑、角力、牵拉挤压、荡桥、举重物、跳绳和投掷等。另外，竞技性游戏是大受欢迎的，它包括黑人游戏、骑士游戏、市民游戏、狩猎游戏和德意志古代球戏等。

队列训练在杨氏体操中占有一定地位。杨在其《德国体操》一书中写道：“队列训练即使不采用武器也能把每个参加体操运动的人从道德上和体力上培养成胜任兵役的男子汉”。但是，由于杨认为队列训练中的顺从品质的培养不利于自由意志的熏陶，因而，它只能作为体操中的表演内容加以推行。他极力把“示范、领操、辅导、自己练习、复习、竞赛和继续讲解”运用于体操练习和体操游戏中。

最后，在具体的体操活动中，杨大力提倡依靠体操者的“主动性，独立性和兴趣”来使练习环节融于良性循环之中。他还“由易而难”地分配练习素材，“有松有紧”地安排运动训练，并且建议按体操者的年龄、身材、体质及训练水平进行分组，“年少和体弱者”只要求完成一般动作，而一些难新动作只允许具备“相应训练水平和身体条件的体操者”来完成。

总体而言，杨氏体操是以器械体操为中心的、重视爱国主义、民族主义和意志教育的一个体操体系。

（四）艾泽伦与杨氏体操

艾泽伦，体育教育家，杨在哈森赫德最得力的同事。他在杨参战和体操禁令期间，是杨氏体操运动的实际领导者和执行者，有力地推动了杨氏体操的发展。具体表现在创建体育场所、创编体操运动和出版理论专著三方面。其中创建体育场所指：1825年在柏林开设大学生剑术和木马练习所，主要进行器械体操训练；1828年建成自己的体操训练所；1832年建立德国最早的女子体操场，推行医疗体操，并开设培训体育师资的课程，1836年开办第二家体操馆和1846年成为柏林附近的莫阿比特体操场的主任。创编体操运动指他创造了跳台、棍棒、哑铃、回旋木马和摆动吊环等运动。他的体育著作除《德国体操》（1816年，与杨合著）外，还有《德国剑术》两卷（1818年与1826年各出版 1卷）、《体操一览表》（1837年）、《体操运动图谱》（1845年）等。可见，艾泽伦在理论和实践上都极大地丰富和发展了杨氏体操。

（五）杨的历史贡献

归纳起来，杨对近代体育发展的贡献主要表现在以下三个方面：

① 创建近代体育场。1811年，杨在柏林郊外哈森赫德创建了一座公众体育场，可以进行跑步、跳跃、投掷和角力的训练比赛，体育场内还设置了攀登架、单杠和荡桥等设施，次年扩建后改称“青年体育场”。这座运动场奠定了近代体育场的雏形。

② 改造体操技术，将悬垂运动中的单杠变成单杠运动，发明了双杠运动，把木马的尾巴去掉并蒙上皮变成了后来的木马运动。这些后来都成为现代竞技体操的比赛项目。

③ 在社会上宣传和推广体操运动。1812年杨氏组建了德意志体操协会，规定了统一的体操服，并用德语对体操术语进行了整理。在此基础上，通过向公众开放的体育场，他将体操推广到社会各个阶层，在大众中产生了广泛的影响，参加体操运动的人越来越多，到1817年，全德国参加体操协会的人数已经达到1700余人，其成员已从学生扩展到教师、公职人员和商人，体操场也遍布全国。

1858年柏林哈森海德体操场上的集会

正是由于杨氏体操体系的推广，使体操从博爱主义教育家们的在学校的“点”的尝试，进入了社会化的“面”的发展历程，这是体育史上的一块巨大丰碑，因而杨被尊称为“德国国民体育之父”。

二、施皮斯及其学校体操

施皮斯，德国体育教育家，是德国体育史上影响最大的人物之一。1828至1831年在格森学习神学，但毕业后热爱的却是体操，他与古茨穆茨和杨都有交往，并认真研究了他们的体操体系。在后来流亡瑞士的时期，1833年曾在巴塞尔的布尔克多尔夫担任过体操、历史、唱歌等课的教师，同时又受到裴斯泰洛齐体操的启示。1848年回德国后着手在黑森等地创建新型的学校体操。因而他所创立的体操体系包含着前述体操体系的合理内容。正如施皮斯所言，“有统一国民体操的必要”。他进而主张把顾茨穆茨的体操教育与杨氏体操的爱国主义精神结合起来，并在吸收和借鉴以往各流派体操的基础上，结合自己的理论和实践，对杨的体操加以改进，创编了适应当时学校需要，为社会所能接受的教学体操体系，又把体操从社会引向学校。

施皮斯的体育著作主要有《体操术理论》4卷。第1卷徒手运动（1840年）；第2卷悬垂运动（1842年）；第3卷支撑运动（1842年）；第 4卷团体运动（ 1846年）。还有《学校体操》2卷（1847年、1851年） 等。

（一）施皮斯的教学体操体系

施皮斯的教学体操包括三个部分：秩序运动、徒手体操和器械体操。

秩序运动又称队列练习，是一次课的第一部分活动内容，其活动形式有似古代兵操，但比兵操更有生气。这套运动包括行进、转向等动作，配以唱歌、音乐进行，以使养成有规律地运动的习惯。第二部分徒手体操（又称自由体操）。这一部分体现了人类活动的基本运动，它是继承和发展了裴斯泰洛齐的基本体操内容的结果。实施这一部分的目的是使人四肢、躯干和头部同时受到多种运动形式（即复合的或综合的）的锻炼。其内容有跑步（蛇形跑、耐力跑、疾跑、竞赛跑、跳绳跑等）、跳跃（立定跳、助跑跳、跳高、跳绳、跳马等）、竹马运动（借助竹马进行步行和转体运动）、攀登运动（攀杆、攀绳等）、投掷标枪（立定投掷、助跑投掷、投远等）、拔河、角力和游戏等项目。第三部分是器械体操。这一部分大量采用了古茨穆茨和杨的体操器械，但是出于培养集体感的需要，他多采用攀登架、阶梯台、长双杠、支撑棒等可供多人同时练习的器材，而不太提倡只宜于个人活动的器械。

这三个部分把体操的基本技术、器械练习和队列操练都包含了进去，使德国体操更具有系统性，便于在学校开展。

在具体的教学方法上，施皮斯最早在体操教学中运用分段教学和综合教学法，还根据学生的性别、年龄选用合适的教材，循序渐进地教学。

他还主张“将器械遵循运动的特点、运动需要而排列”反对杨根据运动器械的特点来决定人身体运动的观点，从而使德国的器械练习进入了合理实施阶段。

与杨氏体操不同，他的体操主要是在室内练习。1848年他利用城市公园会堂建成了一座体育馆。1852年又在黑森新建了可以移动间隔的体操馆，该建筑占地约600平方米，由一活动隔板分隔为两个室内场地，徒手体操、器械体操乃至列队练习都可在里面进行。这是德国最早的室内体育馆。

（二）施皮斯的女子体操课

施皮斯是女子体育较早的提倡者，也是当时少有的开展女子体操的先行者。施皮斯把女子体操纳入学校课程之中。19世纪40年代，他在德国公立女子学校任教期间，就开始有计划地，系统地推行女子体操。每周给女学生们开设2小时的体操课，课程主要内容包括徒手体操、秩序运动、跳跃、竹马运动、平衡运动、悬垂运动和游戏等。为使体操更加适合女生，他创编了许多能按音乐节拍进行的练习和步伐，这一把音乐和体操相结合的创举，为后来女子体操开辟了道路。

施皮斯体操后来成为19世纪德国几乎所有学校以至大部分欧洲国家学校体育的课程内容标准，长期在德国和其他一些国家流行，影响十分广泛。由于他所作出的贡献，被尊称为“德国学校体育之父”。

三、德国式的新体操体系

19世纪末叶以前，欧洲各国的军队、学校和体育团体普遍热衷于德国和瑞典体操，由于这两个体操体系本身的缺陷（如德国式体操忽视健康，缺乏科学性；瑞典式体操太机械、呆板、流于形式等），必然导致19世纪末期、特别是20世纪初期的体操改革，改革中呈现两种主要趋势：一是更加注重健身和医疗的作用。这是因为经过第一次世界大战以后，由于连发武器的广泛采用，兵操已经不再是提高作战能力的主要手段。因此，此一时期的体育改革者的注意力已经完全转向生产和人的健康需要，因而这个时期新出现的体操体系多与提高劳动生产率、实现医疗保健目的有关。二是更加突出与艺术的结合。这是由于受当时的教育改革、青年和妇女体育运动的发展以及文艺革新的影响，这些体操体系也与音乐、舞蹈等密切相关。

当时不少教育家、体育家和艺术家们在旧式体操的基础上，建立了名目繁多的新体操体系和流派，主要有以下几项。

（一）生产体操

20世纪20年代，德国一些垄断组织的心理学家发现工间休息和锻炼有利于清除劳动疲劳并可以提高劳动生产率。于是，许多德国企业都编订了在工间休息时实施的生产操，部分较大的垄断组织甚至把体操指导者作为企业的编制人员使用。由于各种生产操都动作简单，并有实效，且易于推广，因此很快传遍世界。

（二）功能体操

功能体操的创始人是门申迪克。1906年她出版著作《女子身体文化》，强调女子体操的首要目的不是美丽、妩媚和形体表现，而是健康、力量与功能卓越。其体操的具体内容部分吸收了法国戏曲大师德尔萨特体操的合理元素，如运动节拍和感受等。门申迪克这一以保持身体健康为主的体操体系是当时较为先进的体系，并迅速成为20世纪初女子体操的主要手段。

（三）韵律体操

德国女子韵律体操来源于音乐家、教育家台尔克罗兹一种身体练习与音乐节奏感相结合的“音乐体操”。1911年，台尔克罗兹和他的女学生威克曼在德累斯顿建立了推广其体操的学校，台尔克罗兹及其众多学生和追随者为了实现身体运动与音乐的结合，创编了节律运动、训练听力动作和即兴动作，用人的身体运动，把音乐节奏表现出来。音乐体操将身体练习与音乐结合起来，并从最初的徒手发展为使用轻器械的形式，在20世纪20年代的德国极为盛行，该校成为20世纪近代舞蹈、音乐和体操融合发展的示范学校。

台尔克罗兹的学生博德深化了老师的动作节奏的理论，并创造了极有价值的身体波浪动作，最终将音乐体操发展为重视节律和全身性运动的韵律体操，同时也为后来艺术体操的形成奠定了基础。

另外，德国体操家梅道于1929年创编了适合女子的体操体系，强调自然的全身动作，对球操、圈操、棒操的练习方法有所建树；现代舞创始人之一的德国舞蹈大师拉班在理解和表现韵律性、自然性方面创造了许多动作方法，在现代舞的基础上创立“学校教育舞蹈”。她们为现代艺术体操的形成做出了突出贡献。

（四）裸体体操

20世纪初期，由于欧洲各国已经陆续进入工业化社会，有些人开始把“裸体之美”付诸实践，开始在一些海滨浴场或者一些体育活动中实行裸体，而且不分男女。1900年德国已出现裸体协会，开展裸体文体活动。丹麦人缪列尔战前开创的裸体体操，由于既符合卫生保健原则，又能满足一次大战后部分精神空虚的德国人寻求刺激、逃避现实的需要，终于得以在战后德国出现的一群“太阳人”（一些自称为“太阳的朋友”，主张赤身裸体奔向荒野，投入日光、空气和水的怀抱的男女）中间发展为一个有一定影响的体系，开始风行起来。德国军官施勒恩少校是这种新体操的鼓吹者和理论奠基人。他在《人类和太阳》中指出：“把身体裸露在日光、空气和水中，任凭风吹雨打，这本身就是一种锻炼，其效果较之其他各种体操和运动项目更为显著”，此外，他还特别说明，第一次世界大战以后，人们痛感战争的野蛮与残酷，更加重视和追求生命的美好与自然。同时，人们也日益感受到工业社会对于个人和个性的压抑，开始向往和呼吁重返人类的自然状态。裸体体操并不仅仅是消极地展现身体，还须配上游泳、跑步等活动形式。因此，裸体运动得到更多人的响应与支持，并且开始出现各种各样的公开的裸体运动的民间组织。他们在一些地方建立了“裸体营地”，一方面在那里充分享受人的自然状态，另一方面也表白他们对工业社会的对抗与反叛。这个体系以惊人的速度传向世界各地。20世纪30年代，欧洲和北美已经有了许多裸体体操组织。后来，由于裸体体操者在活动中经常超越“纯体育”的界限，在社会上造成极坏影响，从而在第二次世界大战前夕裸体体操即被各国当作一大社会公害取缔。第二次世界大战后，裸体体操死灰复燃，在民主德国和联邦德国极为盛行，目前德国裸体文化联盟在9个联邦州仍拥有约155个裸体体育俱乐部。

（五）其他体操

德国的新体操流派还有“格泊尔修勒”体系。它是一种综合了各体操流派之长形成的体操体系，也受到德国人欢迎。该体系主要以促进人的身体健康，形成正确的活动姿势为目的，其活动内容包括散步、跑步及徒手体操等。有“使身体在形态与机能上获得强化”的“纯粹体操”；有表现女子健美和“使女子生活效率化”的“舞蹈体操”；有强调男子汉气概的耶格的“铁棒体操”；有用冷水擦身的“穆勒体操”；有注重日光浴和空气浴的“户外体操”；还有旨在提高竞技技能的“目的体操”和矫正因运动训练不当而产生畸形的“补偿体操”等。这些名目繁多的体操均各有特色，具有不同的锻炼功能，它们统称为德国式的新体操体系。

从总的趋势看，20世纪初期德国的这些新体操流派一般都采用了包括一些田径项目在内的自然活动，这是为了避免旧式体操的机械呆板和形式主义。这些新体操体系的出现和流行，乃是德国实行体育改革的重要标志。

四、德国体操体系的特征

经过卡美纳留斯、巴塞多、古茨穆茨、杨、施皮斯等德国体操的杰出代表人物的努力，至19世纪中叶，德国体操发展成为一个体系完整而成熟的体育体系，并流行于整个欧洲大陆和传播到世界各地，成为近代体育的主要活动体系之一。德国体操体系主要具有以下特征：

其一，主要由各种徒手和器械练习为主，也包含了许多跑、跳、投掷等基本运动能力训练。这些练习方法不仅能有效地增强人的体质和运动能力，而且能够培养人的意志品质和集体主义精神。

其二，可以针对不同的年龄和个人情况选择不同的练习方法，特别适宜于学校体育教学与青少年锻炼。同时，也有显著的军事训练价值。

其三，训练场所主要是室内，有专门的运动设施和器械。这就保证了体育活动与练习不受自然条件变化的限制，有利于人们在各种时间与各种情况下进行身体训练。

其四，主张以女子优美的自然体型为基础，在音乐伴奏下，做出各种有节奏的艺术造型动作活动，从而发展女子身体的柔韧性，形成正确的健康的身体形态，同时增强人体动作的艺术性和协调性。

1850年德国的哑铃

1853年德国的游泳训练

1860年德国的体操训练

1863年德国第3届体操节广告

1882年德国一家体操俱乐部会员的合影

1886年德国的滑雪比赛

1895年德国女子足球图

19世纪末德国自行车培训学校的场景

1922年德国的双杠表演

五、德国体操的初期传播

德国体操不仅盛行于德国，也传播到世界各地，对近代体育的发展起到了较大的促进作用。它首先于19世纪前半期传至欧美各国，后传入亚洲、澳洲及非洲。

（一）在欧美的传播情况

德国体操1815年传入瑞士，1822年传入英国，1824年传入美国，1833年传入意大利，1850年传入法国和1860年传入土耳其。

1. 在奥地利

“近水楼台先得月”，历史和地理上都与德国紧密相连的奥地利在体育方面受德国影响极大，19世纪初曾长期流行德国体操。而且，他们还发扬光大了德国体操。1909年，斯拉玛在德国体操的基础上推陈出新，初建奥地利式的“自然体操”体系。20年代晚期，这种体操体系经高尔霍费尔和施特赖歇尔大大扩充、发展并传播到国外，它在瑞士、荷兰和英格兰特别盛行。“自然体操”作为一种体育教材曾采用大批新颖练习，如在体育课中安排赛跑、跳跃、平衡运动、攻防运动，以及各种技巧活动（包括双人或成队的技巧，模仿起重机、风车和浪桥的种种叠罗汉等）。

2. 在美国

美国早在独立战争之前就流行竞走、 跳跃、拳斗、角力、赛马、狩猎、滑冰、滚球、足球、板球等户外运动和游戏。这些运动和游戏多是由欧洲移民带进美国的。1824年，德国移民贝克、福林、里贝尔等人开始逐步把德式体育传入美国，并在美国盛行。1826年，福林在波士顿建成美国第一个德式体操培训所。1827年，里贝尔开办游泳学校。1828年，被誉为美国第一位杨氏体操教师的圆山学校的贝克将杨的《德国体操》译为英文并出版，影响极大。

1848年的欧洲革命失败后，大批德国移民来到美国，其中最著名的革命者和体操者是斯特鲁文、赫克尔和舒尔茨等，他们促使了体操俱乐部在美国的建立，其中第一家德式体操俱乐部是1848年由赫克尔在辛辛那提创建的，同年，斯特鲁文在纽约也创立一家。1850年，美国德式体操联盟成立，并于次年举办了有700人参加的第1届国民体操节和发行了第一份体操月报。从此，德式体操在美国生根发芽、开花结果。

3. 在其他欧美国家

1815年克里阿斯在伯尔尼指导学生体育活动时，就引入了杨氏体操；1820年至1840年在德国“体操禁令”时期，许多德国体操者逃往瑞士，使德国体操逐渐兴盛，并于1832年举办了瑞士首届体操节，此后德国体操在“瑞士体操之父”尼格勒等的提倡下，得到迅速发展。

1860年德国体操教师格鲍尔在土耳其的中学里教授德国体操；1874年在伊斯坦布尔成立第一家德式体操协会；1884年在土耳其的军校里有德国人格尔茨讲解德式体操；1894年在伊斯坦布尔甚至由犹太人成立了一家德式体操协会；约在1900年，在黎巴嫩（当时属于奥斯曼土耳其帝国）的中学里也讲授德式体操。

从1840年起，大批德国移民进入智利，其中不乏体操爱好者，他们于1864年开始建立体操协会。1885年，一批德国教师应邀在智利创办赫尔巴特师范学校，并开设体操课，从而标志了智利与近代西方体育接触的开始。

早在1875年，墨西哥城就有了由福勒贝创建并有38名会员的第一家德式体操俱乐部。1890年，德国体操便已经开始在墨西哥各学校开展并得到了政府的认可和鼓励，同年，开始兴建体操馆。1895年，为纪念德式体操俱乐部成立20周年，举行了盛大的体操节，项目有单杠、双杠、跳高、举重等。

19世纪后叶，就有德国移民抵达加拿大，并带来了德国体操，1858年普勒斯通的德式体操俱乐部举行了体操节。20世纪初，大批德国人来到加拿大，使德式体操快速发展，还于1906年举办了第一次全国性的德式体操运动会。

20世纪初，德国军事代表团给玻利维亚带去了德国体操。

1910年，智利军事代表把德国体操带到厄瓜多尔军事学校，然后再传入部分中等学校。另外，1916年，德国教育代表团访厄，也为体操的普及和正规化作了不少工作。

（二）在亚洲的传播情况

德国体操的理论及实践是在特定的历史背景下通过不同的渠道与途径传入亚洲的。

1. 在日本

日本明治维新时期提倡学习西方社会文化及习惯，翻译西方著作，也引进了德国体操。例如，军事方面当时改革军队编制，陆军参考德国训练，引入兵操和单杠等。又如引进西方著作，1872年翻译出版了施雷贝尔的《室内医疗体操》日文版。同年，日本颁布了《教育基本法》，从此，体操和兵操被列为学生的必修课。其中德国的徒手体操和器械体操由于被认为是能促进“文明开化”和强健体魄的有效手段，因而受到了特别重视，成为体育课及学校运动会的首选项目。在东京的一所大学里，每天还有练习半小时施雷贝尔的室内医疗体操的记载。1879年在美国人勒兰特开办的培训所里，单杠、双杠、跳马等已是习练的主要项目。1886年，日本人育斯出版了一本德国体操歌集，此后还有5位作家也编撰了类似的体操歌集。1891年，赫达卡依据杨氏体操的基本原则开办了一所私立体育大学。1895年起，在女子中学里规定体育课的周学时为3学时（1~4年级）和2学时（5~6年级），内容主要是体操和游戏。1896年，东京女子大学创建者纳努仁在杨及其体操的启发下，出版了包含大量德式体操内容的《女子教育》一书。

以上事例证明，德国体操的理论与实践已于19世纪末登陆日本，并对日本的近代体育起到了一定的积极影响。

2. 在中国

体操，包括德国体操中的器械体操和兵式体操是我国引进的最早西方近代体育项目，学校里开设的体育课连名称都叫“体操科”，上体育课叫作“下操”。第二次鸦片战争以后，清朝政府统治集团中产生了“洋务派”。洋务运动开启了西方近代体育传入中国的先声，德国体操的某些内容被作为军事训练的手段而首先引进中国。从1862年起，清朝政府开始对部分军队实行西式编练，当时的“兵操”，俗称“洋操”，实际上多是德国军队以列队的训练和基本技术为主要内容的军事体操。当然，聘德国人为教练。如李鸿章的“淮军”、张之洞的“自强军”、胡燏棻的“定武军”及袁世凯的“新建陆军”等，都先后以德国军官为教习。这些德国人除了把本国的军事理论和技能介绍到中国外，也把德国体操的许多内容直接传播到中国。另外，在当时的军事学堂（如福建船政学堂、江南陆军学堂等）里，也仿照外国同类学校设置体操课程，并聘用欧洲人担任教习，其中尤以德国居多。当时北洋水师学堂体育活动的内容有击剑、刺棍、木棒、拳击、羹匙托物竞走、跳远、跳高、跨栏、足球、爬桅、游泳、滑冰、平台、木马、单杠、双杠及爬山等。上述项目，一些属德国体操内容，一些是日本式的赛跑游戏和英国的户外运动项目。这同当时所聘用的多为德、日、英教师是分不开的。高等学堂的体操内容同样是普通体操和兵式体操。《奏定学堂章程》还强调，高等小学以上的学校体操科“宜以兵式体操”为主。清末至民初，各级学校的体操课内容，除一些徒手体操和轻器械体操外，多半是“立正”“稍息”“托枪”“开步走”之类的兵式体操。这种“体操课”呆板枯燥，锻炼身体的价值很小，不能适应青少年身心发育的特点，因而曾遭到社会舆论的遣责。随着西方文化不断涌入，学校体育的内容也从单一的体操向多元化发展，课堂上出现了篮球、田径、足球等。许多有识之士提出不能把学校体育课称体操课了，必须理清概念层次。1923年，在《中小学课程纲要草案》中，正式把“体操科”改为“体育课”。

另外，1863年来自“汉堡1816体操协会”的伽柏等在香港创立中国第一家德式体操俱乐部。同年，莱比锡的科赫报道了汉堡人萨尔曼在上海带领6~7岁的中国儿童练习单杠、双杠、吊环和爬梯等的情况。

以上事实说明，中国在19世纪下半叶已接受德国体操，尽管接受的过程是痛苦的，接受的方式大部分也是被动的，但是包括德国体操在内的西方近代体育仍然成为了中国近现代体育乃至中国当代体育的主流。这就不得不承认德国体操具有旺盛的生命力。

3. 在亚洲其他国家

在朝鲜最迟于1895年在其学校改革中已引进德式体操，1896年起在首尔的军事学堂中已普遍教授德国的兵式体操。

杨氏体操、法国体操和英国足球等在19世纪中后期已传入伊朗，1850年在伊朗的军事院校里聘有德国教官教授兵操和普通体操。

近代西方体育直到西班牙人统治晚期才开始传入菲律宾。此时，由于英国人、德国人和法国人旅居菲律宾，当地人才得以了解近代西方体育运动和德国体操。据记载，被尊称为“第一个菲律宾人”“菲律宾国父”“马来伟人”和“万世英雄”等的华人后裔黎刹医生于1880年就在马尼拉练习单杠和双杠，1886年留学德国时在莱比锡每月交纳75芬尼会员费继续练习他热爱的体操项目。

（三）在澳洲的传播情况

德国体操在19世纪后期进入澳洲。

1. 在澳大利亚

据记载，早在1854年墨尔本的雅梅斯中学、帕特里克中学和莫德尔中学等学校已配备了单杠、双杠和吊环等用于习练德国体操；1857年，在悉尼兴建了德式体操场；同年，原柏林体操协会会员特科夫来到墨尔本，开始在当地指导德国体操的教学和训练；次年，来自德国基尔体操协会的勒申思在南澳大利亚的阿德莱德修建了一座体操馆，在德国人的启发和影响下，当地学校联盟秘书长威尔士多次呼吁兴建游戏场和学校运动场；1860年，在墨尔本、悉尼、巴拉拉特和塔朗哥尔分别成立德国体操俱乐部，每个俱乐部均设主席和专职的体操教练员，会员们除自己练习外，还在当地学校、军队和社会上大肆推广德国体操。1861年，德国体操界的重量级人物——柏林体操协会主席马斯曼之子莅临墨尔本体操俱乐部，亲自了解德国体操开展情况，听说当时该俱乐部的会员人数已达150人，非常欣慰，并鼓励大家继续努力，力争在德国体操的异国发扬光大上做出更大的贡献。于是，墨尔本体操俱乐部不负众望，在1862年举办了德国体操表演及德国体操运动会等多项活动，在1865年又举办体操郊游和体操音乐会等。杰出会员特科夫甚至还开办了以德国体操为主要内容的“国家体操训练所”和在师范学院对教师进行德国兵操培训；次年，他又发表了《学校与家庭体操手册》。1878年，西澳教育联盟聘请瑞士人戴维在学校里传授杨氏体操、古氏体操和瑞典体操。约在1880年，墨尔本体操俱乐部的邓里斯成为当地制造和安装单杠、双杠及吊环的专家。1883年，在昆士兰的布里斯巴勒又成立了一家德国体操俱乐部。1885年，此前成立的几家德国体操俱乐部在墨尔本市政厅广场举行了隆重的体操表演，观众达2000余人；同年，福尔斯特等在墨尔本青少年的工作中也开展了体操训练。1895年，在国防部长的支持下，兵操成为维多利亚地区学校的课程之一。

综上，德国人通过成立体操组织、开展体操教学、指导体操训练、修建体操场馆、举办体操竞赛和发表体操论著等活动扩大了德国体操的影响，从而进一步推动了德国体操在澳大利亚的发展，并在一定程度上促进了澳大利亚近代体育的发展。

2. 在新西兰

德国体操在19世纪后期进入新西兰与下列几位人物密切相关。

首先是罗曼。罗曼是当时“新西兰学校兵操委员会”的重要官员，直到进入20世纪他都是新西兰倡导兵操的主要人物之一。1871年他首先在新西兰学校里引进德国兵操，经过几年的实践，证明兵操对于培养学生的坚强性格和强壮体质有独特的作用。因此，1877年的《教育大纲》第85条最终规定兵操为男生的必修课程。从此正式确立了兵操在新西兰学校体育中的地位。

其次是福尔斯特。1871年至1874年，德国人福尔斯特在新西兰主要从事社会青少年的教育工作，在其教育计划里体育也是重要内容，其中不乏德国的游戏和轻器械体操，这些活动丰富了当地青少年的文化娱乐生活，起到了较好的管教作用。1874年后，福尔斯特前往澳大利亚，继续从事他所喜爱的工作，继续完成其充满德国体操内容的青少年教育计划。

最后是戴维。本是瑞士人的戴维对德国体操情有独钟。1878年，戴维就曾在澳大利亚的学校里传授杨氏体操、古氏体操和瑞典体操。1879年他来到新西兰，先在奥塔哥地区的高中，后在达尼丁训练学院继续传授杨氏体操及古氏体操。1889年，他向奥塔哥地区教育局呈文呼吁学校应对全体学生开设包含单杠、双杠、木马、跳跃、棒操、棍操、哑铃操、攀爬等所谓“轻松练习”的体育课，女生在参加个别项目时还可以选配好的音乐和歌曲，指出这种体育课的目的是保持健康和增加力量。同时，为顺利完成这一目标，体育教师必须经过专门的培训后才能上岗。戴维的这些关于体育课程设置和体育师资培训的合理化建议很快被当局采纳，并在各地许多学校得到有效的实施。

从德国体操在新西兰的初期传播我们发现一个有趣的现象，即这三例中的主人公分别来自三个不同的国家，可见，要推广德国体操，不仅是德国人的事，也是接受国有关人员和其他国家德国体操拥护者的共同事业。正所谓“众人拾柴火焰高”。其实，这一传播现象也同样反映在其他体育流派或体育思潮的传播过程中。

（四）在非洲的传播情况

德国体操在非洲的初期传播主要集中在19世纪末德国在非洲建立的几个殖民地如德属东非、德属西非及德属西南非的范围内，其具体表现为成立德式体操协会和举办体育活动等。

1861年在温得和克（1884—1915年为德属西南非的首都，后为纳米比亚首都）建立的体操协会是非洲最早的德式体操协会，次年在南非的开普敦，1873年在埃及的亚历山大，1889年在南非的比勒陀利亚和1898年在西南非的斯威士兰等地又先后建立了几个德式体操协会。

这些协会在当地积极开展体操活动，甚至举行国际体育节。例如1898年由南非的约翰内斯堡“日耳曼”体操协会主办的一届国际体育节，设置了体操、田径及民间体育等多个项目，田径运动成绩已有相当水平，其中投石5.90米（荷兰的索福）、撑杆跳高2.70米和三级跳远10.70米（英国的肯尼迪）。又如1899年斯威士兰德式体操协会在复活节晚会上表演了棍操、单杠和人堆金字塔等精彩的节目，受到观众好评。

第五节　德国近代体育制度及法规

在博爱派教育家致力于使体育内容体系化，并在教育实践中加以试验的同时，欧洲各主要国家陆续接管或限制了教会对学校教育的管理权，开始用法令和行政手段对学校实施管理。如早在1804年，丹麦政府即创建“军事体操学院”，开始有组织地训练陆、海军人员。翌年，又指令在中学教育中开设“体操”课。在瑞典，自1814年后，全国逐步建立了以“皇家中央体操学院”为中心的培养体育师资的机构。1820年，政府颁布了在男子中学实施体育的法令。

尽管19世纪初已经有一些国家在学校教育中开设体操课，但毕竟只是少数国家的事情。到了19世纪中、后期，情况则发生了根本的变化。这一时期，德国体育制度主要涉及学校体育的正规化和学校及社会体育的娱乐化。

一、学校体育的正规化

德国是开设体育课程较早的国家之一。德国早在1804年、1809年和1817年就曾对开展学校体操问题进行过讨论。但是，直到19世纪40年代，体操课才最终正式进入学校。在德国，建立国家的体育制度较丹麦和瑞典稍晚一些。1842年，普鲁士内阁率先颁布了法令：身体操练是男子教育的组成部分。两年后，体操被作为文科中学、市立高等学校和师范学校男生的选修科目。1860年，普鲁士当局下令所有小学男生一律开设选修的体操课；两年以后又定为必修科目，同时还颁发了第一本《小学体操手册》。1865年又下令所有的新式中学开设体操课。至1890年，几乎所有的高等学校都把体育列为必修课。1894年，还规定女子学校必修体育。这样，到19世纪末，德国已在全国学校中全面实施了体育教育。德国培养体育师资的机构，除普鲁士中央体操学校外，还有一些大学开设的体操师资训练班。1889年，许多地方举行了体育师资资格考试。1912年后，这类考试在各大学相继出现。此外，当时还出现了不少对学校体育的专门论述。如德国的菲劳梅于1787年发表了《关于身体形成问题》，将体育规定在教育之中；1793年，德国人古茨穆茨的体育名著《青年体操》和施匹斯《体育论》《学校体育论》的发表等。使得当时的学校体育有了严密、完备的形式。

可见，19世纪前期德国已先后把体操定为中、小学必修课程。19世纪后期至20世纪初，德国又颁布了许多关于学校体育的法案，标志着学校体育体制（包括学校体育、体育管理和体育专业教育等制度）的确立和学校体育正规化。但由于大国争霸和战争的影响，德国学校体育还带有强烈的军事色彩。

二、学校及社会体育的娱乐化

这里的娱乐化主要指德国在引进了英国等国的户外运动后，学校体育内容更具娱乐性和社会体育的户外游戏热。

（一）学校体育的娱乐化

德国是最先引进英国户外活动的国家之一。早在1872年时，布劳斯维学校的教师柯霍及其同事已经开始在学生中开展英国的户外活动。从1874年起，该校又相继引入了英国的足球、板球游戏以及美国流行的棒球游戏。到1878年时，这些新的活动项目已经成为德国许多学校课外活动中不可缺少的内容。由于各校正在兴起的户外活动，使得学校生活不仅变得有了生气，而且增强了学生的体质与健康，因而得到了一些社会知名人士和教育界官员的赞赏和支持。例如，1881年普鲁士法官哈特维切曾多次撰文强调户外游戏的重要性，建议学校广泛开展各种生动活泼的游戏活动，从而积极地推动了户外活动的开展。

（二）户外游戏热

为推广户外活动，德国的体育教师和校长起到了积极作用。如德国1874年在萨尔斯堡召开的体操教师会议就要求市政当局建造公共运动场。1882年，普鲁士文化大臣果斯列尔颁布了著名的果斯列尔《游戏训令》，该训令不但再次强调了参加户外游戏活动的重要性，而且以行政手段命令各地修建游戏场，鼓舞大众参加游戏活动。在哈特维切和果斯列尔等的大力倡导下，德国户外活动不断克服来自体操界的阻力，终于在19世纪80年代以后，酿成了遍及德国的户外游戏热（也称游戏场运动），这些活动既包含有竞技性、球戏类等基本活动形式，也包含有游戏场、野营和旅行等活动形式。在这股热潮中，以申肯多夫为创建者和首任主席的“德国青年及民间游戏促进中央委员会”于1891年诞生。该组织一直到1915年才被解散。1916年，帝国政府还颁布《德意志帝国游戏场及体育义务法》，尽管在第一次世界大战期间该法规收效甚微，但德国的体育场地设施还是有所改观，为国民的户外运动创造了一定的物质条件。1917年，德国成立了以勒瓦尔特为主席、迪姆为秘书长的“德意志帝国体育委员会”，该组织和上述的“德国青年及民间游戏促进中央委员会”对20世纪初德国体育的发展起到了决定性作用。其主要功劳为：1913年颁布《德国体育奖章》制度；1920年举办帝国青年运动会；1920年创办柏林体育大学；1922年举办德意志运动会；1936年承办柏林夏季奥运会和加米施-帕滕基兴冬季奥运会；等等。

在这一壮观的户外游戏热中，《德国体育奖章》制度、《黄金计划》构想、候鸟运动和青年招待所运动特别值得一提。

1.《德国体育奖章》制度

《德国体育奖章》是德国体育领域中历史最悠久、大众参与面最广、影响最大的全民健身计划，被称为促进德国大众体育的头号计划。它是在研究改造1907年《瑞典体育奖章》制度的基础上完成的，旨在推行真正的大众体育健身活动。1913年开始为体育达标的成年男子颁发《德国体育奖章》，当年仅颁发了22枚。1921、1925和1927年开始分别为体育达标的成年女子、男青年和女青年颁发《德国体育奖章》，奖章分金质、银质和铜质三种，分别颁发给40岁以上、32～40岁及18～32岁的男女达标者。为激励大众参与体育活动的热情，测试项目要求定得很低，如18～32岁的成年男子在6分钟以内游200米就达标，有的项目甚至没有完成时间的规定，如13～14岁的男孩能一次性游完200米也达标。《德国体育奖章》制度的颁布与实施加强了国民的体育意识，提高了国民的体育热情，使国民达到了强身健体的目的，至1944年，荣获《德国体育奖章》的国民已达130万左右。

金质体育奖章

2.《黄金计划》构想

1920年，德国奥林匹克协会提出了为促进全民健康和体育锻炼而在全国范围建设体育设施的庞大计划。致力于此项工程研究的专家学者们从设施的规格要求及经费等方面制定了规章，称之为《黄金计划》。该计划为达到人均3平方米的体育场所总预算高达16亿帝国马克，全部设施大约需30年才能建成。当时人们就有这样的认识："这是一项伟大的立法任务，这关系到下一代人的健康和让他们有地方进行体育活动的宏伟任务。大众尽量多地参与体育可以使生活与生命更加充实而健康。"虽然德国纳粹主义的抬头和第二次世界大战的爆发，该计划被迫中断，未能达到预期目标，但它仍不失为一个良好的构想。例如，它要求所有居民人均至少有3平方米的户外及0.1平方米的室内体育活动利用面积，而且10岁以前儿童人均需有0.5平方米的游戏场所；每3万居民要修建一个游泳池；在校学生、社会青年和居民有兴建体育活动和游戏场所的义务，人均2.5平方米；它根据乡镇地区、人口等环境情况，对体育场所的规模要求有所不同，将场所建在离闹市2公里的地方，内部总面积必须达到周围居民人口人均3平方米的标准；它要求小乡镇地区设施面积不得少于5000～10000平方米，超过1万平方米的运动场禁止公共交通穿行；它还对场所规模作了整体规划，即兴建25%的5000～10000平方米面积的场地、25%的10000～20000平方米面积的场地和50%的2万平方米以上面积的场地。这些条款都是40年后德国《黄金计划》的重要蓝本。

3. 候鸟运动

由于德意志民族在现代化道路上的后发性质，德意志青年运动有其特殊性：在形式上，继承德意志知识人的漫游传统，德国青年运动以漫游山川的"候鸟运动"和"青年招待所运动"而兴起；在精神上，当其他国家的青年热切地奔向现代性的地平线时，德国青年却返身走向前现代的自然和农业社会。运动中的青年们希望通过漫游，寻找尚未受到现代性侵染的民间文化中重构德意志民族的生活方式，以此建构出一种区别于"西方"社会模式的共同体。

候鸟运动发源于柏林旁边的一个名为施特格利茨的小城市。在19世纪末，这里还没有工业，居民大多是商贩和手工业者，但也有许多施特格利茨人在政府部门的中高层任职。这里弥漫着强烈的新教氛围，充满强烈的爱国主义和君主制的气息。可以说，这里是威廉帝国的一个中型堡垒。而这座小城市的特殊氛围，正在酝酿着一场影响深远的运动。

1897年，在施特格利茨的高级中学，一位名叫赫尔曼·霍夫曼的大学生带领着一群中学生到野外徒步漫游。他们的漫游范围遍及德国本土，到1899年，他们已穿越了波默森林。这种风气逐渐盛行，吸引了许多德国青年。1900年，霍夫曼为了完成学业，离开这个组织。他把卡尔·费舍尔提拔为领袖。而这一决定，使得漫游活动变成为一种全国性的运动。

费舍尔是天生的领袖，一个小小的漫游团体在他手里变成了一次全国性的运动。他深知，在威廉帝国，官方的承认是绝对前提，否则，一个社团就不可能发展壮大并形成一次运动。因而，在1901年11月4日，费舍尔召集一次会议，决定在这个漫游组织的基础上建成社团，即“候鸟——学生旅行委员会”。“候鸟运动”由此正式拉开帷幕，并迅速发展为一场全国性的青年运动。

费舍尔将中世纪云游四方的手工业学徒当作候鸟运动的榜样，号召青少年学生们“远离城市、走进森林”，确定了候鸟运动“睁开眼睛去看自然”的原则，其文化理念是反对学校教育，反对工业化和现代化，崇尚自然。费舍尔这样说道：“拯救自己，握紧旅行的手杖，去寻找你那已经失去的自然和坦诚。”候鸟运动的另一位发起者，路德维希·古尔利特后来将候鸟运动的文化理念进一步总结为：“培养青年的漫游兴致，在共同远足中有益且愉快地度过休闲时间，唤醒感受自然的官能，引导青年认识我们德意志的故土，锻炼漫游者的意志和独立性，培养同志的精神，抵制损害生命和灵魂的东西，这些东西尤其是在大城市及其周边威胁着青年，它们是：闭门不出和无所事事，酒精和尼古丁，更别提更糟糕的了”。

1904年，候鸟协会一分为二。费舍尔领导的一支是“老候鸟团体”，其影响遍及整个德国，而另一支却仅限于柏林。随着这场运动的发展，各地纷纷出现了新的派别，如1907年的“候鸟，青年漫游德意志联盟”、1910 年的“小候鸟”及1912年的“先锋队”等。从1907年起，在高中生以外，也出现了以大学生为主体的漫游团体。到了1910—1913年间，“候鸟运动”已经遍布全德，随着游历的深入，有人认为德国青年人很迷惘，并且在痛苦中分化。“候鸟运动”的理想变成了无望的流浪：“50万无业的年轻人在街头徘徊，他们没有要求社会援助的权利，通常是因为他们家庭里至少还有一个人有工作。在他们讨厌的工人阶级邻居眼里，他们闲得无聊；而对他们的家庭来说，他们又是一个负担。他们在春季出发，然后在森林里到处游荡，直到秋季结束。有些人就像这样游荡了很多年。”

“候鸟运动”后来也传播甚至到奥地利、瑞士等国家，直到21世纪的今天，许多户外活动均冠以候鸟的名称。

4. 青年招待所运动

1909年，德国一位名叫理查德·斯尔曼的教师带领一班学生徒步旅行，途遇大雨，只能在一个乡间学校里，以稻草铺地当床，度过了艰难的一夜。彻夜未眠的教师，萌发了建立专门为青年旅行提供住宿旅馆的想法。理查德·斯尔曼主张青年走出校门，亲近自然。他说：“所有的男孩女孩都应该走出校门，参加远足，留宿青年旅舍。”他带着这一想法四处游说，受到了青年人的广泛欢迎，最终为人们所接受。德国青年骑自行车、驾小船或徒步结伴到农村、荒野、高山、河流旅行，途间架帐篷或借古堡、民舍住宿。1912年，世界上第一个青年旅舍在德国一个废弃古堡阿尔特拉中诞生，这类旅行遂称“青年招待所运动”，并由此奠定了青年旅舍推广“读万卷书，行万里路”的教育理念，寓教于游，寓教于乐，以轻松的形式将文化与传统的精华，通过潜移默化，引导青年自助及助人；当然也培育青年的社会意识、个人意识、文化意识、对多元文化的包容意识和环保意识。仅一年后，青年旅舍即达到83家，共2.1万张床位。

另外，几乎与此同时，还存在着寻路者运动。德国青年罗伯特·巴登鲍威尔在第二次布恩战役中为英国军队担任侦察员，受英国寻路者运动影响，1908年，他推动了德国的寻路者运动。但由于其军事背景，德国寻路者运动具有深刻的军事印迹，其理念也与候鸟运动有所不同。然而，在“一战”战场上，候鸟成员和寻路者成员同壕作战，而战壕这一特殊的交流平台，也为日后两股运动的合流奠定了基础。

总之，人们对体育和教育所进行的理论探试和各种实践活动都为德国户外活动的发展做出了贡献，并为后来德国城乡乃至欧洲其他国家的运动俱乐部的建立奠定了基础。从19世纪后期到20世纪初，户外活动已经在欧美及世界其他一些国家成为一种重要的体育手段。

第六节 德国近代体育科学研究

随着近代科学、教育和体育的发展，人们对体育的认识进入了一个新的阶段，开始以相关学科为理论基础，从不同角度对体育进行系统、深入的研究。奥林匹克的考古、运动项目的创编、体育学科的建立、体育理论的提出和体育思想的形成等，基本上可以反映这一时期德国体育科学研究的状况。

一、奥林匹克的考古

奥林匹克运动的兴起，是一个广阔的时代背景长期孕育的结果，学者们一般认为它的最后成功与人文主义者的呼吁、考古学家的成果、泛希腊奥运会及顾拜旦等的努力是密切相关的，而其中德国人文主义者的呼吁及考古学家的成果贡献不菲。

（一）德国人文主义者的呼吁

文艺复兴时期德国人文主义者对古代希腊和罗马的研究，曾唤起人们对古代奥运会的憧憬。第一所博爱主义学校创立者巴塞多的挚友弗里德里希·加布里德·雷塞维茨，早在1726年问世的著作中便谈到奥运会。歌德和席勒在自己的诗作和论文中均涉及过奥运会。后来古茨穆茨在研究了古希腊体育后认为，古奥运会对德国青年的体操运动有极大的启示作用，建议恢复古奥运会。因此，他成为德国第一个提出恢复古奥运会建议的人。另外，菲特在自己的著作中，也用了大量篇幅介绍古奥运会的情况。

1776年，英国考古学家在勘察中发现了古代奥运会遗址。19世纪30—40年代，德国人克劳仁出版了多部有关古希腊体育和古奥运会的专著，详细叙述了古奥运会产生、发展的历史过程。他的研究不仅在历史学中开辟了一个奥林匹克学分支，而且也在更多的欧洲人中间扩大了古代奥运会的影响，逐渐引起人们关注古奥运会。

（二）德国考古学家的成果

从18世纪起，在人们对古奥运会的兴趣日益增长的同时，一些热衷于奥林匹克问题研究的学者踏上了赴奥林匹亚的征途，发掘奥林匹亚文物的活动也随之开始。德国考古学家也十分关心古代奥运会遗址。其中成果最为丰富的当推温克尔曼和库蒂乌斯。

温克尔曼是德国和欧洲考古学的奠基人，也是开发奥林匹克遗址资料的提供者。虽然他1768年在赴希腊途中被害，没能亲自开发奥林匹克遗址，但其著作《希腊雕像绘画沉思录》（1755年）、《古代艺术史》（1764年）等启发人们想到和有兴趣去寻找古代奥林匹克遗址，正是他赋予古代奥运会艺术、精神和智慧的价值，激起人们寻找和挖掘古代奥林匹克遗址的热情和希望。

1838年，德国考古学家库蒂乌斯首次抵达古代奥林匹克遗址，并在其日记里详细记载了他对此遗址的深刻印象。1852年，他在柏林大学做了一个关于古代奥林匹克的报告，并向普鲁士政府提出要发掘奥林匹亚遗址。后经过多年的前期准备，终于在1875年至1881年，德国一批建筑家和考古学家在库蒂乌斯的领导下，对古代奥林匹亚遗址进行了为期6年的系统的、大规模的发掘工作，从奥林匹亚获得了大量的奥运会文物，提出了有关古奥运会的详细报告，并且依据这些报告的史料对祭祀竞技作了探讨，同时还从不同角度加以细致的分析，更加难能可贵的是，他第一个阐述了研究奥林匹克的理论意义，他说："我们必须把古人高度发展的文化、忘我的爱国主义精神、为艺术而献身的思想、比生命中任何力量都更起作用的竞赛之乐带进我们这个更为圣洁的火光照亮的世界"。

总之，他们的研究成果和考古发掘扩大了古代奥运会的影响，大大地激发了人们对奥林匹克运动的憧憬，尤其引起了顾拜旦极大的兴趣，正如他所说："德国发掘了古代奥林匹亚遗址，为何不能由法国来复兴古代奥运会呢？而且这是一个很好的想法，也许国际体育在世界历史中会发挥一个新的作用"。可见，温克尔曼、库蒂乌斯等德国考古家对于古奥运会的复兴及现代奥林匹克运动的兴起是功不可没的，他们的工作成为奥林匹克运动兴起的一大驱动因素。19世纪末现代奥林匹克运动终于登上历史舞台。

二、运动项目的创编、改进及传播

在体操、跳水、手球、自行车、围棋和健美等运动项目的创编、改进及传播方面，德国人也做出了积极的贡献。

（一）体操

现代竞技体操始于18世纪的欧洲，有德国体操和瑞典体操两大流派。20世纪20年代，国际体操联合会将德国、瑞典两大流派结合起来，确立了现代竞技体操的项目，其中许多项目的成型与发展都与德国体操家有关。

1. 自由体操

自由体操要在规定的场地和时间内完成编排成套的徒手和技巧动作，于19世纪初始于德国。

2. 鞍马

鞍马源于跳马项目，1804年德国著名体操家古茨穆茨将木马上的马鞍换成一对铁环，后铁环被木环取代，形成现在的鞍马。

3. 吊环

吊环起源于法国，其形成与杂技悬空绳索表演有关。后传入意大利和德国。1842年德国的施皮斯制作了世界上第一副吊环，原为体操训练的辅助手段，19世纪下半叶成为独立的男子比赛项目。

4. 跳马

跳马源于罗马帝国末期的骑术训练。初跳真马，后改为与真马外型相似的木马，并配有马鞍。1719年将马腿改为立柱，1795年德国的维斯首先去掉木马的马头，1811年杨又去掉马尾，将两端改为圆形，马身用皮革包制。1836年德国的施皮斯在学校体操节首次表演跳马，1877年德国规定跳马必须助跑6步，从正侧两个方向过马和做1~2次支撑动作。

5. 双杠

双杠起源于德国。1811年德国体操家杨在柏林郊外的哈森海德体操场首次安装这种体操器械。最初为体操训练手段，19世纪40年代成为独立的比赛项目。

6. 单杠

单杠起源于德国。18世纪末西欧国家的杂技表演出现抓住钢丝做大回环的动作，受此启发，1811年德国体操家杨在柏林郊外的哈森海德体操场用一根木杠代替杂技演出的钢丝，首次安装了世界上的第一副单杠。1812年将木杠改为铁制，后又改为钢制，杠的弹性和承受力增大。19世纪20年代成为独立的比赛项目。

7. 平衡木

平衡木起源于公元前的罗马时代。18世纪末，德国体操家将其用于体操训练的辅助器材，后传入欧美国家。最初平衡木为圆形，两端及中部用支架支撑。19世纪初，德国体操家古茨穆茨将平衡木设计成平面，置于地上。1845年成为女子体操项目。

（二）跳水

现代竞技跳水由花式跳水演变而来，现代花式跳水起源于德国。被誉为“花式跳水之父”的古茨穆茨在其《游泳术教科书》中，就介绍过德国哈雷地区盐场工人的跳水技术。另一位德国体育教育家奥托·克鲁克在其1853年出版的《游泳和跳水》一书中，提出了53种原地跳水动作，22种助跑跳水及14种其他姿势。在该书出版17年后的修订版中，罗列了一百多种跳水姿势和动作。

（三）手球

1898年，古老的手球也进入了现代发展的历程。19世纪末，捷克斯洛伐克、德国、丹麦等国出现类似手球的游戏。20世纪初，现代手球运动在欧洲诞生，三位德国人科利夫、海泽尔和舍伦茨贡献不小。1917年德国柏林体育教师海泽尔从男孩子踢足球互相追逐中得到启示，并囿于当时的社会环境，发明了一种不能互相冲撞，适合女孩子们的手球游戏，规定运动员只能用手传递或接抛球，双方身体不得接触。1919年柏林另一位体育教师舍伦茨对海泽尔的游戏有所改进，选用了比较小的皮球，规定持球者传球前可跑3步，双方身体可以接触，这样，比赛就更加精彩激烈了。1920年，舍伦茨还制订了11人手球比赛规则并逐渐为其他国家所采纳，从而为开展国际比赛奠定了基础。因此，舍伦茨被大家公推为现代手球的奠基人。1925年德国与奥地利举行首次国际手球赛。翌年，国际业余体育协会指定一个特殊委员会审查手球标准规则，以便更好地开展国际间的比赛，同年由德国发起举行了国际手球比赛，1928年举行首届世界男子手球锦标赛，后逐渐在世界各国开展。从1936年在德国柏林举行的第11届奥运会起，11人制手球被列为正式比赛项目。从1957年起举办世界女子手球锦标赛。

1950年以前德国的手球

（四）自行车

当今，自行车遍及世界各地，进入家家户户。但很少有人知道，发明自行车的是德国的一个看林人，名叫德莱斯。

德莱斯原是一个看林人，每天都要从一片林子走到另一片林子，多年走路的辛苦，激起了他想发明一种交通工具的欲望。他想：如果人能坐在轮子上，那不就走得更快了吗！就这样，1816年德莱斯开始设计和制造自行车。他用两个木轮、一个鞍座、一个安在前轮上起控制作用的车把，制成了一辆轮车。人坐在车上，用双脚蹬地驱动木轮运动。就这样，世界上第一辆自行车问世了。

1817年，德莱斯第一次骑自行车旅游，一路上受尽人们的讥笑。他决心用事实来回答这种讥笑。一次比赛，他骑车4小时通过的距离，马拉车却用了5个小时。尽管如此，仍然没有一家厂商愿意生产、出售这种自行车。

1818年1月12日，德莱斯因其单把自行车而获得专利，这一天被视为自行车的真正诞生之日。

此后，苏格兰的达尔热尔、英格兰的特列弗、法国的拉尔曼和米梭、德国的弗谢尔都对改造和完善自行车的结构做出了可贵的贡献。1869年，英国工程师塞尔让给自行车装上链条，1888年苏格兰兽医邓洛普使用橡皮充气内胎，大大减轻了车身的颠簸，从此自行车成为受人欢迎的交通工具和参加比赛的运动器械。从1896年举行的第1届奥运会起，自行车就被列为正式比赛项目。

1870年德国的自行车

（五）围棋

围棋发源于中国。欧洲对围棋的了解，始于1615年发表的利玛窦关于围棋的简单描述。此后约260余年间，欧洲所有有关围棋的知识（虽然极为有限）全部来自中国；可惜只得天时与地利，唯缺人和，错过了直接从中国传入围棋的极好机会。

把围棋传入欧洲的主要功绩，应当属于德国人奥斯卡·科歇尔特，他是欧洲围棋史上最重要的人物之一。

科歇尔特从1875年到1884年在日本工作了约九年，其间他业余拜师学棋。在秀甫的精心指导之下，科歇尔特的棋力显著提高，终于得以一窥围棋之奥秘。当他认识到围棋的魅力及其战略战术的技巧水准足以挑战国际象棋时，便决心向欧洲的国际象棋界介绍围棋。

从1880年9月起，科歇尔特在德国的一份大型杂志叫德国东亚研究协会会刊上开始连载系列围棋文章（日本人和中国人的游戏：围棋）；1881年，单行本《日本人和中国人的游戏：围棋是国际象棋的竞争对手》在日本横滨印刷发行，这是历史上第一本用西方语言（德文）写成的完整的围棋书。

1886年，科歇尔特终于重返德国。回国之后，科歇尔特的主要活动都与围棋无关。科歇尔特的兴趣相当广泛，1891年，他发明了一项医疗器械，并申请了专利；1892年，他完成了一本以健康与环境之间的关系为主题的专著，此书于1920年再版；1913年，他写了一篇长达30页的文章，纠正了当时一本著名的国际象棋练习题集中出现的错误，此书连同科氏的更正于1979年在瑞士重新出版发行。

作为欧洲第一本围棋著作的作者，科歇尔特本人似乎并没有积极地在德国人中间传播围棋知识。当1919年《德国围棋杂志》由布鲁诺·鲁格尔重新出版发行时，科歇尔特的姓名出现在订阅者名单上，表明他尚未完全脱离围棋。不过，由于在德国缺乏合适的训练机会，科歇尔特的棋力明显地下降了。

这里对科歇尔特的围棋著作（英译本）作一些介绍。英译本《The Theory and Practice of Go》（中译为：《围棋的理论与实践》）是根据科歇尔特在前述杂志上发表的系列文章整理编译而成的，于1965年在美国出版。全书共分7章。

第1章是围棋简介。在这一章里，科歇尔特简要地叙述了他学习围棋的经过，对围棋与国际象棋进行了比较，并得出结论："围棋是国际象棋的竞争对手"。科歇尔特也阐述了撰写此书的原因，是为了向欧洲传播围棋。

第2章至第7章的标题依次为围棋历史、围棋的下法与规则、实战对局范例、死活与手筋、收官技巧和村濑秀甫的布局理论。

科歇尔特编写的围棋著作涵盖了围棋技术的各个方面，但程度较深，不太适合自学的初学者。如果有人指导，则完全可以当作一本围棋教科书使用。

科氏著作的英译本发行量最大，重印多次，最近的一版是2000年印刷的。其德文原版也曾在1973年重新刊行。

科歇尔特的围棋著作发表之后，1882年，莱比锡出现了围棋群体。德国人理查德·舒利格根据科歇尔特的著作撰写了一本简洁明了的围棋普及读物，当年就重印了好几次，还出了第2版，颇受读者的欢迎。同一家出版公司在发行围棋图书时兼售围棋用具，而且至少有两三种不同价格的棋具，最简单的一种是用硬纸板制作的棋盘和棋子。

围棋也很快从德国传入邻国奥地利。1882年，在维也纳的报纸上还出现了奥地利本国制作的围棋棋具的广告。

1902年2月5日，新西兰南部商业中心达尼丁的一份周报《奥塔哥见证报》开始翻译连载科歇尔特发表在杂志上的围棋文章，直到1903年3月止，整整刊登了一年多。这是科歇尔特围棋文章的第一次完整的英译，比1965年在美国出版的英译本早了60多年。

科歇尔特的著作也直接影响了美国人亚瑟·史密斯于1908年出版的历史上第一本英文围棋著作《围棋：日本国技》。事实上，史密斯写的书有相当一部分内容直接取自科歇尔特的著作。

至此，围棋已传入整个西方世界。这其中，科歇尔特和舒利格等的贡献是不言自明的。

（六）健美运动

山道（原名为法德利·密勒，山道是其艺名），幼时瘦弱多病，常常被蛮横的同学欺辱。10岁时随父亲到罗马旅游，为古代角力士雕像的雄健体魄所吸引，并决心把自己的身体也“雕塑”得像古代的角斗士。山道强烈推崇“希腊式审美”（这种审美标准是指一个完美的体格应从数学上符合古代希腊及古罗马人体塑像中的尺寸比例）。在健美运动发展早期，人们常通过这种标准衡量体格是否完美，这也是山道塑造他自己形体的标准。

为了达到这一标准，使自己变得强壮，他每天坚持用杠铃、哑铃等来锻炼身体，还常常参加角力运动。山道勤奋苦练十几年，终于练就了一身赫拉克力斯（古希腊神话中最著名的大力神之一）式的体型，在他22岁时，全身肌肉已非常发达，而且力大无比。

1892年，山道在英国“世界上最强壮的男子”比赛中获得冠军，引起了国际社会的关注。

1893年，山道在美国芝加哥的世界博览会上，在众目睽睽之下拼尽全力与雄狮相搏，最终将其制服，从此山道声威大振名传欧美，成为人们心中的传奇式的英雄，在这之后，他又周游了英格兰、澳大利亚、南美和欧洲等地，所到之处表演大力士的技艺，例如弯曲铁棍、举各种重砝码和铁块、举壮汉和与狮子搏斗。翻筋斗是一个人能表演的最难的展示肌肉强度的特技之一。它要求腹部、背部、腿和脑部的肌肉运动，山道就能表演这种特技，同时身带20公斤重的哑铃。山道还创造了一种新的技艺，就是在四面透明的玻璃棚内在音乐的伴奏下进行连续成套的肌肉造型和肌肉控制技术表演，使观众大开眼界，并对这种新的表演产生了极大的兴趣。

当时，山道不但成为世界上最强壮的人，而且获得了“体格发达最完美男子”的称号。

山道之所以受到世人崇敬和后世的敬仰，不仅是因为他自己有着健美的身躯和超人的力量，更重要的是他从实践中成功总结出了一整套科学的定制化健身训练方法，最先发明了世界上首款现代意义上的健身器材（机械化哑铃、弹簧拉力器和张力带等），并通过各种方式广泛传播，推动健美运动的发展。

这些方式主要有他撰写出版了著作《力量以及如何去获得》《体力养成法》《实验祛病法》等；创办了《体育文化》期刊；在德国、英国、新西兰、澳大利亚、印度、南非及美国等国设立了健美运动学校；举办了“世界第一次健美比赛”（1901年）等。

由于山道在提倡和推动健身健美运动方面的卓越功绩和巨大贡献，奠定了现代健美运动的基石，所以他被公认为“国际健美运动的创始人”和“世界上第一位健美运动员”。目前该项运动已发展为竞技健美和竞技健美操两个相对独立的运动项目。当今最顶级的健美比赛是“奥林匹亚先生”，从1977年开始，获胜者的奖杯就是和历史上第一场健美比赛中完全相同的山道本人的铜像。

三、体育学科的建立

17—18世纪，人们主要从教育角度去认识体育，确立了体育在学校教育中的地位，奠定了体育教学的组织、手段、教材体系和教学方法的基础。19世纪，近代实验科学开始成为探索体育运动内在规律的有力工具。

在体育科学的许多重要分支学科建立时期，德国学者的贡献也颇多，归纳起来主要有下列学科。

（一）运动生物力学

继英国人哈尔斯发表《动物静力学》后，德国解剖学家韦伯兄弟又把这种方法引入对运动人体的分析。他们对人的基本位移形式——走进行了系统的研究，并于1836年出版了其研究成果《人走步器官的运动力学》一书，对走和跑时人体重心的移动以及动作结构进行了分析。这是近代体育史上有关运动生物力学的最早研究成果，从而开创了运动生物力学的研究领域。他们还研究过肌肉收缩过程中单块肌肉长度缩短问题。

另外，德国布朗和菲舍尔运用切割尸体的方法，计算出人体各部分的相对重量，为计算各种姿势的人体重心位置提供了研究方法和数据，从而创建了测量人体重心位置的方法。他们还对意大利人鲍列里的重心测定方法和四肢的杠杆作用理论作了补充和完善。他们的贡献对运动生物力学的发展起到了巨大的推动作用。

（二）运动医学

体育与医学历来关系密切。近代体育奠基者们研究体育的基础之一就是医学。瑞典体操可以说是从医学观点改造德式体操的产物。但从医疗、运动创伤防治和体育保健的角度对体育进行专门研究则是19世纪中叶以后。

1. 施雷贝尔

德国施雷贝尔是最早从临床医学角度研究体育的学者之一，其代表作是1852

年出版的《运动医治法》和1855年的《室内医疗体操》。这两部重要论著已经开始从医疗、运动创伤的防治等方面，对体操进行了较为系统的论述。尤其是《室内医疗体操》影响巨大，出版3年后就再版5次，到1902年已再版28次，还被译成多国文字在全世界流传，如1872年已有日文版。施雷贝尔因其在运动医学上的突出贡献，被称为德国“系统的医疗体育的创始人”。

2. 威西宾

《体育卫生》是由柏林的施格林德·威西宾著述的。该书分两卷，于1910年出版。在这部著作中，威西宾不仅探讨了体育运动对于人体的效能，包括各种创伤及其急救方法，而且对运动服装的合理性以及适量的运动对幼儿和老年人的重要性也作了深入探究。

3. 沃尔夫

德国外科医生沃尔夫提出了著名的“沃尔夫定律”。该定律认为：骨在需要的地方就生长，不需要的地方就吸收。即骨的生长、吸收、重建都与骨的受力状态有关。

4. 运动实验室

1911年在德累斯顿召开了第一次国际卫生博览会。会场设立了专门的体育展区，其中的开设运动实验室为参与过体育练习的专业和非专业人士提供为期6个月的人体测量学、生理学、心血管、新陈代谢和X光方面的检查。这被视为国际运动医学的第一件大事。

5. 运动医学学会

为了进一步开展运动医学研究，德国在1912年成立了运动医学学会，这也是世界上第一个运动医学学会和较早的体育科研机构。学会成立期间举行了以“从卫生的角度看体育运动的重要性”及“妇女和体育运动”等为主题的第1届运动医学论坛。因受第一次世界大战的影响，第2届德国运动医学论坛于1924年才召开。

（三）运动生理学

有关运动生理的科学研究始于18世纪末。1794年到1818年，德国学者菲特出版的《体育百科全书》，第一卷是体育史，第二卷在解剖学、生理学基础上对身体运动进行分类，并用数学、物理学加以解释，这两个方面都是首创的。

1833年，德国人穆勒发表了《人体生理学》，提出了神经和感官功能的“特殊能量”学说，该学说对于运动生理学也有不少启迪作用。

（四）运动心理学

德国心理学家格罗斯在其代表作《人类的游戏活动》（1901年）中用人类学和心理学的观点对希腊、罗马及其他地区的游戏进行了比较分析，书中关于游戏及游戏比较的精辟论述，不仅对后来的运动心理学学家启发颇多，而且提出了心理学与美学研究中的“内摹仿说”（也即“移情说”）。

1920至1940年间，德国学者更加重视对运动心理学问题进行研究。例如，科赫于1830年发表了《从保健法和心理学看体操》，又如德国心理学家温特的研究成果，使运动训练者开始从新的角度——运动员的兴趣（心理）来考虑训练的安排问题。

（五）体育史学

18世纪末以来德国学者的体育史研究成果丰硕。他们不但进行了高水平的古典体育研究，而且开辟了体育通史、竞技运动史、民族体育史和游戏史等专门史学的研究领域。其代表作有菲特的《体育史》（1794年）、巴龙的《简述古代体育及其向现代的过渡》（1865年）、布伦迪克的《体育史》（1897年）、沃伊勒的《世界体育史》（1891年）、克劳塞博士的两卷本《希腊人的体育和竞技》、博根格主编的《世界竞技史大全》（1926年）、诺伊恩道夫的四卷本《德国近代体育史》（1930—1932年）和迪姆的《亚洲的骑马竞技》（1941年）等。

（六）体育社会学

早在19世纪下半叶，英国学者、社会学创始人之一斯宾塞就探讨过体育的教育问题。德国社会学家韦伯论述过清教徒对体育运动的兴趣；德国哲学家齐美尔也曾以体育竞赛来揭示人的社会化，并把它视为冲突中的一个统一因素。现代体育社会学发端于20世纪20年代。一般认为，德国学者里塞是该学科的开拓者之一。

1921年里塞在柏林出版了《体育社会学》专著，第一次把体育运动作为一种社会活动方式，用社会学的理论和方法对体育运动进行了考察。里塞认为，体育作为一种社会文化现象，它的社会性不仅反映了现代体育的人文精神，更重要的是促进了社会的发展。该专著成为体育社会学诞生的标志。

（七）体育术语学

19世纪中叶，德国人开始了体育术语学的系统研究。1841年，施匹斯发表了《体操术语的概念》一书。随后，语言学家瓦斯曼道夫和利奥恩也发表了《统一德国体操术语的建议》和《体操理论与术语的假定》等著作。进入20世纪后，德国体育术语学研究也有了新的发展，1916年，在柏林召开的体育工作者会议确定了使用体育术语的四条基本原则：反映本质、表达正确、易于理解、语义简洁。德意志体协于1918年出版了《器械运动术语的标记》一书；1930年，德国人梅尔甚至提出应该建立体育术语学这门学科。他们的这些建议和意见对于体育术语学的创立起到了不可低估的积极作用。

（八）运动训练学

20世纪30年代初，德国精神病学家约翰·舒尔茨已开始对其著名的“自生训练”进行研究。这种将意念集中于肌肉和植物系统、采用大量手法放松肌肉的练习，后来被作为运动员恢复体力和放松精神的手段使用。

1930年，德国的克律梅尔在其《田径》一书中就提出了“一般练习指导”的概念。霍克和施密特在1937年又出版了从宏观理论方面概括田径训练规律的专著《田径训练法基础》。格施勒在20世纪40年代初期就开始在田径中长跑训练中运用“间歇训练”的方法。首先对中长跑、游泳等各种周期性运动项目，继而对更多专项的训练产生了巨大的影响，促进了竞技运动成绩的迅速提高。

另外，20世纪20年代前后，在德国出现了不少以体育为对象的学位论文，其中包括运动医学、成长发育与运动的关系、心理学、社会学、经济学、劳动者的运动问题等。随着有关论文的发表，逐渐加快形成了体育社会学、竞技运动社会学、体育经济学、体育统计学等学科。

综上所述，德国体育科研是经过16世纪文艺复兴后期以来漫长岁月的孕育才得以形成和发展起来的。尽管人们普遍认为体育科学是21世纪刚刚建立起来的一门新兴学科，然而，从今天看来，无论这一时期人们对体育的认识存在着多少缺陷，当历史和科学的发展为人们提供了新的条件和新的认识工具时，人们对发展着的体育的认识也必然随之而产生新的飞跃，德国体育科研就是在这种背景下腾飞起来的。

四、体育理论的提出

早在近代体育初步形成时期，洛克、伏尔泰、卢梭等思想家就从教育的角度提出了许多积极的体育主张。随着时代的发展，在实践中逐渐形成了更加切合实际的体育思想和理论。特别是随着人们对于体育研究和探索的深化，体育与各学科之间的相互间学习借鉴也开始加强。

这里，我们主要分析三个事例，一是体操与生理学和解剖学相互关系的体操体系的论争（又名双杠之争）；二是学前教育与体育相结合的幼儿园；三是德国学者在游戏理论中提出的著名学说。

（一）体操论争

19世纪40年代，德国青年军官洛特斯泰因发起了德国体操与瑞典体操孰优孰劣的论战。

在对瑞典体操进行认真研究和考察后，洛特斯泰因开始在德国撰文介绍瑞典体操。当时洛特斯泰因发现瑞典林氏体操具有很多德国体操所没有的优点，特别是前者建立于生理学和解剖学基础之上，因而比后者更具科学性。19世纪50年代初，洛特斯泰因就任皇家中央体操专科学校校长之职后，便利用自己的地位开始将瑞典体操引入德国。他公开撰文指责德国体操体系，批评这一体系过分强调精神意志培养而忽视人体自身锻炼的价值，认为这是不科学甚至是不道德的。如他以当时的体操教练员为例。这时期在多数项目中充任"教练员"的人，一般都是年龄偏大、技术较好的运动高手。这些人缺乏生理、解剖等方面的知识，在运动训练中只不过扮演了以高超的运动技术来促进运动员运动水平提高的"陪练员"角色，还远远不是对运动训练的原则、方法起决定作用的现代意义的教练员。对这一现象，洛特斯泰因便曾指责说："实在是再奇怪不过了，我们为了照顾好比赛用马，雇用饲养员时还要考虑他在马匹的解剖和生理方面的知识水平，但受托发展和增强人的身体的人，却反而无须具备我们要求饲养员的那些知识。"这一直言不讳的激烈指责在德国体操界引起哗然，从而导致一场论战的爆发。最后，在国王的亲自干预下，德国体操界取得了胜利，而洛特斯泰因被迫辞职返乡。但这场论争的意义和影响却十分深远。它引起了人们对于体育实践中各种问题的关注，成为推动体育科学化发展的一股动力。后来在美国、法国和那些有不同体操体系流行的国家都先后发生了论争。

（二）幼儿园

欧文于1816年创办了幼儿学校，这种最初出现的幼儿教育机构多由一些慈善家、工业家举办，实质上不过是慈善性质的社会福利机构而已，那时的幼儿园叫"性格形成新学园"，算不上严格意义上的幼儿园。

幼儿园运动的创始人实际上是德国教育家福禄培尔。1826年出版的《人的教育》是福禄培尔的教育代表作，反映了他对于哲学和教育学的基本观点。《人的教育》第一至四章分述人的发展的各个阶段的不同特征和教育的主要任务。福禄培尔强调家庭生活尤其是母亲在早期教育中的作用，重视自我活动和游戏的教育价值，并探讨了学校教育的课程问题，其特点是将手工和艺术课列入学校课程。此外，在第四章第四节"空间表现"中所反映的主张为后来恩物（儿童的玩具物品）游戏奠定了理论基础。

福禄培尔倾其毕生的精力从事幼儿园课程开发，建立起了包括游戏与歌谣、恩物游戏、手工作业、运动游戏、自然研究，以及唱歌、表演和讲故事等幼儿园课程体系。福禄培尔重视游戏在学前教育中的价值。在他看来，游戏是儿童内在本质向外的自发表现，是人在早期发展阶段最纯洁的精神产物。它给儿童以欢乐、自由、满足等，又能培养儿童的意志力和自我牺牲精神。而且，正是在游戏中，儿童最能表现出创造性和主动性。因此，他建议在每一个村镇都建立一个供儿童使用的公共游戏场所，它对于丰富社区生活，培养共同的意识和感情，发展社会共同的法则和要求，激发和培育公民道德和品质，发展社会的民族的美德，具有积极意义。

福禄培尔不仅是一位教育思想家，也是一位教育实践家，更是近代影响最大的幼儿教育家。他于1840年首创了幼儿社会教育的重要形式之一——幼儿园，并广泛组织了训练幼儿园教师的工作，积极地推动了幼儿社会教育的发展。在借鉴前人经验的基础上，详细论述了幼儿园工作的体系、内容和方法，发明了恩物，确定了游戏与作业为幼儿教育的重要活动方式等，大大推动了学前教育的发展。

由于福禄培尔对学前教育的特殊贡献，他被世人誉为“幼儿教育之父”，他的名字和幼儿园也紧紧地联系在一起。

福禄培尔为学前教育事业和学前教育理论的发展做出了重大贡献。他的教育思想深刻地影响了欧美各国，以及日本等国的学前教育。在清末，福禄培尔的教育思想开始传入我国，对我国学前教育实际和理论也产生了很大影响。

（三）游戏理论

游戏，随人类而造。在人类社会中，游戏不仅仅保留着动物本能活动的特质，更重要的是作为高等动物的人类，为了自身发展的需要创造出多种多样的游戏活动。

在这一时期，德国学者在游戏理论方面提出了两个有影响的学说。

一是本能说。德国诗人和剧作家席勒认为，“人类在生活中要受到精神与物质的双重束缚，在这些束缚中就失去了理想和自由。于是人们利用剩余的精神创造一个自由的世界，它就是游戏。这种创造活动，产生于人类的本能”。

二是练习说。德国生理学家谷鲁斯从心理学和生理学的角度研究美学，受席勒“游戏冲动”说影响，以“内摹仿”为一切审美欣赏活动的核心，他认为，游戏不是没有目的的活动，游戏并非与实际生活没有关联。游戏是为了将来面临生活的一种准备活动。晚年他又用“宣泄”说补充“练习”说，认为本能的活动带有天然的情感，本能得到实现，情感也就自由地发泄出来。游戏的功用在于使本能活动得以实现，并使情感得到发泄而不致淤积为患。

（四）德国近代体育理论发展的意义

从体育现代化研究的角度看，这一时期德国体育理论的发展具有这样几个方面的意义。第一，体育理论研究的繁荣，事实上说明德国人对体育现象、体育活动认识的发展和深入。第二，体育理论研究的繁荣，为形成或更新体育价值观奠定了重要的基础。支配一国体育制度运行的价值观，不仅来自该国的文化传统和意识形态，同样受到拥有广泛接受者或信奉者的体育理论的影响。第三，在通常使用的衡量体育现代化程度的各项指标中，体育理论究所达到的水平或状况，是很容易被忽略的。但在事实上，要想全面评估一个国家在一定时期体育发展的状况而又忽略体育理论所取得的成就，显然是不明智的。应当看到，真正的体育理论并不仅仅是理论家本人的创造，也不是理论家离群索居、苦思冥想的结果。在其根本上，一个时代的体育理论反映了该时期一定人群对体育现象的认识所能达到的水平，是时代的产物。而特定时期中一定人群对体育现象的认识所达到的水平，往往又制约着该人群所进行的体育活动，进而决定着这种活动所能取得的结果。因此，体育理论研究的状况，同样是衡量体育现代化的一个不可忽视的重要指标。

五、体育思想的形成

这一时期德国形成了不少体育思想，其中对当时及后世较有影响的是军国主义体育思想和马克思主义体育思想。

（一）军国主义体育思想

在了解德国军国主义体育思想之前，有必要对军国主义和军国主义教育做一简介。

所谓军国主义，是指崇尚武力和军事扩张，将穷兵黩武和侵略扩张作为立国之本，把国家完全置于军事控制之下，使政治、经济、文教等国家生活的各个方面均服务于扩军备战和对外战争的思想和政治制度。第二次世界大战前夕的德国和日本都是军国主义国家的典型。法西斯主义就是在这些国家全面危机时期军国主义的极端表现。

所谓军国主义教育，是指德国政府和军部为加紧向外发动侵略战争，把国家置于军事控制之下，实行法西斯独裁统治。在教育上大力灌输元首至上的军国主义思想，为培养尽忠报国的“忠臣良民”，将教育全部纳入战争轨道，建立为侵略战争服务的教育体制。

军国主义体育思想在我国曾被称为“军国民主义体育思想”，是19世纪后期产生于德国的一种体育思想。这种体育思想鼓吹将军队的军事训练方法直接运用于学校体育教学实践，使体育与军训高度结合，其目的是将青少年学生培养成为具有“爱国”“忠君”意识的士兵。其实践形式就是在学校中强制推行实施带有强烈军事性质的兵操和室内体操。

19世纪末到20世纪初，自由资本主义进入到帝国主义时代。为了争夺世界市场和霸权，19世纪最后30年，帝国主义列强之间的矛盾空前激化，欧洲各国无不全力进行扩军备战，准备通过战争的手段来谋取更大的利益。德国作为后起的资本主义国家，在普法战争后更尝到了战争的甜头，因而竭力推行国家体制的战争化和军事化，宣扬具有专制主义和极端民族主义色彩的军国主义。1890年、1891年、1898年德国内阁连续发布训令，要求各地政府在学校和社会上强制推行军训性质的兵操和室内体操，以培养青年的民族主义和“爱国主义”精神和军事作战素质。军国主义体育思想就是在这样的背景下形成的，并对19世纪末20世纪初一些欧洲国家和日本、中国等亚洲国家产生了较大负面影响。

由于这一体育思想最大程度地满足了专制政府进行国内统治和对外扩张的需要，能有效而迅速地培养出忠君“爱国”的战争机器，因而在19世纪末20世纪初尤其受到德、日等后起的帝国主义国家统治者的支持吹捧，在学校和社会上大力推行。普法战争后，军国主义体育思想对法国等欧洲国家也产生了很大影响。军国主义体育思想是欧洲19世纪末20世纪初体育发展的一股反动潮流，带有浓厚的封建主义和帝国主义性质。在这一思想支配下的体育手段简单粗暴，枯燥乏味，违背青少年身心发展规律和民主自由精神，因而20世纪以后受到广泛抵制，最终遭到唾弃。

（二）马克思主义体育思想

马克思主义体育思想，是指在科学共产主义奠基人马克思、恩格斯历史唯物主义和辩证唯物主义思想指导下的体育思想。这一体育思想形成于19世纪中期，成熟于19世纪后期，对19世纪末和20世纪的世界体育运动实践产生了重大影响。例如，对于德国工人体育和中国新民主主义体育的影响都是有目共睹的。

1. 产生背景

19世纪上叶随着欧洲工业文明和资本主义经济的迅速发展所导致的工人阶级劳动和生活环境的严重恶化和阶级矛盾日益尖锐。随着19世纪上叶欧洲大机器工业迅猛发展，欧洲工人阶级迅速被沦为机器的奴隶，备受资本家残酷的剥削和压榨，其生产环境、生活条件及健康状况日趋恶化。针对欧洲各国工人阶级每天要在极为恶劣的条件下工作16~18小时，很多人三四十岁便丧失了劳动力这一悲惨现状，马克思主义奠基人在其《英国工人阶级的状况》和《资本论》等一系列著作中，无情地揭露和谴责了资本主义制度的野蛮与罪恶及对劳动者基本生存权的剥夺与践踏，要求保护儿童与青少年包括体育在内的教育权力，明确提出了劳动者接受体育和教育的权力问题，并将其作为无产阶级解放的天然组成部分之一。

2. 主要内容

作为一个科学的体育思想体系，马克思主义体育思想包含了下列主要内容。

其一，个人全面发展观：马克思主义体育思想的核心是“个人的全面发展”观。这一学说是马克思和恩格斯通过对资本主义制度下导致人的片面发展的批判体现出来的。

在马克思于1845年至1848年与恩格斯共同完成的《德意志意识形态》一书中，首次正式使用了“个人全面发展”这一概念，提出“个人全面发展的职责、使命、任务就是全面发展自己的一切能力，其中也包括思维能力”和“个人的独创的和自由的发展”。马克思和恩格斯把生产过程中的智力与体力的分离或统一看作是个人片面发展还是全面发展的实质所在，同时把人的身心分离的程度视为个人片面发展程度的根本标志。马克思把全面发展的个人称作“适应不断变动需求而可以随意支配的人员”和能够“把不同社会职能当作互相交替的活动方式的全面发展的个人”。可以看出，个人劳动能力的全面发展，即作为劳动能力构成要素的智力与体力在个人身上的统一和充分发展，是马克思主义体育观中关于“个人全面发展”的本质所在。

马克思指出，所谓全面发展的人，也就是智力和体力获得充分的自由发展的人，脑力劳动与体力劳动相结合的人。

马克思还在分析了大工业发展的需要和体育发展的趋势，以及总结了空想社会主义者欧文在苏格兰、纽兰纳克实验活动的经验基础上，找到了培养全面发展的人的方法，他在《资本论》中指出：“未来体育对所有已满一定年龄的儿童来说，就是生产劳动同智育相结合，它不仅是提高社会生产的一种方法，而且是造就全面发展的人的唯一方法。”

其二，体育的阶级性：马克思主义体育思想的一个鲜明特征，就是站在无产阶级的立场上，抨击与批判资本主义制度对劳动阶级剩余价值无情剥夺及为了获取利润而对广大工人阶级身心健康的极度漠视与摧残。因此，马克思主义体育思想明确提出，体育应为无产阶级服务。马克思在《临时中央委员会就若干问题给代表的批示》中指出：“对儿童和少年工人应当按不同的年龄循序渐进地授以智育、体育和综合技术教育课程。把有报酬的生产劳动、智育、体育和综合技术教育结合起来，就会把工人阶级提高到比贵族和资本家高得多的水平”。由此可见，马克思主义体育思想认为，体育是有阶级性的。在阶级社会中，体育绝不仅仅只是简单的身体锻炼，而是一种由阶级地位决定的政治权利、生活方式和消费行为。在无产阶级争取自我解放的斗争中，体育也是斗争的武器和追求的政治权利之一。

其三，体育是一种社会实践：马克思没有给体育下过确切的定义。1866年，马克思曾提出：“体育，即体操学校和军事体操所传授的东西”。在马克思等人看来，体育是发展人的身体的活动，又是发展人的社会性的活动。马克思、恩格斯主张把学校与军事训练结合起来，在《资本论》等著作中多处强调作为体育方法的体操和军事训练的重要意义。例如，恩格斯在《欧洲能否裁军？》一文中详细阐述了关于青年的体育问题。他建议在学校中进行体操训练和军事训练，以增强学生的体质，提高他们的军事素养，还曾建议让退役军人到农村学校任教以解决体育师资缺乏的问题。

3. 历史贡献

马克思、恩格斯在考察人的发展时提出了人的全面发展的学说，揭示了人的全面发展的含义，论证了人的全面发展的历史必然性，阐明了实现人的全面发展的必要条件，从而也阐明了体育的本质及其历史地位。

马克思主义体育思想是在批判继承历史上各种先进体育思想，尤其是空想社会主义者的体育思想和实践基础上发展起来的。它的主要贡献在于第一次阐明了人的全面发展问题的历史性和阶级性，提出了体育是无产阶级和社会发展的需要的科学理论，明确指出了实现人的全面发展的社会条件和途径。这是马克思主义对现代体育思想和理论建设的伟大贡献。

4. 德国工人体育

马克思主义体育思想不仅具有理论意义，也有一定的实践指导作用，特别对无产阶级的德国工人体育产生了积极的影响，造成了声势浩大的德国工人体育运动，并对国际工人体育运动做出了一定的贡献。

众所周知，资本主义工业文明导致了无产阶级出现在政治舞台上。19世纪初到40年代，无产阶级已经成长为一支独立的政治力量，显示出自己的意志与要求。随着无产阶级与资产阶级矛盾的激化，19世纪初欧洲各国都爆发了大规模的工人运动，无产阶级开始建立全国性的组织。在这样的背景下，工人阶级的健康问题与体育权益也成为无产阶级斗争的目标之一。

随着工人阶级独立政治运动和民族解放运动的兴起，工人体育出现了新的高潮。其中最具代表性的是德国工人体育。1850年以后，莱比锡等地出现了一些工人体育俱乐部。这些俱乐部加入了1860年成立的德国体操联盟。由于该联盟领导成员歧视工人运动员，不少工人后来退出了该联盟，于1893年重新组建了俱乐部——工人体操联盟，该组织在当年就拥有51个下属体操协会，共计3556名会员，同年，它还组织举办了德国首届工人体操日及出版发行了首份《工人体操报》。此后，形成了轰轰烈烈的工人体育运动。在1914年第一次世界大战前德国工人体操联盟下辖2411个工人体操协会，共计186958名会员，其中包含13370名女会员和32358名学生会员。因工人也逐渐喜欢英国的户外体育活动，工人体操联盟于1919年更名为工人体操体育联盟，该联盟举办了全国性的工人体操节，如1922年在莱比锡和1929年在纽伦堡的第1届及第2届全国工人体操节，还派运动员参加了于1925年在法兰克福由“社会主义工人体育国际”主办的第1届国际工人奥林匹克运动会。除工人体操联盟外，1896年、1906年及1912年创立的“团结”工人自行车运动联盟、工人体育联盟和工人体育总会也对发展德国工人体育贡献不菲。到1929年，德国工人体育组织成员达到120万人，可以说，在魏玛共和国时期（1919—1933年）德国工人运动员的红色近卫军，为捍卫苏维埃巴伐利亚共和国同德国垄断资产阶级和容克贵族进行了殊死的搏斗，德国工人体育运动达到了其发展顶峰。但是，1933年纳粹上台后立即解散了所有工人体育组织，德国工人体育从此走入低谷。

第七节　纳粹体育

1933年至1945年，是希特勒在德国的纳粹统治时期。在这个时期，德国体育中原有的民族主义和军国主义倾向不断畸形膨胀，德国体育完全成为宣传、煽动极端民族主义、民族沙文主义和法西斯主义的工具，成为希特勒维护纳粹统治、不断进行对外侵略扩张的工具。特别是体育的军国主义化以极端的法西斯化形式表现出来。1933年希特勒一上台便实行法西斯政策，在疯狂镇压共产党和工人运动的同时，取缔了所有工人体育团体，并且废止了当时西方流行的“儿童中心论”“个性全面发展”的教育原则和体育原则，把身体训练置于体育的首位。学校承担了培养青少年军事技能的任务，体育课时成倍增加，连小学高年级学生每周都安排了4～5节课。中、小学校体育除进行户外活动、体操、田径、球类等活动外，还有定期的远足旅行。远足旅行总要包括各种军事活动在内，如耐力行军、察看地形、追踪搜索、武装偷袭、克服障碍、投掷手榴弹等。大学体育课除开展体操、越野跑、球类运动外，还特别列入了与军事活动有密切联系的小口径步枪射击、拳击、救护等内容。1934年又推行了三级体育奖章制度，强制18～35岁公民在规定时间内达标。

此一时期，德国体育出现了其历史进程中全面的倒退。

1936年德国柏林的马球比赛

一、纳粹当局的教育政策

出于其政治目的的需要，希特勒始终对教育事业表现出很大的“热情”。他在大量的讲演和命令中，不断要求纳粹党的大小党魁们重视对教育的控制。他曾说，民族社会主义“改革”的根本问题“不是夺取政权，而是教育人”。为此，希特勒上台后，不断利用国家机器强化对教育的控制。1934年1月31日，纳粹当局发布命令，取消各邦对文化和教育事务的管理权。1934年5月1日，普鲁士文化和教育部改组为德国和普鲁士科学、教育和国民教育部，成为管理全德教育事务的最高权力机构。在德国历史上，这是首次在中央政府设立教育部，其目的是建立中央集权的教育管理体制，以便更有效地控制教育，把教育完全纳入法西斯主义的思想轨道。

纳粹当局掌握政权和教育管理权后，极力推行法西斯主义教育。科学、教育和国民教育部在1938年颁布的一项教育法中，明确规定了德国学校的教育目的："德国学校是国家社会主义党教育政策的一部分，其任务是和其他国民教育力量共同合作并采取适当的方法，以培养信仰国家社会主义的国民。"为了贯彻希特勒的意图和纳粹化的教育目的，纳粹教育行政当局制定了一系列教育政策，其中不乏学校体育政策，例如1937年的《男中体育指南》和1941年的《女中体育指南》，而且这些体育政策在各级各类学校中得以实施。如规定中小学教学内容的重点主要在德语和体育等科目，1935年体育课为每周3学时，1937年后增加为5学时，带有强烈军事体育训练的越野跑、足球和拳击综合运动会仅在1939年就举行了5次之多，体育教师则成为学校中最重要的人物，有的甚至被任命为掌握学校管理大权的副校长；大学里体育和"种族学"被当作最重要的教学科目，一方面"大学生由于参加训练营等各种活动导致缺课，不应该影响他们的考试成绩"，另一方面还要求所有大学生体育必须修满2学期（1935年后增加为3学期），不然会被强行终止学业，并接受药物治疗等。

二、希特勒的"体育观"

纳粹的种族理论是希特勒"体育观"的哲学基础。在希特勒看来，雅利安人是世界上最优秀的民族，这不仅应体现在智力或脑力上，更应在体力上有所表现。他批评德国的教育制度存在着诸多缺点："它的制度，仅注意于知识方面而忽略了实在能力的培植。对于人格的养成以及责任心的激励，更少注意。至于意志力和果断力的培养，那就完全漠视了"。相反，希特勒提出，"一个国民，如果他有健全的体格，坚定的性情，并且富于自信力和意志力，那么他虽然仅仅受的是普通教育，实际上他比了解常识更多的，但体质虚弱的人更能造福人群"。因此，国家的责任是把青年锻炼成一副有用的工具，"去发扬未来的种族"。

纳粹时期，出于荒谬的种族理论和军国民主义目的，体育备受重视。希特勒将"体育"视作其"国家事务"7项要求中的第4项，他说，"国家必须将体育运动提升至一个前所未有的效率与广度"。他还表示，青年有了强健的体魄，才能具有唯我独尊的自信心，坚强的毅力和灵敏的决断能力，由此让"整个民族表现出伟大的意志力"，民族就能得到复兴。1933年希特勒上台后，体育更是实现其德意志民族统治世界计划必不可少的手段，他说，"我的年轻人们必须强壮而英俊。我会让他们经受体能的全面训练。我计划拥有身强力壮的青年人——这是第一位的也是最主要的事情。由此我将根除人类千百年来的驯化史。然后在我面前我就能拥有纯洁、高贵而又自然的新一代德国超人。有了他们我就能创造新秩序。” 1935年，希特勒曾在纳粹党代表大会上宣称，德国所有的青少年都必须“像皮革一样坚韧，像猎犬一样灵活，像克虏伯钢铁一样坚强”。

通过体育运动，希特勒的目标是将德国青年人培养成这样一种人：“全世界在这代青年的面前都要骇得倒退。我要的是具有强烈主动性、主人气概、不胆怯、残忍的青年。在他们身上既不允许有软弱，也不允许有温和。我要从他们的目光里看出骄傲的神色和猛兽般的狂野……”

那么，国家又该如何付诸实践呢？希特勒的规划是：首先，将“体育”上升为国家事务，“所以在民族国家中，国民身体的锻炼，既不是他个人的问题，也不是仅仅和其父母有关的问题，更不是和社会没有多大关系的次要事件，而是保持民族生存的要素。国家必须全力维护”；其次，国家应将体育锻炼辅之与全体公民，“应使青年男女在童年时代就受到相当严格的锻炼，养成他们吃苦耐劳的体格”，“关于妇女教育，第一应当着重体育，第二是德育，第三是智育”；再次，体育锻炼的时间应增加，“民族国家的一切学校，应该增加运动的时间，鼓励大家进行身体锻炼”； 最后，要对运动项目有所选择，“就对冲锋队队员进行体格训练来说，主要强调的不是在军事操场上，而是更多地在体育活动中。我始终认为，拳击和柔道比任何项目重要得多”。

显然，希特勒“体育观”的重要的动机是通过加强体育锻炼、提高国民的身体素质、保障国防军有强健的士兵来源以增强侵略扩张的实力。可以说，在这样的体育理论下的纳粹时期的体育就只能是全民皆兵的“军事体育”。因此，1940年专门成立的一个“军事游戏协会”就不足为奇了，军事体育被提高到无以复加的地步。相反，正常的体育活动与竞赛在1942年后大幅度减少，1943年起德国甚至被国际体育界禁止参加大型的国际比赛。

三、纳粹体育的主要措施

为了全面实现“元首”的“体育观”，推行所谓的军事体育，特别是青少年和工人的体育，纳粹政府出台了一系列政策，采取了众多措施和使用了各种形式的法西斯机构，其中主要有创办特种学校、特殊组织和强行推行体育标准、劳动服役及乡村生活年等。

（一）特种学校

纳粹统治时期设立了大量旨在培养纳粹“优秀分子”的各种特殊学校。这其中主要包括：纳粹党主办的国家政治教育学院、骑士团城堡学校和在希特勒青年团指导下的阿道夫·希特勒学校。

1. 国家政治教育学院

政治教育学院是为纳粹培养新一代的政治、军事和管理领袖，参照旧普鲁士军事学院的教育，强调培养军人精神和勇敢、责任感、简朴的特性以及纳粹理论的训练的一种纳粹寄宿中学，其生活主要为军事化管理。它不同于一般州立学校属于当地文教局，而是直接隶属于帝国教育部，后由党卫队接手管理。只有被认定为“完美种族”的男孩或女孩会被送往此寄宿学校，最初的三所国家政治教育学院由教育部长伯纳德·罗斯特于1933年设立于普伦、波茨坦及科沙林。此后发展迅猛，到1941年已有30所，共计 6000 名学生；1942年有33所（30所男子学校和3所女子学校）；第二次世界大战结束时国家政治教育学院达到43所。

2. 阿道夫·希特勒学校

阿道夫·希特勒学校是从少年队选拔最有前途的12岁少年，实施在党务和公共服务方面做领导工作的集中训练的学校，6年毕业后可升入大学。

该校课程安排为每天体质训练5课时，主要内容是拳击、划船、航海、滑翔、射击、驾驶摩托车和摩托艇；还举行模拟军事演习，往往在140平方公里的范围内进行，师生共同参加。文化学习1课时（含阅读纳粹报刊）。教学方法是在教官的监管下，通过队际竞赛和集体评议，从事斯巴达式的训练。学生要记录个人成绩和品德评语，有升留级制度。毕业文凭可作为升大学的学历依据，优秀者升入骑士团城堡学校深造。此类学校全国共有10所，其中比较著名的是不伦瑞克预科学校。

3. 骑士团城堡学校

骑士团城堡学校是培养纳粹官员的顶级学校，是训练纳粹党精华中的精华，其学生通常从前两类学校的一流毕业生中挑选，由“帝国劳工阵线”最高领袖罗伯特·莱伊亲自领导。之所以取名为“骑士团城堡”学校，一方面是模仿中世纪条顿骑士团城堡的气氛，让学员和民众感受到高贵和神秘；另一方面也是为了继承16至19世纪德国流行的骑士学院的办学理念，当时的依拉斯特学院（1589年）、毛里田纳姆学院（1599年）、特雷西亚骑士学院（1751年）和东方学院（1751年）等骑士学院区别于德国其他类型学校的一个显著特点是，骑马、击剑、舞蹈、角力、射箭、网球、游戏以及宫廷礼仪等，在学校课程体系中占有非常重要的地位。骑士团城堡学校全国共4所，各有不同的训练重点。克罗辛泽城堡的训练重点是拳击、骑术和滑翔等，松特霍芬城堡为登山和滑雪，福格尔桑城堡为体格训练，那里拥有当时世界上最大的、设备优良的健身房，马林堡城堡为纳粹思想强化训练。每所城堡学校拥有500名教职工，每期招收1000名学员。

（二）特殊组织

为全民掌控青少年、妇女及工人的一切活动（包括体育），纳粹党还设立了专门的组织，其中最重要的是希特勒青年团、德国少女联盟、纳粹妇女联盟和德国劳工阵线。

1. 希特勒青年团

希特勒青年团是1922年至1945年间纳粹党继冲锋队后设立的第二个组织。

希特勒青年团以训练未来的“雅利安超人”和为“第三帝国”效忠的战士为己任，较重视身体和军事训练，忽略学术和科学教育。每个成员不再是个体，而是千百万当中的一份子。正如“德意志帝国的青年领袖”席拉赫1934年所说的那样，理想化的希特勒青年是“思想指引下的个体士兵”。这种训练从学龄儿童开始。希特勒青年团形成学龄团员组织、少年队、正式团员组织和准军事性分团等几个层次。各层次的组织其成员全部穿着与纳粹冲锋队员的军服很相像的褐色衬衫、黑色短裤，佩戴十字臂章和军用防水帽。唯一允许的不同在于代表身份的徽章以及根据其所在小组上属的武装力量的不同而变化的权标。

2. 德国少女联盟

德国少女联盟早在20年代便已成立，早期为希特勒青年团的姐妹会，1930年被正式作为分支独立出来并受纳粹青年头目席拉赫领导，1937—1945年吕迪格尔博士成为该联盟领袖。它是纳粹德国唯一的女性青年组织。纳粹德国战败后，德国少女联盟于1945年9月10日被同盟国勒令解散。

德国少女联盟在纳粹党执政期间，由于纳粹当局赋予女性的职责是充当“德意志斗士”的贤妻良母，要求她们围绕着“厨房、孩子、教堂”转，因而女青年团强调培养团员成为“民族社会主义世界观的载体，为同志和事业献身”，在体格上为当母亲作好准备。德国少女联盟划分有少女队、正式团、“忠诚与美丽”等不同层次的下属组织。全体成员穿着深蓝色裙子、白色衬衫、褐色上衣的统一制服和沉重的行军鞋，再戴装饰有刻着徽章标志的环状物的棉制围脖。

3. 纳粹妇女联盟

纳粹妇女联盟成立于1931年，为德国劳工阵线下属组织之一。1933年至1945年由克林克全权负责，出版《妇女观察》周刊。另外，主要协助纳粹当局实施了光荣母亲奖章制度和“生命之源”计划。

4. 德国劳工阵线

德国劳工阵线成立于1933年，首任主席是罗伯特·莱伊。

就体育而言，劳工阵线最重要的组织为“力量来自快乐”，其目的是指导大众教育、娱乐和社会活动。劳工阵线通过这一组织布置各种公开的讲演、体育训练、户外运动、旅行、假期消遣等，劳工阵线自己拥有船只、旅馆及其他设备，并以低廉的费用为会员服务。劳工阵线每年从一切工资薪俸以及别的收入抽取1.5%，作为支付一切开销的经费，它每年的预算达几亿马克之巨。

（三）“体育标准”的强行推行

1934年，纳粹政府开始推行“三级体育奖章”，所有德国人均被鼓励参加各种体育运动，男女老幼都被迫按照各自“体育标准”努力使自己成为一个合格的雅利安人。它后来成为德国法西斯军事体育的基础。纳粹政府规定凡年龄在18～45岁之间的德国公民，都必须在规定时间之内达标。这一标准包括：将约3千克的铅球推至6.15米以上；立定跳远超过2.8米；在6分钟内跑完1000米等。

体育标准的制定有利于促进全民运动的开展，增强民众体质。但究其标准实质，却是全民皆兵思想的反映，并且出于种族理论的考虑，严格实行优胜劣汰的体测标准，是对公民自由生活的一种侵犯。体育占据教育的绝大部分时间，致使学生的综合素质急剧下降，例如在某地的招工考试中，179名考试者，有94人不知道德语专有名词的第一个字母应该大写，有81人拼写不出歌德的姓氏。

（四）“乡村生活年”及“劳动服役”

“乡村生活年”和“劳动服役”被视为法西斯军国主义教育的初级形式。

1934年，纳粹教育当局发布命令，规定所有受过8年国民学校教育的城市学生，都必须到乡村参加为期9个月的农村服役。在这期间，继续接受普通教育和纳粹主义思想的灌输，并进行体力劳动。“乡村生活年”通常是以军事化的方式组织的，军训当然是其主要活动，当然也要帮助农民料理家务和在地里劳动。

1934年6月26日，纳粹当局颁布“劳动服役法”。根据这个法律，所有年龄在18～25岁的男青年都必须到半军事化的劳动服务营服役6个月。在入营前，青年们必须宣誓绝对效忠“元首”，尽力完成分配给自己的各项任务，并维护服务营的荣誉；在服务营，青年的主要任务是进行军事训练和参加各项军事建筑工程。创办劳动服务营有政治、军事和经济三个方面的目的。在政治上，它为纳粹当局培养更多的党徒和追随者；在军事上，它直接为德国国防军和党卫军训练输送士兵；在经济上，它为劳动力大军补充了大量后备力量。正因如此，纳粹当局极力扩充和发展劳动服务营。1938年，纳粹当局又下令，把男青年在劳动服务营劳动的时间延长至一年，并规定女青年必须在劳动服务营劳动半年（第二次世界大战爆发后，也延长至一年）。

四、1936年奥运会

在叙述德国举办的1936年奥运会之前，有必要先简要回顾一下德国参加奥运会的经历。

（一）1936年前德国参加的奥运会

1895年，被称为“德国奥运之父”的格普哈特成立了“德国参加雅典奥运会委员会”（最初的德国奥委会），从此开始了德国与现代奥林匹克运动的恩恩怨怨。

1896年至1932年，德国共参加了7届夏奥会和2届冬奥会，从奖牌榜的排位上看，夏奥成绩总体上远远优于冬奥成绩。

1. 参加的夏季奥运会

1896年首届现代奥运会，德国是14个参赛国之一，派出19位运动员征战，最终以6金5银2铜的成绩在奖牌榜上列第3位，其中舒曼参加了田径、举重、摔跤、体操比赛，获摔跤、跳马和双杠、单杠团体共4项冠军，是此届获金牌最多的选手，也是首位一届奥运会中的四金王。另一位德国人魏因加特纳以3金2银1铜成为本届获奖牌最多的选手。

舒曼在跳马比赛中

此后在1900年和1904年奥运会收获4金，排金牌榜第7和第2。1908年和1912年分别收获3金和5金，排金牌榜第5和第6。柏林曾被定为1916年奥运会的举办地，但由于第一次世界大战，使那届奥运会变为空白。战后，德国、奥地利、保加利亚、匈牙利和土耳其作为第一次世界大战的战败国而被国际奥委会禁止参加1920年安特卫普奥运会和1924年巴黎奥运会，以示对他们破坏奥林匹克运动和平的惩罚，直到1928年才获得参加阿姆斯特丹奥运会的权利，最终获金牌10枚、银牌7枚、铜牌14枚，位居金牌榜第2。1932年洛杉矶奥运会德国金牌数下降到3枚，在金牌榜上退居第9。

德国体操运动员外恩加特纳在吊环比赛中

2. 参加的冬季奥运会

从1924年起，冬季奥运会拉开战幕，在第1届法国夏蒙尼冬季奥运会上，当然不会见到第一次世界大战的元凶德国的影子。1928年瑞士圣莫里兹冬奥会是德国参加的首届冬奥会，也是德国在与奥运会关系中断16年后获准参加的第1届奥运会，仅获1枚铜牌，居奖牌榜第11位。在1932年的第3届美国普莱西德湖冬奥会上，获2枚铜牌，居奖牌榜第9位。

（二）1936年德国举办的奥运会

1. 申办与筹备

1924年，德国的莱瓦尔德当选为国际奥委会委员。1927年1月29日，莱瓦尔德领导的德国奥委会致函国际奥委会，希望由德国承办第11届夏奥会和第4届冬奥会。1931年德国获得1936年冬、夏奥运会的举办权。这是奥运会史上第三次也是最后一次冬、夏季奥运会同年在同一个国家举行。

1936年冬、夏季奥运会会址选在德国是个历史错误，是国际奥林匹克运动发展中的一场悲剧。

1931年国际奥委会将会址选在德国。当时纳粹尚未上台，但已蠢蠢欲动，气焰十分嚣张。纳粹是十分仇视和反对奥运会的，他们认为这是“犹太人与和平主义者搞的花样”。纳粹分子还斥责德国运动员在1932年奥运会上与黑人一起比赛，有损日耳曼民族的尊严。希特勒本人最初也认为“奥运会是犹太人支配的丑恶集会”，表示不予支持。1933年1月30日以希特勒为首的纳粹党夺取了德国政权，德国政局发生了严重变化。鉴于当时的德国政治形势，1934年国际奥委会讨论了是否仍在德国举行奥运会的问题，并专门成立了一个调查委员会，前往德国实地调查。

负责这次调查的是当时国际奥委会委员布伦戴奇。调查委员会一行到达德国后，耳闻目睹一些纳粹排斥犹太人、扩军备战等法西斯罪行，并觉察到纳粹上台后由反对奥运会转为积极支持的真实意图，但布伦戴奇仍说德国具有举办奥运会的条件。国际奥委会因受希特勒宣传和表面现象的蒙骗，例如“犹太人恕不招待”的牌子悄悄地从店铺、旅馆、啤酒馆和公共游乐场所取了下来，对犹太人和两个基督教会的迫害也暂时停止了；又如邀请了3000多名记者来访，举行了盛大招待宴会，借以欺世盗名。另外，还受当时欧洲推行绥靖政策的影响，最后仍维持了原议，在德国举行奥运会。

布伦戴奇的态度，也影响了对参加德国奥运会存在着分歧意见的美国奥委会。美国决定参加又对其他国家起了作用。1933年1月24日，莱瓦尔德被推选为德国奥运会筹备委员会主任。这个半犹太人对运动会能否顺利举行此时已是忧心忡忡。1936年3月16日，莱瓦尔德会见了1933年2月9日即充任柏林奥运会大会总裁的希特勒。出乎意外的是，莱瓦尔德从这位总裁那里得到了“全力支持”的诺言。这使他稍感宽慰。但是不久便厄运降临，以戈培尔为首的纳粹党徒接管了全部筹备工作，莱瓦尔德被排挤于外。纳粹甚至扬言，要撤消莱瓦尔德在国际奥委会的委员职务。这下触怒了国际奥委会。国际奥委会主席巴耶·拉图尔申言，如果那样，国际奥委会将取消柏林的主办权。美国也发表声明，以不参加奥运会相威胁。这样，纳粹才算屈服了。

纳粹党徒上台后，对奥运会的态度来了一个180度大转变，其目的一是想利用奥运会，给法西斯德国蒙上一层和平的面纱，二也想通过举办奥运会之机，兴办大量奥运工程，以解决当时德国最严重的失业问题，巩固其统治。因此，纳粹政府印了成吨宣传纳粹德国“繁荣与昌盛”的材料，耗费了巨额资金，用花岗石、大理石等兴建了一座能容纳10万人的大型运动场，由德国首席设计师施佩尔亲自设计，成为当时世界上最大的场馆，还有一个有两万座位的游泳池，以及体操馆、篮球场等，还修建了一个比洛杉矶奥运会更豪华的奥运村。

当国际奥委会要希特勒保证能让犹太人参加奥运会时，希特勒也被迫同意了，并故作姿态，邀请了侨居美国的德国犹太女击剑手、1928年奥运会金牌获得者海琳·迈耶回国参赛。迈耶曾犹豫不决。但顾及她留在德国的母亲和两个兄弟的安全，毅然踏上了征途。后来她在击剑赛中，得了1枚银牌，经证实，她也是德国代表团中唯一具有“半个犹太血统”的运动员，19名参加了奥运集训的犹太血统运动员在奥运会前夕被淘汰。

但是，德国法西斯所玩弄的蒙骗手腕，仍被许多正直人士所识破。

1936年6月，在法国巴黎召开了“保卫奥林匹克思想大会”。与会的有法国、西班牙、美国、英国、捷克斯洛伐克、比利时、瑞典、丹麦、荷兰等国人士。大会号召人们反对在德国举行奥运会，积极争取将会址改在巴塞罗那。抗议浪潮席卷世界各地，纽约成立了一个斗争委员会，欧洲一些国家明确表态，不参加德国奥运会，并积极支持筹办巴塞罗那奥运会。7月，法国、英国、美国、瑞士、瑞典、希腊等20个国家的运动员，云集巴塞罗那，准备参加7月18日举行的运动会，可惜由于开幕前夕法西斯分子捣乱，运动会流产了。令人遗憾的是，这一切未能使国际奥委会改变初衷，运动会仍如期在柏林举行。

这样，身为东道主的德国在希特勒的操纵下，将体育政治和体育民族主义的狂热发挥得淋漓尽致，柏林奥运会成为“纳粹奥运会”，使奥运会变为了纳粹政治的牺牲品。

2. 1936年冬奥会

1936年2月6日至16日，第4届冬季奥运会在加米施—帕滕基兴如期举行。希特勒在赛会期间同赫斯等纳粹党魁也多次亲临比赛现场，为“优等民族”加油助威。最终德国代表团以3枚金牌和3枚银牌在挪威之后位居金牌榜第二。新增加的带有一定军事性质的男子4×10公里越野滑雪接力赛和男女高山滑雪两项（回转障碍滑雪和快速降下）也正符合纳粹当局的口味。其实，希特勒更关心的是这届冬奥会的政治作用，他曾密令德国奥运会官员，务必通过此届运动会证明“第三帝国是世界的绿洲，是一个正直、有崇高目标的国家”。

希特勒观看比赛

获奖的德国运动员在颁奖台上行纳粹礼

3. 1936年夏奥会

1936年8月1日至8月16日，第11届夏季奥运会在柏林举行，在8月1日的开幕仪式上宣布本届奥运会开幕的是纳粹元凶希特勒。赛会期间，他与戈林等纳粹党魁也多次亲临比赛现场，为“优等民族”加油助威。德国派出了406名运动员，人数最多，获金牌33枚、银牌26枚、铜牌30枚，高居金牌榜及奖牌榜第一，比排名第二的美国多出30枚奖牌。

1936年柏林奥运会开幕式上首次采用电视转播（洛桑奥林匹克博物馆藏）

1936年柏林奥运会开幕式上的火炬点燃仪式（洛桑奥林匹克博物馆藏）

具有讽刺意味的是，希特勒原想借用奥运会来证明雅利安人种的优越，结果却适得其反。本届奥运会上的热门人物，是他不屑一顾的美国黑人选手杰西·欧文斯。欧文斯总共获得了4枚金牌，成了柏林街头巷尾谈论的中心人物，新闻界甚至把本届运动会誉之为“欧文斯运动会”。

1936年柏林奥运会上，杰西·欧文斯在100米决赛起跑中（洛桑奥林匹克博物馆藏）

而在这届奥运会上，来自两个存在着种族歧视严重的国度，一个黑人，一个白人，美国的杰西·欧文斯和德国的卢茨·朗格（“二战”中阵亡，年仅30岁），在纳粹的监视之下，坦诚互助。这两位跳远选手真挚友谊造就的画面，成为这届奥林匹克运动会上最感人的一幕。

柏林奥运会跳远亚军朗格与跳远冠军欧文斯合影（洛桑奥林匹克博物馆藏）

4. 德国奥运会创造的多个“第一”

1936年的德国冬、夏奥运会，充分显露了希特勒纳粹集团的丑恶嘴脸，但如果撇开政治不良因素，就运动会本身而言，则无论从组织工作、体育设施、服务工作以及竞赛水平，都被公认为是一次水平和效率极高的运动会。特别是柏林奥运会历史性地创造了几个奥运史“第一”：它是当时有史以来参加人数最多的奥运会，共有49个代表队的4065名选手参加，观众人数达到377万人；诞生了奥运历史上第一把火炬，该火炬由迪姆根据古希腊陶器上的绘画设计；第一次出现了火炬传递，从此，它开始了光耀寰宇的传递之旅；第一次使用电视做现场转播，并同时向许多国家转播实况，使奥运会新闻传播步入新的阶段；第一次拍摄大型奥运会纪录片《奥林匹亚》，该片由最受非议和最具才华的女导演雷妮·瑞芬斯丹领导拍摄完成，后成为纪录片的典范，获得了威尼斯电影节的金奖；德国代表团的成

柏林奥运会上德国运动员的团体操表演

绩历史性地排在了积分榜的首位。纳粹德国的宣传意图几乎都实现了，取得了自我宣传和运动成绩双丰收。

5. 国际奥委会迟到的检查

由于当时国际奥委会领导人眼光的局限，导致1936年奥运会逐步成为德国法西斯的宣传工具的奥运会。它违反了奥林匹克精神，为德国法西斯粉饰和平起了推波助澜的作用。国际奥委会本想利用奥运会转移希特勒的视线，使他放弃战争。可希特勒不爱赛场爱战场，奥运会的橄榄枝与和平鸽并未阻止纳粹的战争脚步，相反却由于法西斯的利用而沦落为彻头彻尾的悲剧。奥运会刚刚结束，国际奥委会就发现纳粹党开始肆无忌惮地干涉奥林匹克事务，莱瓦尔德被迫退休，接替他担任国际奥委会执委的是国社党党员冯·哈特。奥运会过去仅三年的1939年9月，德国法西斯即发动了侵略战争，给包括德国人民在内的全世界人民带来了灾难。1954年庆祝奥林匹克运动60周年时，国际奥委会不得不为自己的错误进行检查，并发表了公报，认为军国主义和纳粹主义的喧嚣气氛笼罩了这届奥运会，产生了可悲的后果。

归纳起来，我们看到纳粹时期强制推行的“体育”的特征主要是强调竞技体育项目，如摔跤、拳击、射击等；将个人体育项目改成集体体育项目，强调群体的成绩起决定作用（如足球成为体育课的首选内容）；体育与青年联合会一体化。军体项目也是体育课的主要内容。所有这些变更意味着希特勒要通过体育将德意志民族导入一种优势。这种优势包括勇气、顽强、坚定的意志，严格的纪律，集体精神和克服阻力实现目的的能力。这时期个人对体育的兴趣及权利遭到极度的损害，并为意识形态的强制所滥用。1936年的冬、夏奥运会也成为德国法西斯政治宣传的工具，把奥运会变成宣扬其种族主义与军国主义的场所。

总之，希特勒统治时期纳粹当局对德国体育的肆意践踏，极大地破坏了德国的体育事业，严重腐蚀了德国体育的精神，使德国体育现代化的历史进程发生逆转和倒退。

4

第四章

现代德国体育

（1945—1900年）

第一节　现代德国概况

希特勒的纳粹德国号称“千年帝国”。然而，从1933年8月19日希特勒大选获胜至1945年5月8日德国无条件投降，它只存在了12年4个月时间，希特勒本人也于德国无条件投降前7天的4月30日自杀。在这历史的一瞬之中，它在地球上造成了震撼一切的火山爆发，其强烈程度为前所未有；把德国人民送上权力的顶峰，那是他们一千多年以来从来没有达到过的；使他们一度成为从大西洋到伏尔加河，从北海到地中海的欧洲的主人；接着又在世界大战结束的时候，把他们投入毁灭和破坏的深渊。

第二次世界大战后德国被美、英、法、苏四国分区占领，德国开始走向分裂。1949年9月20日，英、美、法三国占领区宣布成立德意志联邦共和国（简称联邦德国），苏占区也于同年10月7日成立德意志民主共和国（简称民主德国），德国从此分裂为两个主权国家。

在德国分裂的40多年里，由于两德分属两个截然相对的政治体系（资本主义与社会主义）和经济体系（市场经济与计划经济），各自对体育的发展有着完全不同的认识，实行了风格迥异的体育体制（政府管理与社会管理），因此其体育也各具特色，故分而述之。

第二节　联邦德国体育

1945年第二次世界大战后，受战争的影响，联邦德国建筑（包含大量体育场地设施）遭到了极大的破坏，到处都是断壁残垣、百废待兴的景象，一切都要从“零”开始，联邦德国的各行各业进入了战后复苏阶段。随着1948年联邦德国货币的改革、马歇尔计划的实施和实行社会市场经济，20世纪50年代联邦德国经济开始腾飞，至50年代末，联邦德国战后重建时期基本结束，联邦德国的“经济奇迹”让世界叹为观止，体育也在经济迅猛发展的基础上从战后的一片废墟上开始了新的生机。

1945年12月17日，盟国对德管制委员会公布第23号命令：“所有德国体育协会和组织必须解散。”但非军事的地方性体育组织仍被允许，这一宽容使人们仍能从事体育活动，1946年在各占领区已举行了零星的体育日活动，1947年成立了以迪姆为首任校长的科隆体育学院（1965年更名为科隆体育大学），首批学生仅95人，但到统一前的1982年学生人数已高达5000余名，其中约8%是来自55个国家的外国学生。另外，在全国20多所大学或师范学院里还相继设立了体育系和体育科学研究所，担负着培养体育教练员、体育教师和体育科研人员的任务；同年，还成立了一个旨在参加奥运会的德国奥林匹克委员会，它是两年后正式成立的联邦德国奥委会的前身。1948年成立了德国体育工作委员会，该委员会也是两年后成立的联邦德国体育联合会的雏形；同年，甚至在法兰克福还举行了第二次世界大战后首届体操节。

德国体育由于第二次世界大战时被军事利用，战后重建时，不论是政府还是国民，都把目光放在大众体育上，一来可以增强国民的身体素质，二来也是对战时体育政策的扭转和否定。因此，联邦德国政府在战后的体育政策上以发展体育的娱乐性与参与性为主，强调体育的和谐和身心教育功能。联邦德国政府保留了德国教育体系中原有的传统体育成分，体育仍然是中小学的必修课，同时加大了课外活动的比例，广泛地为孩子们组织游泳、远足和爬山为主的夏令营等户外运动。这些举措深受民众欢迎。

总体而言，联邦德国在战后采取了以大众体育为主体、竞技体育有效自由进行的体育发展策略。

一、联邦德国体育管理体制与机构

体育是社会活动的组成部分，国家经济对于体育体制有着决定性的影响。一般说来，体育体制与国家的经济体制和政治体制相适应。实行市场经济体制的资本主义国家联邦德国，市场是配置资源的基础，国家对体育实行宏观调控，社会组织以社会化和商业化为支柱，自我协调管理。

体育体制是体育工作的组织制度，是实现体育事业目标的组织保证，具体指体育组织的机构设置、组织形态、权限划分和权力运行等方面的体系和制度。体育体制的核心是体育的机构设置、权力分配以及运行机制。换言之，即体育管理体制构成体育体制的核心内容。

（一）体育管理体制

按照联邦德国体育的机构设置、权力分配以及运行机制的实际情况，在体育管理体制的类型上，它属于社会管理型，其特点是体育主要由社会体育组织进行管理，政府一般不设立专门的体育管理机构，政府对于体育事务的介入和干预时，也常常采用立法或经济补贴等方式间接进行。联邦德国体育实行民间组织自力更生、自我管理，政府在体育管理中只扮演一个协作者的角色，即政府把体育管理的任务和权力交给了社会体育组织，并且从法律上保证这些组织的高度自治性。

（二）体育管理机构

联邦德国的体育管理机构分为官方的公共管理机构和非官方自行管理机构，即政府管理机构和社会管理机构两大类，一个属政府体系，一个属民间组织体系。两者不相隶属但又相互联系，相互合作，相互支持，紧密相连。

1. 公共管理机构

联邦德国公共管理机构由上而下主要涉及联邦层面的内政部、外交部、联邦议院、国防部、妇女儿童老年部及州、市、县层面的政府体育管理部门。联邦德国的政府各部门都对体育给予高度重视。政府的国家层面上每年对体育的资金投入：内政部约3亿马克（用于竞技体育场馆、国际比赛和运动员培养）、国防部1.6亿马克（用于培养运动员士兵）、妇女儿童老年部1200万马克

（用于学校、妇女、老年的体育活动开展）、外交部1000万马克（用于国际体育交流）。

（1）内政部

联邦政府基本上由内政部领导体育，主要处理重大的体育事务、规划和促进竞技运动的发展，举办重大国际比赛并给予资助；此外，还资助建立和发展联邦体育训练中心（如奥林匹克训练基地等）、体育科研机构（如成立于1970年的联邦体育科学研究所）和重要的体育休闲设施以及学校体育设施等。当然，联邦政府也对重要的社会体育组织提供财政资助。

（2）外交部

外交部文化司、联邦经济合作部和内政部共同组成一个促进发展中国家体育委员会。它和体育联合会及奥委会紧密合作，共同协商对发展第三世界国家的体育采取援助措施，从阿富汗的足球、摩洛哥的残疾人体育到乌拉圭的田径等，自20世纪60年代到90年代，联邦德国在“国际体育促进项目”的框架内已经在全球数十个国家执行了数百项长期或短期项目。此外，外交部文化司还为体育外事活动制定计划和提供经费。

（3）联邦议院

联邦议院成立了“体育委员会”，它是各政党议会代表一起讨论、审核政府体育经费预算和支出等体育重大事务的机构。

（4）州级、市级、县级政府

依据联邦德国《基本法》第30条的规定，联邦德国体育发展的责任主要由州一级机构承担。各州政府的文化部门主管体育，包括学校体育，建设体育设施，培训教练员、体育教师及对体育俱乐部提供资助等，工作的重点是推动和发展大众体育和学校体育，州政府一般不介入体育社团的内部具体事务。

联邦德国的市级和县级政府主要负责当地的体育与休闲设施的建设与维护。

2. 自行管理机构

联邦德国体育联合会、联邦德国奥委会、联邦德国体育基金会是三个主要的全国性体育组织。这些机构不受政府管辖，每年从内政部得到一定的经费资助。

（1）体育联合会

联邦德国体育联合会1950年12月成立于汉诺威，首任主席是道默。体育联合会所属的各单项协会在组织上、财政上和业务上都有一定的自主性。体育联合会的最高领导机构为代表大会，每两年举行1次。

体育联合会是联邦德国体育最重要、最具权威的管理机构，在联邦德国体育管理事务中具有垄断地位。依据有关体育法规，体育联合会有权代表所有体育项目，并且成为这些体育项目的代言人，不论这些项目是闲暇体育、职业体育、休闲体育以及高水平竞技运动。所有体育活动，不论其社会归属、职员归属与宗教归属，都必须统一在体育联合会的旗帜下，由其统一协调和管理。

体育联合会承担的其他管理职能还包括：一是制定体育政策法规，从总体上推动德国竞技体育和大众体育的发展；二是争取并维护各级体育组织的共同利益，并协调其成员组织的利益；三是向成员组织提供一定的经费支持。

体育联合会的会员组织包括11个州体育联合会、54个单项体育协会、12个承担特殊职能的体育协会（学生体育总会、联邦邮电体育俱乐部协会、青年力量组织等）、6个体育科学与教育协会（包括体育科学协会、体育教师协会及体育与科学联盟等）、2个支持性的协会——联邦德国奥林匹克学会与联邦德国体育记者协会。

体育联合会下属的11个州体育联合会和市、城镇体育联合会分别与不同体育俱乐部协作，管理和推动本地区体育运动的发展，但其最重要的职能是推动本地区大众体育的发展。

体育联合会下属的54个国家级单项协会分别管理相应运动项目的有关事务，主要包括制定法规和规则、组织全国性体育比赛、选拔运动员参加国际比赛、下级协会的注册管理等。单项协会通过联邦德国体育联合会和联邦德国奥委会代表联邦德国参加本项目的国际比赛和其他体育事务。此外，单项协会还管理拥有本项目的国家训练基地，但基地里的国家队教练员是联邦德国体育联合会雇用的。54个单项协会下属的州单项协会则承担州一级体育比赛的组织，以及下属协会和俱乐部的注册管理，同时和州体育联合会密切协作，推动本项目在本地区的发展。州单项协会一般在较大的城市和县设立办公室，它们与市或县体育联合会合作组织由当地俱乐部参加的本项目的体育比赛。

联邦德国的各级体育比赛采用升降级制，市级比赛的优胜俱乐部队可以参加州一级体育比赛，州一级体育比赛的优胜俱乐部队可以参加全国联赛。

分布于全国各地的6万余个体育俱乐部，为不同性别、不同年龄、不同职业、不同体育兴趣爱好的居民提供了丰富多采的参与体育活动的机会。体育俱乐部是联邦德国体育发展最基本的组织载体，每个体育俱乐部既是体育联合会的会员组织，又是单项协会的会员组织。

联邦德国《基本法》第9条第1款明确规定，公民有权组建俱乐部及其他社会团体。组建体育俱乐部需向地方政府注册，得到政府认定的体育俱乐部可以免费使用政府拥有的各类体育设施。使用政府体育设施的俱乐部，需首先向当地体育联合会提出申请，由体育联合会和政府有关机构统一安排体育设施的使用。联邦德国大部分体育俱乐部是由志愿者管理的，只有8%的俱乐部雇用专职人员。联邦德国超过1000名会员的体育俱乐部仅占总数的5%，不足300名会员的体育俱乐部占总数的70%以上。

（2）奥委会

联邦德国奥委会成立于1949年，首任主席是国际奥委会委员弗里德利希，1951年在维也纳举行的国际奥委会第45次全会上获得国际奥委会正式承认。其成员有各单项协会的代表、联邦德国奥林匹克协会的代表、联邦德国体育基金会的代表、联邦德国体育联合会主席以及那些为奥林匹克运动做出过贡献的著名人物。它的主要任务是选派运动员参加奥运会。

（3）体育基金会

1967年，联邦德国体育联合会和联邦德国奥委会共同创建了具有体育福利性质的联邦德国体育基金会。该基金会的主要任务是采取思想上和物质上的措施，促使优秀运动员创造好成绩，给运动员提供学习和深造的机会，如补习功课、补贴工资和给予旅行和营养上的补助等。它也尽力帮助解决退役运动员的再就业问题。联邦德国体育基金会不是国家机构，资金来自私人捐赠、出售体育邮票和特种邮票以及靠一种被称为幸运螺旋形上升的电视彩票。

联邦德国整个体育管理机构网络可以形象地用下图表示。

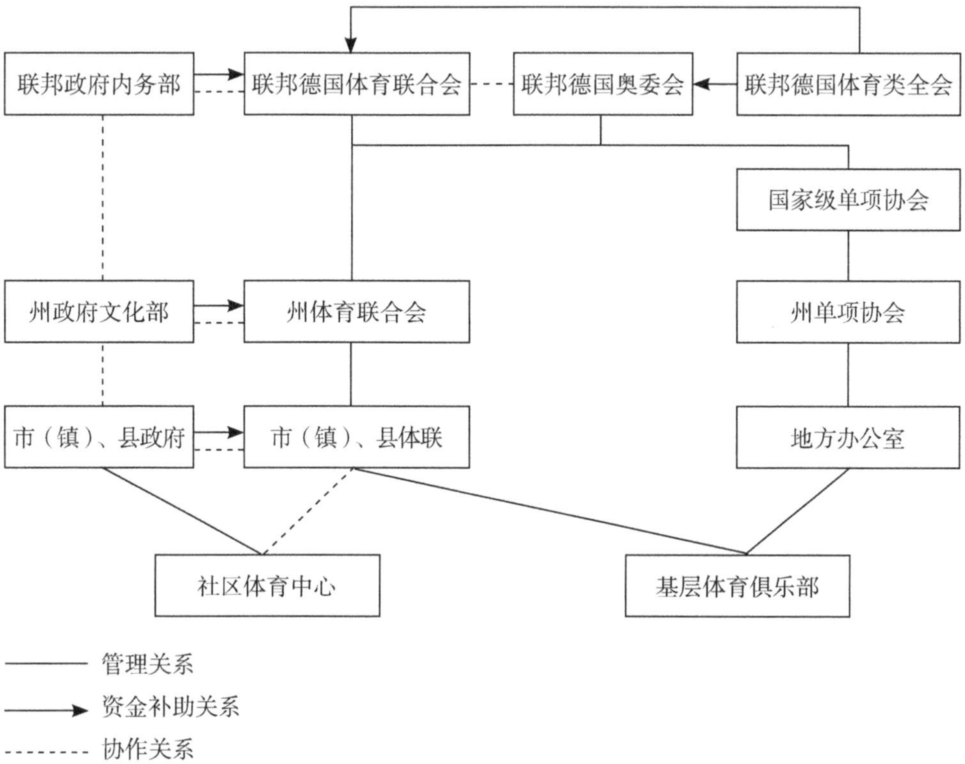

联邦德国体育管理机构示意图

二、联邦德国大众体育

这一时期的联邦德国大众体育主要是通过体育联合会为首的社会体育组织出台的一系列大众体育计划及活动来显现的，其中主要的有《德国体育宪章》和《闲暇体育方案》的制订，“运动健身”和“体育与健康”等五大全民健身活动的开展，“德国体育奖章”制度继续执行及“黄金计划”的颁布与实施等。

（一）《德国体育宪章》的制定

1966年联邦德国体育联合会制订了《德国体育宪章》。宪章的开头就明确提出“体育为全民的健康和幸福服务”。在宪章中对大众体育领域的具体要求是大力开展不依赖竞技能力的大众体育活动；举办大众体育讲座和举行大众体育比赛。关于学校体育体育联合会要求小学一二年级每天要有体育活动时间；从三年级开始每周3小时体育课，下午在自愿组成的兴趣小组中进行2小时体育锻炼；职业学校要有固定的体育课；学校体育与俱乐部的合作要进一步加强；学生家长与学校共同负责制；提供良好的体育场馆以及为学生颁发“青少年体育奖章”。

关于职工体育，联邦德国以立法的形式，要求所有有坐式工作员工的公司，必须在工作场所内提供身体活动空间。著名的阿迪达斯体育用品公司有4万多名职工，分布在40个国家，生产和销售额达20 亿马克。该公司的老板把经营的成功概括为“工业需要体育事业，体育事业也需要工业”。联邦德国在1982 年一年里体育用品总产值达50 亿马克。

（二）《闲暇体育方案》的制定

随着人们生活水平的提高，有了越来越多的闲遐时间。体育也成为越来越多人的闲遐生活内容。本着满足人们的基本需求这一指导思想，1976年联邦德国体育联合会通过了《闲遐体育方案》。这一方案有14项任务，其中主要任务如制定大众与闲遐体育的指导计划，落实闲遐体育活动设施和提供闲暇体育信息与咨询等。体育联合会的这一号召得到全民的积极响应，2700万人热情投入到闲遐时间里的健身运动之中。

体育联合会认为，终身体育的目标不应该通过教育强迫人从事体育去实现，而应该通过教育让人自愿从事体育活动去实现。目前的发达国家在未来的十几年中将逐渐向闲遐社会转变。这并不是说人们将不再工作了，而是将来比现在的闲遐时间还要多。

（三）6次大规模的全民健身活动

联邦德国曾经开展过6次大规模的全民健身活动，分别是1959年开始的“运动的第二选择”，始于1969年的 “青少年为奥运而练”，1970年至1977年的“体育强身”，1978年至1980年的“一起运动”，1983年开始的“体育与健康”及“有氧耐力锻炼130”和1985年开始的“最好的锻炼效果在俱乐部”。

1. “运动的第二选择”

20世纪60年代以前，联邦德国的体育俱乐部中提供的体育活动主要是对抗性的竞技运动项目，有很大的局限性。随着休闲体育的逐渐发展，为了让人们更多地了解休闲体育，把锻炼重点从竞技运动项目转移到休闲体育上来， 联邦德国体育联合会在1959年提出了“运动的第二选择”的口号，拉开了第一次大规模全民健身活动的序幕。这也被认为是德国现代大众体育的开端。1969年体育联合会开始实施的“全民健身”计划，主要就是通过支持各种大众和健身俱乐部来实现。

2. “青少年为奥运而练”

尽管体育联合会做了各种努力，但并没有像体育联合会想象的那样发展。另外，又面临3年后（1972年）奥运会在德国慕尼黑举行，德国公众对德国体育的期望形成的压力与日俱增。为此，德国文化部和体育联合会于1969年提出开展“青少年为奥运而练”的活动。每个5年级以上的学生都能参加。当初建立这种竞赛活动有两个出发点，一方面想以此活动促进学校与俱乐部的合作，唤起青少年对体育的兴趣；另一方面想通过这一方式为1972年在慕尼黑举行的奥运会发现天才运动员。“青少年为奥运而锻练”活动1970年有6.5万人参加，1972年在慕尼黑奥运会后该活动仍继续开展，1981年增加到50万人，显然这一活动大大地激发了青少年参加体育活动的积极性。

3. “体育强身”

1970年联邦德国开始实施“体育强身”全民健身活动。“体育强身”主要通过宣传来改变民众对待体育锻炼的态度，鼓励民众参与健身活动的积极性。主要任务是为大众体育制造舆论和开展健身运动。国家通过电视、广播、报刊、小册子、招贴画等在交通要道和公共场所广为宣传。活动开始之后，经过大规模、全方位的宣传，8个月以后活动的知晓度已经达到60%，31个月以后达到了93%。时任总统卡斯腾斯（1973—1976年任联邦德国总统）为了强健身体，激发全体国民积极开展体育活功，带头从事体育锻炼，在全国徒步旅行。他于1979年10月11日从北部的弗伦斯堡出发，沿波罗的海海岸往东南方向行进，先后穿越238个州府和城市，于1980年10月4日到达慕尼黑，历时两年，行程1129公里。总理、卫生部长、副主席带头参加长跑。联邦德国参加大众体育的会员已占全部人员的67%，即4000余万人。有97%的人知道大众体育运动，做到了家喻户晓。德国的大众体育内容丰富多彩，男女老幼都参加，从婴儿游泳到老年长跑都属于这一范围。德国有一种体育公园，在工作余暇、休假日全家都去体育公园，参加自己喜爱的体育活动，各得其所，乐趣无穷。同时，凭借“通过运动保持健康”宣传口号，自1971年起，已举行过20个项目的健身运动会。

4. “一起运动”

1978年至1982年的“一起运动”，主要任务是以“体育节”的形式进一步开展大众体育。后来这里的“一起运动”也包含了移民的体育活动，例如1989年内政部和移民局开始了“移民体育计划”，目的是通过体育达到全体国民的融合，这是体育为构建和谐社会，达到社会一体化作出的特殊贡献。

5. “体育与健康”

“体育与健康”是1983年体育联合会开展的全民健身活动，持续了5年。其目标是宣传体育活动在生理、心理和社会方面的积极作用；提高人们对体育与健康关系的认识；争取更多的人参加体育活动；指导人们进行适度的运动，防止运动负荷过低或过高，即“有氧耐力锻炼130”，它强调运动强度为心率130次/分钟的耐力锻炼，同时还配备一部分仪器为群众进行体力测定，此外还开展大众体育咨询服务。

此活动过程中除得到大众传播媒介的支持外，还采用了下列方法：张贴和刊登标语、口号和形象标志；提供大量可供选择的、有吸引力的体育活动形式和内容；通过体育节目和措施将人们的体育兴趣引向正确的渠道。体育联合会各会员组织和俱乐部都积极支持这一活动，在此期间组织了大量独特的、引人入胜的体育活动。

6. “最好的锻炼效果在俱乐部”

“最好的锻炼效果在俱乐部”是体育联合会从1985年开始的大众体育计划。目标是提高大众体育的地位、财政和医疗状况；完善大众体育俱乐部活动计划。最好的建议为大众体育必须成为世界上规模最大的社会性市场经济活动。

上述6次大规模的全民健身活动概括起来可以是“运动的第二选择”拉开序幕；“青少年为奥运而练”激发热情；“体育强身”引导发动；“一起运动”培养兴趣；“体育与健康”把握运动强度；“最好的锻炼效果在俱乐部”强调运动的最佳场所。

（四）“德国体育奖章”制度的继续实施及深化

这一时期，“德国体育奖章”制度继续顺利实施，据统计，到1976年已颁发了390万枚“德国体育奖章”。而从1913年至1988年获“德国体育奖章”的国民已累计达2000多万人次。

此外，体育联合会为了最大限度地动员全家参加体育活动，还于1985年制定了“家庭体育奖章”制度。这一制度无任何测验，其目的就是广泛动员家庭各个成员参加多种形式的体育活动。只要全家（至少3位）参加由体育俱乐部或单项协会所组织的集体活动，就可获得布质纪念徽或铜质纪念章。当年，全国就举办了8000多次大型群体活动。具体情况可从下列因素了解。组织工作由体育联合会负责；推广测验对象为全体国民；测验内容是参与体育集体活动次数和一般形态机能状况；奖励手段为颁发布质纪念徽、铜质纪念章；成绩统计标准主要是定性等级；时间上相当灵活，随到随测；总的效果表现为激励国民参与体育的热情。

从此，“家庭体育奖章”制度与“德国体育奖章”制度并存，区别在于前者无任何测验，锻炼方法也简单易行，更能吸引人们参与体育锻炼。“家庭体育奖章”使家庭成为体育活动参与的基本单位，是推动全民健身的有效手段，家庭体育成为大众体育发展的主要方向及发展重点，使家庭成为体育活动参与的基本单位，同时也成为联邦德国大众健身新的突破口。

（五）“黄金计划”的颁布与实施

如前所述，德国奥林匹克协会早在1920年就提出了“黄金计划”的构想，因德国纳粹主义的抬头和第二次世界大战的爆发，该构想被迫变为不合时宜的空想。但30多年后的1953年和1954年，联邦德国奥林匹克协会毫不气馁、重振旗鼓，联合所有高层社团联盟及城市议会、乡镇议会、城市联盟和州议会等一起进行商讨，准备重启“黄金计划”。1955年联邦议会的“为全民体育的倡导建议”和城市联盟发出的“为全民体育资助的导语”的两个重要决议，对“黄金计划”的最终出台起到了关键作用。同一时期，联邦德国医学界在全国城乡进行了大量的国民健康调查，用事实说明体育锻炼能强身健体，从而进一步引起人们对“黄金计划”普遍关注。于是，联邦德国奥林匹克协会在1959年对以前的“黄金计划”重新进行了修改完善，再次上报政府。同时，联邦德国体育联合会予以积极支持，认为这是开创了所谓的第二条道路“运动的第二选择”，即除了学校体育外，为大多数民众从事体育锻炼提供了新的可能性。1960年，第一个“黄金计划”在各界人士的共同努力下，终于由政府正式批准实施。

“黄金计划”总的指导思想是确定体育设施建设准则和投资标准，统一规划；其目标是广泛动员全体国民参加多种形式体育活动；其组织领导是联邦德国奥林匹克协会和联邦德国体育联合会及所属基层组织；其健身内容是一般运动项目；其测试制度是推行简易测试方法，被测者按规定标准以确定自己的体力情况；其对策措施是国家通过“德国体育奖章”奖励来推动；其经费来源是国家集资为主，联邦协助共同承担。“黄金计划”的核心内容是：在德国最广大的地区，给大众体育创建良好的硬件条件，体育场馆按照地区人口的规模进行规划。

1. 第一个“黄金计划”（1960—1975年）

在第一个“黄金计划”中，联邦德国各地区先进行统计学上的统计、统筹，然后按场地的面积与居民的数量来规划；根据场地规划与人口的关系，不同的场馆按不同的标准来规划，如游泳池是按人均1平方米来规划的。在此规划下，对群众体育场地建设实际投资达185亿马克，其中州政府资助30%~35%，联邦政府资助4%，其余绝大部分均由各地方筹集，平均对每个公民的投入达到了300马克。到1975年时除露天游泳池这一项目外，均超额完成了原定计划。

第一个“黄金计划”的有效实施，还得益于政府、议会和各党派的大力支持。社会民主党在1961年波恩会议上指出，对新的“黄金计划”要积极响应，勇于行动。自由民主党全体联邦会议指出，把“黄金计划”作为发展青少年身体健康是当前最重要的任务。基督教民主联盟主席在体育协会的联席会议上郑重陈述，意义重大的“黄金计划”必须加强宣传和贯彻。其成败关系着下一代人的生命和健康。除了各党派和联邦议会党团外，联邦政府和州政府也对“黄金计划”作了支持演说。联邦总理康拉德·阿登纳代表政府在1960年9月呼吁：为了孩子们、全体市民在业余时间更好地休养而努力，为人们的身体健康而作贡献。这是一项少花钱而能达到健康的有着长远经济效益的事情。联邦内务部长在1961年12月10日的体育协会会议上指出，“身体锻炼是对全体人民健康的最有价值、最有效的手段，我们应关心我们的人民和下一代的身体健康。”并立即提高了联邦政府对体育场所建筑的经济预算。与此同时，各州政府在公众体育场所建设规划和措施中，逐年提高了经费的投入。“黄金计划”在全国、城市政策的保证下，更使体育、娱乐设施兴建得到了各界的大力支持。从1960年到1975年的15年中，体育设施建设迈出了很大的步伐。从表4-1中我们可见这一显著变化。

表4-1　实施第一个“黄金计划”后联邦德国体育设施发展情况

设施类型	1960年	1975年
全民健身活动中心	32800个	55100个
儿童游戏场	18500个	42800个
室内游泳池	730个	2980个
室外游泳池	3030个	3580个
网球场	5300个	16000个

2. 第二个“黄金计划”（1976—1984年）

1976年联邦德国开始实施投资额为76亿马克的第二个“黄金计划”。这个计划提出更标准的要求，各类场地按人口平均需达到下列指标：儿童游戏场分5岁以下、6～11岁和12岁以上三种专用场，每种的标准为：居民每人0.5㎡，运动场每人4㎡，体育馆每人0.2㎡，游泳馆水面每人0.01 ~ 0.25㎡，露天游泳池水面每人0.05 ~ 0.15㎡。要求各区镇参照这一指标，根据居民、学校体育俱乐部分布情况统一规划，合理布局，统筹兴建，综合利用。联邦德国体科所提出了规划修建体育场馆的5个原则：一是建何种体育设施；二是大众有何种体育锻炼的机会；三是体育场地设施的数量规模；四是体育设施的建筑结构；五是体育场地设施的选址。同时在体育规划方面，又增加了新的分析因素，一是对体育行为的调查报告，二是可持续性发展的预测。在北威州，专门建立了一个对体育行为调查机构，负责对整个德国大众体育进行规划。到1982年时这一计划已接近完成，人均面积已达到运动场3.81㎡，体育馆0.173㎡，室内游泳池0.013㎡，露天游泳池0.063㎡。据统计，到1984年底全国共有体育场4万个，体育馆2.48万个，室内游泳池3400个，露天游泳池4000个。上述数字中不包括私人体育场馆。如果算上这些，实际数字至少要高出10%。

从1976年到1985年的10年中，体育设施建设又迈出了很大的步伐。从表4-2中我们可见这一显著变化。

表4-2 实施第二个“黄金计划”后联邦德国体育设施发展情况

设施类型	1976年	1985年
全民健身活动中心	55100个	64700个
儿童游戏场	42800个	58000个
室内游泳池	2980个	4100个
室外游泳池	3580个	8600个
网球场	16000个	29200个
马术场	2927个	4900个
高尔夫球场	88个	130个
壁球馆	2935个	3050个
滑冰馆	201个	246个
射击场馆	1856个	2389个

3. 第三个“黄金计划”（1985—1990年）

1985年联邦德国开始实施投资近150亿马克的第三个“黄金计划”。其重点有两个：一是改善现有场地，包括现有场地设备现代化，以提高功能；二是采取措施来增建新场地。具体指标为：运动场2000个，体育馆和室内外游泳池共6600处，网球场6400个，壁球场500个，射击场700个，马术场450个，马术馆600个，高尔夫球场50个等（表4-3），计划还特别强调，要在大自然和风景区大力兴建体育设施，如跑步、自行车和马术专用道路以及水上设施等。此外还要求在住宅区附近兴建露天休息、游乐和运动场地，从而使“让边角空地都成为运动场”这句口号成为现实。体育设施与环保成为“第三黄金计划”的又一突出特点。1983年联邦德国体育联合会建议出台一个《环保基本原则》，1984年正式颁布实施。这一阶段以市场经济为基本原则，体育场馆设施都是商品。规划体育场馆的原则也有了相应变化：一是保证经济收支平衡；二是考虑公众的体育消费水平；三是顾客的满意程度。由于规划场馆有了新的要求，因此，难度也就加大。在规划修建体育场馆时，首先进行了市场的翔实分析：一是该区域的人口结构、数量、年龄、收入水平、购买力、工作时间、工作方式；二是了解竞争对手，如了解当地旅游业情况，如果旅游业很发达，可能与体育形成很大的竞争。经过调查后，最终明确市场的缺口，应该怎样进行切入？投入多大？三是进行民意调查，其目的是在获取数据、做间接广告、为自己提高知名度的同时通过了解顾客的愿望，达到最佳盈利。

表4-3　实施第三个“黄金计划”后联邦德国体育设施发展情况

设施类型	1985年	1989年
全民健身活动中心	64700个	65132个
儿童游戏场	58000个	59145个
室内游泳池	4100个	4236个
室外游泳池	8600个	9285个
网球场	29200个	29962个
马术场	4900个	5012个
高尔夫球场	130个	145个
壁球馆	3050个	3120个
滑冰馆	246个	289个
射击场馆	2389个	2451个

“黄金计划”是伴随着德国大众体育的发展同步进行的，它代表着政府对整个社会大众体育发展的基本导向。伴随着“黄金计划”的实施，各个体育场所陆续建成，体育场地建成后必然存在一个如何利用问题，为了发展大众体育，这些新建的体育场地的利用率非常高。这些设施主要由学生和社区共同拥有，体育场地一般上午对学生开放，下午、晚上和周末对体育俱乐部开放，收费非常低廉，使大众都能负担，真正做到了为全民健身服务。

“黄金计划”的实施总体上说是相当成功的，使德国的体育设施得到了根本的改善，从而为全民健身的发展奠定了坚实的基础。它的成功可以归纳为以下几点：一是体育人口的显著提高，从而整体上增强了国民体质。它为德国民众提供了锻炼活动的设施、场所，其低廉的收费使大众都能负担。二是大力宣传，使人们从战后信仰无所依从的状态中解脱出来，使人们没有时间思考或不愿思考精神世界的问题，投身到体育世界中去，有助于人们新的价值观念的诞生和培养。三是俱乐部的发展使人们在自己活动的同时更多地参与到团体活动中去，培养了人们的组织能力，形成了很好的团体凝聚力。四是在闲暇时间，人人都有事可做，很好地维护了社会的治安和稳定。五是为竞技体育的进一步发展打下了良好的基础，有利于优秀体育人才在全国的选拔。当然，“黄金计划”也有不足之处：一是资金的短缺，由于计划工程浩大，历时长久，因此，财政经常透支，政府对它的投入已经远远超出预算，而对体育的投资属于公共事业的一部分，这势必会影响到政府对其他公共事业的支出，不利于整个社会公共资源的平均分配。二是大众体育和竞技体育没有放在同一个基点上考虑，大众体育的发展确实会给竞技体育的发展带来好处，但由于20世纪70年代“黄金计划”的热潮，竞技体育被极端弱化和忽视，不利于整个体育整体的发展和规划。

“黄金计划”是德国推动大众体育以来的最重要的里程碑，它对整个欧洲的体育模式都有很大的影响。经过3个“黄金计划”的实施，联邦德国全民健身活动中心及其他社区体育设施数量有了巨大的增加，在硬件设施几乎完备的情况下，要做的就是如何使更多的国民都来利用设施锻炼，使体育锻炼成为人们的生活方式，成为生活中的一部分。体育联合会对此做了大量有效的工作，吸引了民众参加体育活动。从1960年至1989年体育联合会的俱乐部数量及会员数量的逐年增加，至1989年已有将近1/3的人口成为体育联合会会员，由此也可以判断这一时期的确是联邦德国大众体育的“黄金年代”（表4–4）。

表4-4　1960年实施“黄金计划”后联邦德国体育联合会的发展情况

时间	俱乐部数量	成员人数	占人口百分比
1960	29486个	5267627	9.5%
1965	34441个	6831980	11.7%
1970	39201个	10121546	16.7%
1975	44373个	13449905	21.0%
1980	53451个	16624027	27.6%
1985	61514个	19258583	31.4%
1989	66652个	20965422	34.3%

（六）学校体育

学校体育也是联邦德国大众体育的重要组成部分，历来受到政府和社会的高度重视，颁布了一系列专门的规章制度和采取了较多的有效措施来促进学校体育。

1. 政府的高度重视

德国是现代学校体育的发源地。学校体育历来受到政府的高度重视，政府各级部门颁布了一系列规章制度，涉及学校体育的重要性和必要性、学校体育场馆的建设和社会体育俱乐部设施对学校开放等诸多方面。甚至在联邦德国的《基本法》中也有关于学校体育的条规：“每个公民都有通过体育，特别是通过学校体育和群众体育以及旅游来维护自身健康和劳动能力的权利”。具体而言，为保证学校的体育教学需要，政府规定学校要有室内、室外体育场地设施，还规定各体育协会和俱乐部的场地设施上午全部向学校免费开放，私人机构的体育场馆向学校开放，由政府支付租金。由于有政府的重视，有经济做后盾，为发展学校体育事业创造了良好条件。

为了说明学校体育的重要性和必要性，联邦德国教育部从1978年起定期召开“学校体育代表大会”。代表们呼吁体育应该与学校其他学科享有同等的地位，因为学校体育能够让学生更好地发展个性、增加社会交往、体验特殊感受、学会公正、增进健康、丰富闲遐时间、从中选择并发展自己喜欢的课外体育活动项目。

2. 社会的高度重视

以联邦德国体育联合会为首的社会体育组织也十分关注学校体育，提出了许多改进学校体育工作的具体建议，包括体育场馆建设、体育师资培训、体育课课时的设定、课外及校外体育活动等许多方面。例如，1952年体育联合会体育咨询委员会在《关于学校体育的决议》中指出，“我们看到在德国教育事业中一定程度上重智育轻体育，这对德国青少年一代是不利的”。鉴于此，提出如下建议：建造必要的练习场所（体育馆、运动场、游泳池等）；依照学校体育特点培养体育教师；在职业学校开设体育课；保证体育教师的社会与经济地位。可见，1952年的决议中明确了所应达到的目标，但未能令人满意地实施。又如1956年体育联合会体育咨询委员会在《促进学校体育的建议》中指出：“体育属于青少年教育的一部分，如果对体育没有或没有充分地予以关注，那么整个教育就会出问题。体育活动是青少年保持健康所不可缺少的内容”。并对学校体育提出了进一步的要求。这些要求可分为四个方面：一是整个教学计划中体育课的课时要确定。每个年级和不同类型学校有多少周学时数（一般3学时），下午的课外体育活动提供哪些活动内容都应明确。二是体育要有受过专业教育的合适的体育教师。每所公立学校的教师要能够与他的班集体一起进行身体练习。此外，对师范院校的录取条件与教育内容应有此要求。三是资助练习场馆建造，这里主要指如何改造和新建体育设施的方式方法，以满足学校及校外体育活动的要求。对此国家要配给一部分资金。四是学校体育与俱乐部合作。这一巨大规划从50年代已开始。在随后几年的实施过程中又不断得到强化。1966年体育联合会制定的《德国体育宪章》在学校体育上也进一步提出了具体要求。再如1972年体育联合会与文化部长会议、地方单项协会联盟及教育科学部一起制定了《学校体育活动计划》，这一计划是1956年《促进学校体育的建议》的延续。当时的建议在随后的几年中部分得到了实现。例如，普通学校的周体育课学时由2学时增加到2.5学时；巴伐利亚州实施了多内容体育课（21种体育项目）；改善了体育教师现状（学校中体育教师和指导员均是通过国家考试的受过高等教育的专业人员）；增加了课外体育活动等。最后如体育联合会在1985年又与文化部长会议和地方单项协会联盟共同制定了适用期到2000年的《第二个学校体育活动计划》，加大了对学校体育活动实施的力度，特别鼓励学生积极参加课外及校外体育活动。

3. 学校体育概况

联邦德国学校体育主要由体育课、课外及校外体育活动组成。

（1）体育课

体育课是学校体育的主要内容。具体涉及体育教学的目标、大纲、方法、内容、评价以及体育师资等方面。

体育教学的目标概括为培养运动行为能力；通过自身经验，掌握技术技能；维持健康，弥补缺陷；提高安全感，稳定情绪；重视人际交往、社会经验及社会认识；教给孩子利用余暇时间的方法和必要的行动方式。

联邦德国虽然没有全国统一的体育教学大纲，但各州按照自己的需要和学生的实际，制定州的体育教学大纲和实施大纲的教法指导书。州辖市、县和区的学校按照这一大纲的要求，制定本校的教学计划。因而各州的体育课程各有特点，教师执行课程方案有很大的灵活性和自主性，可以自己编定供各年级使用的教材，包括基本要领、简明教法和要求等，学生没有体育课本。

体育教学方法多采用讲解、示范、分组练习、同学间相互帮助、保护，集中讲解，分别辅导等。其特点有三：一是注重运动能力的培养，即对学生各种身体活动能力和素质的培养很重视，有量和强度的要求。而对于技术教学则不太注重，很少有明显的教法步骤，大多数课是教师讲得多，边练边讲，课上练习密度大，很少用停下来专门进行讲解示范的教法。二是体育课没有固定的模式，基本上是按练习的顺序，一个接一个进行教学。一般以强度较小而活跃的游戏开始，以强度较大、轻松愉快的游戏结束。这种课从组织教学的角度看的确很松散，但由于较多采用游戏、竞赛、娱乐的内容和教法，实效较好。三是强调课上利用团体的作用和异性的评价来培养学生良好的社会行为，多数主张男女合班上课。

体育教学内容主要根据学生年龄特点提出不同要求，进行不同安排，突出重点项目，大纲教材具有一定的灵活性。上课时在教师指导下教学内容的设置由易到难，从简到繁，要适合教育规律，并使学生在运动中体验到乐趣，培养克服困难的精神。

体育教学评价主要反映在评价标准、评价手段和评价内容等几个方面。首先是体育教学评价从单一的终结性评价向过程性评价和终结性评价相结合并强调过程性评价的方向发展。其次是体育教学评价强调个体评价，即以个人的进步度来评价学生的体育学习将成为体育教学评价的重点。再次是体育教学评价的方法正日趋多样化，不仅有教师评价，还包括自我评价、学生互评；评价工具也是多种多样的，既有传统的纸笔测验、技术技能测试、健康测验，也有教师观察、口头测验、日志、讨论、角色扮演以及学生档案等方式。这些主客观相结合的评价使体育教学评价更加客观、全面和科学。最后是体育教学评价的内容正日趋多元化，即包括认知、技术技能和情感三方面内容，而不是单一的技术技能考评或健康测验，而情感的评价受到普遍重视。

联邦德国对中小学体育教师要求高，培养特殊。要求高一是能力要求高；二是体育教师的任职规格高。对体育教师的能力要求有以下三点：一是要求体育教师首先必须会上课；二是要精通体育的各项理论，专业面要宽； 三是不仅要会上课，更重要的是要会教育。培养特殊是指要想应聘中小学体育教师这个岗位必须具备两个学位证书，一个是体育学院的学位证书，此外还要修一门其他课程，如数学、外语、物理、化学、历史、地理、宗教等，并拿到该课程的学位证书，必须要获得双学位。另外还必须要到中小学实习两年，由所在学校给出实习鉴定，合格者才能由国家颁发“体育教师资格证书”。一般要经过7年的时间才能获得此证书。因此，体育教师在学校都是担任两门课的教学，也就是说，没有专职的体育教师。仅获得体育学院毕业证书的学生只能到除学校以外的单位中找工作。

归纳起来，联邦德国学校体育有下列几个特点：

一是各联邦州自主性强。作为联邦制的国家，各联邦州享有较大的自主权。在教育方面，教育事业受国家的监督，但在学校体育课程的目标、内容以及与俱乐部的合作等方面，都是由各联邦州自己来制定政策。

二是体育教育呈现多样性。这是由联邦德国普通教育的多样性造成的。其中学有四种不同的类型：重点中学、普通中学、实科中学和综合中学，由于培养目标的不同每种类型的中学对学生教育的要求也不同，这就造成了学校体育课程的内容和要求呈现出多样性。

三是学校体育以运动项目为中心。从20世纪70年代起联邦德国的中小学体育教学即非常重视竞技运动项目的学习，这其中既有1972年慕尼黑奥运会的影响，也有学校体育自身向校外发展的原因。从那时起，其体育教学内容开始以运动项目为单位编制，大量的竞技运动项目进入中小学课堂。

四是重视开发行为能力。从20世纪80年代开始，进一步强调培养运动行为能力，而运动行为能力与个人发展、学习和社会化这些概念都有着密切的联系。狭义的行为能力培养主要指提高学生掌握体育运动技术知识和自我决定参与体育运动的能力，而广义的行为能力则是在日常生活的其他方面所需要的“普通行为能力”。也就是说重视运动行为能力的培养实际上就是重视学生通过体育运动达到社会化的目的。

（2）课外及校外体育活动

联邦德国中小学除体育课外，其余体育活动一般以俱乐部的形式来实施。课外及校外体育锻炼，主要是通过个人自愿参加大众体育俱乐部和学校与体育俱乐部之间的合作来实现。作为学生课外体育锻炼的主要形式，学校与大众体育俱乐部之间的合作体现了俱乐部体制对学校体育的促进作用。活动内容一般有课间锻炼、体育锻炼兴趣小组、学校运动会、校外体育夏（冬）令营等。

（七）大众体育科学研究

联邦德国在广泛开展大众体育活动的同时，十分重视关于大众体育领域的科学研究，其中特别注重以体质监测作为科技工作的重点，常年对国民体育活动状况进行跟踪调查，并建立了体育人口数据库。另外，为使大众科学健身，指导全民健身活动的有效开展，体育科学研究所和运动处方委员会也从事群众体育锻炼的研究。专门的健身运动处方医院和专科，在各个大型康体休闲娱乐场所设有健身运动处方室，人们可以在此进行体质测试或向专业康体医生就有关体育锻炼问题请求咨询。

1. 联邦德国运动医学研究所

1958年，联邦德国运动医学研究所在科隆成立，首任所长为大名鼎鼎的国际运动医学专家霍尔曼教授。他曾担任德国科隆体育大学校长（1969—1971年）、

《运动医学杂志》主编、联邦德国运动医学会主席及国际运动医学联合会主席（1986年）等职务，出版了《运动医学的基本问题》及《老年人的体育与游戏》等10余部专著，涉及的研究领域主要有体育健身、运动训练学、内科预防医学、老年学、心脏病学、康复医学等。

在大众体育研究方面，霍尔曼及其研究团队的主要成果有三点：一是首次使用自行车肺活量测功装置；二是制定出健康人的、中年人的、运动员的以及高血压、心肌梗塞、糖尿病、肥胖病人的各类健身运动处方；三是提出了“有氧耐力锻炼130”的原则，该原则强调运动强度为心率130次/分钟的耐力锻炼，最低负荷要求为每天以心率为180减年龄数（例如 50 岁的人为 180-50=130 次 / 分钟）的负荷强度持续运动10 分钟，或者以同样强度每周运动3次，每次20 ~ 30 分钟。运动形式以简单易行的长跑为主，也可从事自由运动、游泳、滑雪等其他耐力运动。他的这一原则当时为许多国家接受，社会效果显著。

2. 运动处方研究

在具体的运动处方研究上，下列几位德国人也颇有建树。

一是阿肯。他是世界性跑步热的积极倡导者，阿肯于1947年倡导“长距离慢跑”，即健身跑。他对耐力运动进行了大量的研究，提出了利用医疗步行、健身跑防治心脏病和癌症的运动处方。1967年他还创立了“国际老年人长跑协会”，让更多的老年人在健身跑中延年益寿。

二是黑廷格和缪拉。1953年他们首次发表了关于制定运动强度、时间和频率的运动处方论文后，引起了世界各国在医疗体育等各个领域中运动处方的广泛研究，对健身运动处方的兴起起到了积极的作用。

三是肖立赫。他于19世纪50年代创造了一种巡回锻炼法，是最初的一种运动处方模式。该巡回锻炼法以极限体能的50%或70%为运动强度，要求锻炼者按照一定顺序设立的各个锻炼单元连续重复地进行锻炼，并要求不同的运动项目，锻炼的负荷不同。该方法既可发展速度，又可发展耐力和力量，全面锻炼身体，综合运用重复锻炼、间隙锻炼等方法，这些都与后来研究的运动处方原则相符合，所以巡回锻炼法本身就是按运动处方原则制定的一种健身运动处方。更加难能可贵的是，在他的巡回锻炼法中，肖立赫还提出了超量负荷的具体办法，即巡回锻炼一段时间后再测定极限体能，然后继续按极限负荷的50%原则确定负荷。这是首次提出人体运动产生适应性反应后，如何调整运动量和运动负荷的问题，是对运动处方研究取得的突破性的重大进展。

三、联邦德国竞技体育

这一时期的联邦德国竞技体育主要涉及管理体制、运动员培养、教练员培训、参加与举办大型赛事、体育科学研究等几个方面。就运动成绩而言，其大部分体育项目的水平都比较高，而尤以足球、网球、马术、田径、手球、射击、游泳、击剑等项目更为突出。

（一）竞技体育体制

联邦德国竞技体育体制是建立在俱乐部体制的基础之上，从青少年运动员的选材、培养到国家级运动员的管理、训练都通过俱乐部体制来实现。

1. 管理机构

从前述我们已经知道，与体育运动有关的部门、组织被分成两部分：官方机构与非官方机构。在官方的管理机构中，国家层面（内务部）主要负责全国范围内的竞技体育和军队体育等，同时给体育联合会提供经费和政策等各方面的支持；联邦州层面则要全面负责学校体育、竞技体育和群众体育的发展，竞技体育只是其工作内容的一部分；而地区和城市的政府部门（体育局）主要负责的就是场馆建设。因此，并不是所有与体育相关的政府部门都主管竞技体育，而且总的趋势是政府级别越低管得越少。再看非官方机构，竞技体育主要是由联邦德国体育联合会及其下属的各专项协会来管理，体育联合会为管理竞技体育的唯一最高组织。

2. 体制特点

从上面的分析可以看出联邦德国的竞技体育体制包括以下四个特点：

（1）政府主要通过投资建设运动场馆和训练基地以及资助高水平运动员来支持竞技体育，其中很多国家级或州级的训练基地都是与俱乐部相结合或设在俱乐部里，同时可以促进俱乐部的发展。

（2）竞技体育的管理主要通过奥林匹克体育联合会和各专业体育协会来进行。

（3）运动员的职业生涯从俱乐部开始，青少年运动员在参加训练的同时并没有完全失去接受文化教育的机会，其经费来源主要靠政府和俱乐部共同资助。

（4）成年运动员属于某一个俱乐部，在俱乐部或国家训练基地中训练，平时代表俱乐部参加联赛（或比赛），同时代表国家参加国际比赛，由国家、俱乐部和竞技体育基金会共同资助。从这些特点可以看出，一个运动员的成长基本离不开体育俱乐部，而且体育联合会本身就是一个自我管理性质的协会组织，因此联邦德国的竞技体育体制是名副其实的俱乐部体制。

3. 管理员培训

为进一步抓好各级领导和管理干部的培训工作，以提高体育领导和管理水平，体育联合会于1980年成立了体育领导与管理学院。学院的主要任务是分期分批地培训各级体育联合会和专项运动协会以及中型以上体育俱乐部的领导和管理干部，提高他们的业务水平。培训分初训和进修两种，形式有专题讲座、学术讨论会和报告会等，时间最初为两天至一周不等，后来发展为三学期的定期学制，函授和面授相结合，以函授和自学为主，经国家考试合格后，颁发“体育管理学士证书”。

（二）运动员培养

1. 运动员的培养过程

在联邦德国如果要成为职业或国家级运动员，大致要经过四个阶段：

第一阶段是在幼儿园或中小学期间加入一个体育俱乐部，开始接触和尝试体育运动，这是一个必经的过程，而且从此开始就一直属于某一个俱乐部，因此所有运动员的运动生涯都是从俱乐部开始的。这个阶段的体育活动完全是业余性质，不耽误学习，由家长资助。如果没有运动天赋，就一直在俱乐部里进行体育锻炼，成为业余爱好者，这是绝大多数人的情况。

第二阶段如果有运动天赋，被各种形式的选材计划选中，则有两种可能进行更为系统的训练：或者进入各州的训练基地和体校（如田径、游泳等项目），或者进入更好的俱乐部（如足球等项目）。在这个阶段并没有脱离学校教育，因为不管在俱乐部还是在体校训练都不是全天候的，如果因为伤病或其他原因不能继续进行训练，还可以回到学校中继续接受教育，这个阶段的训练经费由州政府和俱乐部来资助。

第三阶段经过一定时间的训练，达到更高水平之后，根据项目的不同，这些运动员或进入国家级训练基地，或进入更高级别的俱乐部。联邦德国一共有221个国家级训练基地，其中夏季项目177个，冬季项目34个。并不是所有的项目都有训练基地，而以田径、游泳、皮划艇、体操、排球和曲棍球、摔跤、赛艇和射击等项目为最多，这些训练基地往往也是和俱乐部相结合或者设在俱乐部里，训练对象为国家级运动员、州级运动员和部分有前途的青少年运动员。无论在哪里训练，这些运动员的身份都属于某一个俱乐部，主要由政府和俱乐部共同来资助。

第四阶段经过更为激烈的竞争，一少部分最优秀的运动员成长为职业选手（如足球、网球等项目）或者国家级运动员（如田径、游泳等项目），进入顶级职业俱乐部或奥林匹克训练基地。联邦德国的奥林匹克训练基地共有20个，主要起管理和指导作用，并没有实际的训练任务，管理对象为国家级运动员，其训练还是在俱乐部或国家训练基地中进行。这些职业或国家级运动员的资助来源主要包括政府、俱乐部和体育援助基金会。

2. 运动员的培养机构

联邦德国运动员的培养机构和组织包括中小学、大学、军队和联赛等，当然各级各类的体育俱乐部在其中也扮演非常重要的角色。

(1) 中小学

中小学与青少年运动员的选拔与培养有着密切的联系，这种联系主要表现在两个方面，即选材和体育专项学校。在选材方面，很多州学校与俱乐部的合作项目中都有关于青少年运动员选材的内容，通过中小学与俱乐部合作来选拔最优秀的青少年运动员进入俱乐部的训练体系。体育专项学校是体校的一种，与寄宿制体校相比，体育专项学校更接近普通的中小学，类似于我国的体育传统学校。

（2）大学

联邦德国的高校中基本没有竞技体育，“高校体育”实际上等同于我国的“大学生课外锻炼”的含义，高校里也没有高水平运动队，但不乏优秀学生运动员（历届奥运代表团中都有优秀大学生运动员）。所以，高校与竞技体育同样有着密切的联系，高等院校有义务为该校的高水平运动员学生提供更灵活、更便利的学习计划，使他们能够在保证训练的基础上顺利完成学业。

（3）军队

联邦国防军非常重视体育运动的开展，从1956年开始体育运动就作为军队整体教育和训练的一部分内容，规定每周必须参加三次体育活动，每年要进行一次身体素质和运动技能的测试，日常开展的项目主要有田径、游泳、滑雪、军事五项和一些球类集体项目如手球、足球等。联邦国防军有体育学校作为体育教育基地，联邦国防大学中还设有体育科学（硕士）专业。为支持军队中竞技体育的开展，1968年联邦议会通过决议，在军队中设立竞技体育发展主管部门竞技体育促进小组，高水平运动员可以作为义务兵或职业军人得到资助，并规定他们的运动训练与服兵役的时间比为7:3，他们的训练由相关的专业体育协会来负责。联邦国防军的竞技体育水平非常高，许多奥运会运动员都是职业军人。

（4）联赛

联赛体系是俱乐部体制存在的基础之一。对于竞技体育来说，联赛除了可以提高与保持运动员的竞技水平之外，还有以下三个方面的作用：首先，各种水平的运动员都可以找到适合自己的比赛机会。在联邦德国无论集体项目还是个人项目都有不同级别的联赛，水平高的运动员参加顶级职业联赛，水平较低的可以参加二级联赛或者地区联赛。无论水平高低，都可以找到合适的参赛机会，得到一定的收入，避免出现水平较低的运动员没有出路的情况。其次，联赛可以增加俱乐部和运动员的收入。无论职业化较完善的项目如足球，还是职业化不完善甚至无法职业化的项目如游泳等，只要有联赛的存在，俱乐部和运动员就可以从中得到一定的收入，在一定程度上保证了竞技体育的可持续发展。最后，联赛可以为退役运动员提供更多的工作岗位。由于各个级别联赛的存在，无论职业俱乐部还是大众俱乐部都需要专职教练人员来提高会员的运动水平，很多教练员都是由退役运动员经过一定的培训之后来担任。以网球为例，全国共有近5000个网球俱乐部，按照每个俱乐部需要两位教练员来粗略估算，就为退役网球运动员提供了近1万个就业岗位。

（三）教练员培训

教练员在运动训练和比赛指导过程中具有重要作用，教练员的综合素质直接关系到一个国家体育整体水平的提高。教练员是训练过程中的控制部分，是决定训练水平的主导因素。教练员的知识和能力对运动训练的成败有着非常重要的作用。有人说“一个国家能培养出多少个世界冠军，首先就在于他们能够拥有多少个具有世界水平的教练员”。那些单凭经验进行训练的教练员已难以使其队员在激烈的国际运动竞争中取得比赛的优胜。

联邦德国是竞技体育强国之一，其中科学的教练员培训体制和高素质的教练员队伍是其竞技体育的重要制胜法宝。

1. 教练员岗位培训等级

联邦德国体育联合会的规章中主要把教练员培训分为4 个等级并有相应的等级证书：C级教练员、B级教练员、A级教练员以及硕士教练员，其中硕士教练员证书是体育联合会最高级别的教练员证书，其培训只有在1974年成立的科隆教练员学院才能举办。另外，各专业协会也有自己的培训，例如，足球协会就有足球教练员的培训，这种培训是紧接着A级教练员的培训，是通向硕士教练员的一个中间阶段。这样在足球协会中教练员被划分为5个等级，即C级教练员、B级教练员、足球教练员、A级教练员、硕士教练员。

可见，联邦德国的教练员岗位培训是把学历教育和非学历性的行业培训形式结合。科隆教练员学院组织的硕士级教练员培训，有利于培养从事在俱乐部工作的专业教练员的科研能力，促进教练员向实践和研究综合型方向发展，并且学历的授予能激发教练员学习动机，提高学习质量。

2. 教练员岗位培训组织结构

联邦德国体育最高组织机构是联邦德国体育联合会，下设11个州体育联合会、54个单项体育协会，其中州体育联合会主要负责教学工作，即培训和进修。因为其不能够独自承担所有的培训任务，所以具体任务交给专项协会。这样州体育联合会和专项协会构成了联邦德国教练员培训的组织者。为了能保证教练员培训的统一性，州体育联合会制定了规章制度，这些规章是各单项体育会培训设置的基础。不同等级的培训以及进修培训由众多的高校和私人培训机构承办，大部分的培训、进修机构都有证书授予。接受培训的教练员可以到不同培训机构或学院参加培训，而培训单位是否具备培训条件和培训资格，则要由联邦德国体育单项协会决定。

显然，联邦德国的教练员培训组织是两层体系合作结构——州体育联合会和专项协会，专项协会在组织进行教练员岗位培训中，被授予更多自主权，具有更多的操作权力，有权决定、选择符合要求的承担培训的机构。这样有利与专项协会根据本项目特点要求更加灵活、有效地发挥实际组织行业培训的作用。在具体的实施上，多机构承办也有利于通过竞争形式促进培训质量提高。

3. 教练员培训课时数量

根据州体育联合会规章，C 级教练员培训必须包括120 课时的培训，而B级教练员培训的课时数量则减少到了60 课时，A 级教练员培训为90课时。每课时单位为45分钟，培训可以选择在傍晚、周末、白天或者是工作日进行。为了达到规定的课时数量，不同的课程形式也可以互相结合。国家教练员岗位培训持续时间短，培训内容更加浓缩，这样在保证了不影响教练员正常工作的情况下，完成培训知识的学习。

从上看到，州体育联合会对各个级别培训的时间做出了明确的规定。不同级别培训时间变化，在一定程度上反映了州体育联合会对培训的认识。初级培训时间安排是3 个级别中最多的，初级上岗教练员一般在基层工作，由于受到训练经验少、工作时间短等方面的限制，需要大量学习全面的基础知识和训练实践能力的培养，因此需要充分的时间安排。而高级教练员一般从事高水平运动员训练工作，对高级教练员的培养必须要保证围绕最先进的训练理念、知识体系和操作能力进行，所以在时间上必须给予必要保证。这样就形成了联邦德国教练员岗位培训时间“两头大，中间小”的结构。

4. 教练员岗位培训考核

州体育联合会的规章规定若要获得第一级证书必须通过实践考核。在B级和A级教练员培训结束后必须通过教学或是口头或是书面考试证明自己的教学能力。州体育联合会没有对未通过考核情况进行规定，把权力交给了各个协会。如果顺利完成证书规定课程的话，就会得到州体育联合会委托各个培训机构颁发的证书。C级证书必须在被培训者年满18周岁后才予以颁发。另外还必须有参加过紧急救护培训班的证明，并且该证明必须是在颁发证书前两年之内取得的。参加B级教练员培训考试者必须年满20岁，A级教练员培训想要获得证书必须年满22岁。

这里之所以在教练员C级考核中要求救护培训证明，是特别强调了对教练员具有紧急救护知识和应对运动中紧急出现的损伤和病症能力。

5. 教练员岗位培训证书有效期及继续教育

教练员在取得州体育联合会颁发的证书后必须要参加进修，其目的在于：一方面是深化所掌握的知识并使其具有实用价值，另一方面可以通过进修延长证书的有效期。州体育联合会详细地规定了证书的有效期，证书有效期延长所需要的进修的课时数量以及接受进修的时间。C级教练员证书有效期4年、B级3年、A级2年。如果证书有效期没有在规定的时间内得以延长，那么州体育联合会建议单项协会采取下面的步骤：每一级证书要想延长3年有效期必须参加15个课时的进修。如果证书已经过期2年或者3年，那么接受进修的时间要加倍到30课时，这样就可以把有效期延长4年。如果证书过期超过4 年的话，那么州体育联合会推荐其参加45课时的重新上岗项目培训，个别情况会建议重新参加培训。只有在证书有效期超过5年的情况下才必须再次完整接受培训。

总之，联邦德国在教练员证书有效期及其延长方面，已经建立了一整套较为系统的规定。包括有效期时间、有效期延长时间、如何延长有效期、超过有效期如何处理等详细的规定，从而更好地使教练员及时补充知识，提高从事训练指导工作的能力。

概况起来，联邦德国教练员岗位培训的成功经验主要有下列几条：

一是教练员岗位培训与学历教育部分结合的模式，在高级教练员中，选取优秀教练员进行专业的硕士学历教育，培养训练研究综合型教练员。

二是明确责权，规范体系，考虑给予单项协会更多的自主权，根据项目特点、具体情况安排进行项目的教练员岗位培训，允许有条件的私人机构，如高水平俱乐部，在条件成熟的情况下承办教练员岗位培训。

三是加强课程的科学化设置，合理安排不同级别教练员培训时间，在保证培训效果的基础上，适当缩短岗位培训时间。提高对初级教练员掌握急救、医学、损伤护理知识的要求。

四是完善教练员岗位培训合格证的管理制度，建立健全以通过延长培训合格证有效期为手段的教练员继续教育和在职培训工作机制。

（四）参加和举办世界大赛概况

第二次世界大战后至1990年德国重新统一，联邦德国参加的世界大赛主要有奥运会、足球世界杯和网球四大联赛等，在这些大赛中取得的成绩基本上能客观反映此期其竞技体育水平。联邦德国举办的赛会主要是1972年的慕尼黑夏季奥运会和1974年的男子足球世界杯等，这在一定程度上也能体现其操办国际大型赛事的能力。

1. 参加奥运会

1948年英国伦敦夏奥会和瑞士圣莫里茨冬奥会，德国、日本因系第二次世界大战策源地，被拒之于奥运会门外。

1952年芬兰赫尔辛基夏奥会和挪威奥斯陆冬奥会时，成立于1951年的民主德国奥委会还未获国际奥委会承认，因此，联邦德国应邀参赛，但205名运动员在夏奥会上与金牌无缘，仅获7枚银牌和17枚铜牌，排奖牌榜第5位。另外，当时属于法国占领区的萨尔地区在1950年成立了“萨尔地区奥委会”，独立组团，派遣36位运动员参加了这届夏奥会，但空手而归。联邦德国在冬奥会中53名运动员出战，获3金、2银、2铜，排奖牌榜第4位。其中，奥斯特勒和尼倍尔的男子双人雪橇冠军是联邦德国队在奥运会上的首枚金牌。

1955年国际奥委会在巴黎召开的第51届全会上，委员们以27：7的票数通过了联邦德国、民主德国必须联合组团才能参加1956年奥运会，否则将暂时取消对联邦德国奥委会的承认的决定。

奥斯特勒和尼倍尔等在男子四人雪橇比赛中

1956年澳大利亚墨尔本夏奥会和意大利科蒂纳丹佩佐冬奥会，两德联合组团参赛，使用有五环标志的黑、红、黄三色旗为团旗，以贝多芬第九交响曲中的“欢乐颂”为团歌。158名运动员在夏奥会上共获6金、13银、7铜，总成绩排奖牌榜第7。其中联邦德国获5金、9银、5铜，排奖牌榜第8位。民主德国获1金、4银、2铜，排奖牌榜第17位。有趣的是民主德国在奥运会上的首枚金牌由业余拳击手倍伦特获得，由于当时两个德国的存在，他同时收到本国总统皮克和联邦德国总统赫斯的贺电。另外，因牲口入境检疫问题，马术比赛改在瑞典斯德哥尔摩举行，成为奥运会史上唯一分在两个洲举办的奥运会。仅有11个国

赖歇特在1956年冬奥会上获冠军

家参加的马术比赛成绩也另有奖牌榜，德国联队以2金、3银、1铜占奖牌榜首位。在冬奥会中，62名德国联队运动员中仅赖歇特夺得大回转障碍赛的第1名，排金牌榜第9位。

1960年罗马夏奥会和美国斯阔谷冬奥会，两个德国仍以德国联队名义参加。在夏奥会上，参赛运动员为293人，是人数最多的代表团之一，德国联队共获11金、19银、9铜，总成绩排奖牌榜第4位。其中联邦德国获9金、10银、4铜，排奖牌榜第4位；民主德国获2金、9银、5铜，排奖牌榜第10位。在冬奥会中，由74位运动员组成的德国联队成绩出色，获4金、3银、1铜，排名上升到第2位。

1964年日本东京夏奥会和奥地利因斯布鲁克冬奥会，在夏奥会上，德国联队选派336名运动员参赛，获10金、19银、16铜，排奖牌榜第4位。其中联邦德国获7金、11银、13铜，排奖牌榜第3位；民主德国获3金、8银、3铜，排奖牌榜第12位。在冬奥会中，德国联队96名运动员中最有趣的是德国获男女双人滑亚军的基利乌斯与博伊姆勒，据查在赛前曾参加过职业性冰上轻歌舞剧演出，已违反了国际奥委会“业余”的有关条款，于1966年被追回银牌。德国联队最后获金、银、铜各3枚，排奖牌榜第6位。

1965年，民主德国奥委会终于获得国际奥委会中的独立会员国席位，因此，从1968年法国格勒诺布尔冬奥会起，两个德国均单独组团参赛。

第10届冬季奥林匹克运动会于1968年2月6日至18日在法国格勒诺布尔举行。联邦德国选派87名运动员参赛，获2金、2银、3铜，排奖牌榜第8位；在同年举行的墨西哥夏奥会上，联邦德国选派275名运动员参赛，获5金、11银、 10铜，排奖牌榜第8位。

第11届冬季奥林匹克运动会于1972年2月3日至13日在日本扎幌举行。联邦德国选派78名运动员参赛，获3金、1银、1铜，排奖牌榜第6位；在同年举行的慕尼黑夏奥会上，联邦德国选派423名运动员参赛，获13金、11银、 16铜，排奖牌榜第4位。其中女子选手罗森达尔获跳远和4×100米接力两枚金牌，另在五项全能赛中得了银牌，成为本届获奖牌最多的运动员之一。女子田径比赛中另一引人注目的明星是乌尔里希·迈法特，她在跳高比赛中获胜，成绩为1.92米，平世界纪录，当时她年仅16岁，是田径史上获奥运会跳高金牌最年轻的选手，而12年后她越过2.02米又获金牌，以28岁“高龄”成为获该项目当时最老的奥运金牌选手。另外，女骑手林森霍夫在盛装舞步骑术个人赛中技压群“雄”，成为在这个男女混合项目中首次获奥运会金牌的女选手。

第12届冬季奥林匹克运动会于1976年2月4日至15日在奥地利因斯布鲁克举行。联邦德国选派71名运动员参赛，获2金、2银、3铜，排奖牌榜第5位，其中滑雪运动员米特迈尔一人获得2金1银；在同年举行的蒙特利尔夏奥会上，联邦德国选派290名运动员参赛，获11金、12银、17铜，排奖牌榜第4位。

迈法特在1984年奥运会跳高比赛中

第13届冬季奥林匹克运动会于1980年2月13日至24日在美国普莱西德湖举行。联邦德国选派80名运动员参赛，仅获2银、3铜，排奖牌榜第12位；以苏联入侵阿富汗为由，联邦德国抵制了同年在莫斯科举行的夏奥会。

第14届冬季奥林匹克运动会于1984年2月8日至19日，在前南斯拉夫的萨拉热窝举行。联邦德国选派84名运动员参赛，获2金、1银、1铜，排奖牌榜第8位；在同年举行的美国洛杉矶夏奥会上，联邦德国选派390名运动员参赛，获17金、19银、 23铜，排奖牌榜第3位，其中游泳运动员格罗斯获2金2银，成绩最为突出。

格罗斯在1984年奥运会100米蝶泳比赛中

第15届冬季奥运会于1988年2月13日至28日在加拿大卡尔加里举行。联邦德国选派90名运动员参赛，获2金、4银、2铜，排奖牌榜第8位；在同年举行的韩国首尔夏奥会上，联邦德国选派347运动员参赛，获11金、14银、 15铜，排奖牌榜第5位。其中，人称“盛装舞步之王”的马术运动员克利姆克以52岁高龄摘得其第6枚奥运金牌，从1960年参加罗马奥运会开始，他一共摘得6金2铜，是奥运会历史上获得马术比赛奖牌最多的运动员，也是联邦德国奥运代表团获奖牌最多的运动员。这一纪录直到2000年被皮划艇运动员菲舍尔的7金3银打破。

归纳起来，从1968年至1988年，联邦德国参加了6届夏季奥运会和7届冬季奥运会。其夏季奥运会奖牌榜排名基本保持在第4至第5名，始终没有真正进入第一集团，只有1984年因为苏联等社会主义国家抵制洛杉矶奥运会才获得第3名。冬季奥运会的排名更差一些，大概在第5至第8名，因此，联邦德国在奥运会上的成绩只能用较好来形容 。

2. 参加男子足球世界杯

联邦德国虽然在奥运会上的成绩差强人意，但以足球为代表的球类集体项目水平却较高， 其男子国家足球队被誉为世界上最成功的国家足球队之一，从1954年开始从未缺席过世界杯决赛圈，并曾经3次夺得世界杯冠军（1954年、1974年和1990年），3次世界杯亚军（1966年、1982年和1986年），以及世界杯季军（1970年）、殿军（1958年）、第6名（1978年）、第7名（1962年）各1次，是1990年前与巴西及意大利均三夺世界杯冠军的球队之一，真可谓战绩辉煌。而其球星无论数量还是质量在世界足坛都属首屈一指，金球奖和金靴奖两大足坛顶级荣誉无论获奖数量还是得奖人数都为世界足球历史之最！源源不断的球星就是德国足球强大的保证。虽然他们有的是巨星，但是不会过于依赖巨星，足球是11个人的集体运动，无论再强大的球星个体也要团队协同作战。一直以来德国队凭借扎实的足球根基，先进的技战术打法，严明的战术纪律以及日耳曼人与生俱来钢铁般的意志在欧洲乃至世界赛场上取得了骄人的战绩，并获“德国战车”的美誉。

（1）1954年的“伯尔尼奇迹”

1954年6月16日至7月4日，第5届世界杯足球赛在瑞士伯尔尼、日内瓦、苏黎世等6城市举行。本届杯赛的最大夺冠热门毫无疑问是匈牙利队，而赛前并不被看好的同样具有强劲实力的联邦德国队和他们分在了同一个小组。

世界杯开赛后，已4年保持不败的匈牙利表现出强大的实力，9：0胜韩国、8：3胜联邦德国，轻松从小组出线。在通往决赛的道路上，匈牙利以4：2的相同比分连克南美双雄巴西和乌拉圭。然而小组赛上3：8惨败给匈牙利的德国人也在挺进，在四分之一决赛中，他们2：0击败南斯拉夫、半决赛6：1横扫奥地利。在决赛中站在匈牙利人面前的又是联邦德国队。

1954年7月4日，在伯尔尼进行决赛，匈牙利队在开场10分钟后就以2：0领先，这与人们的设想一致。但是顽强的德国人在关键时刻显示出了日耳曼民族独有的坚强意志。他们在著名的“伞兵队长”瓦尔特和传奇射手拉恩的率领下，积极组织有效的反击，连追两球后拉恩在第84分钟的第三粒进球为联邦德国队锁定胜局，最终以3：2反超对手获得冠军。从小组赛的3：8到决赛的3：2，从开局不利的0：2到全场结束的3：2，联邦德国队不可思议地翻身而起打倒了匈牙利巨人，创造了世界杯历史上最神奇的决赛，并为德国人开创了世界杯的新时代。

当时联邦德国正处在战后重建的艰苦日子里，夺得世界杯极大地鼓舞了在第二次世界大战中民族心理受到重创的德国人的信心。

联邦德国队在本届杯赛中的传奇故事已经被拍成了电影，影片的名字就是《伯尔尼奇迹》。

（2）1974年的“新大力神杯”

第10届世界杯足球赛决赛于1974年6月13日至7月7日在联邦德国慕尼黑等城市举行。

经过第一阶段小组赛的狂轰滥炸，各组前两名出线进入8强。荷兰、巴西、民主德国、阿根廷分在甲组，联邦德国、波兰、瑞典和南斯拉夫分在乙组。8支球队都奋力拼杀，以期得到小组第一获得决赛权。

贝肯鲍尔高举大力神杯

第二阶段的分组循环赛中，凌厉的荷兰队以4：0将南美劲旅阿根廷打得狼狈不堪，在以2：0轻松战胜民主德国队后，又以2：0将上届冠军巴西队打发回国，致使曾经极度辉煌的巴西队员回国时遭受球迷黑色棺木的“款待”。在另一小组的比赛中，20世纪70年代欧洲足坛的王者由“足球皇帝”贝肯鲍尔领衔的联邦德国队凭着雄厚的实力一路势如破竹杀退南斯拉夫、瑞典、波兰队的侵犯，也顺风顺水地来到决赛场。季军赛波兰队1：0小胜巴西，获得第3名。

1974年7月7日下午4时，令人窒息的决赛开始了。紧张的气氛竟然使工作人员忘了插角旗。一开场，荷兰队员经过眼花缭乱的16次配合之后将球传到克鲁伊夫脚下，只见这位荷兰飞人带球接连盘过德国队几名队员闯入禁区，正要起脚射门，被德国队的霍内斯绊倒，英国裁判毫不犹豫地判罚点球，荷兰队前卫内斯肯斯一蹴而就。此时离比赛开始才55秒，创造了世界杯赛史上最快进球纪录。荷兰队抢开局打了德国队一个措手不及，更令人吃惊的是德国队员竟然连球都没碰到过。但是，拥有强大实力和反败为胜“光荣传统”的德国队并不惊慌，继续严谨有序地进行比赛，场上胜负天平开始逆转。25分钟时，德国队也用突破获得一次点球良机，由布赖特纳操刀命中，还以颜色。43分钟时，德国队的射门机器穆勒在12米处得球后转身射门，足球擦柱而入2：1！先失一球不到30分钟就将比分反超，这就是德国队王者实力的体现。下半场，比分落后的荷兰队破釜沉舟地展开全线反扑，但德国队员们众志成城稳守反击，保住了胜果，第二次捧得金光闪闪的世界杯。终场哨响，慕尼黑体育场像火山一般爆发了，吼声响彻云霄。人们通宵达旦地庆祝，啤酒销量直线上升。

由于1970年杯赛中巴西队第三次夺冠永久占有了雷米特杯，所以国际足联不得不新铸造了一只流动的国际足联世界杯，俗称“大力神杯”。联邦德国队也成为了世界杯新奖杯——大力神杯的第一任主人。

（3）1990年的“意大利之夏”

第14届世界杯足球赛决赛于1990年6月9日至7月8日在意大利举行。足球王国意大利成为第一个举办过两届杯赛的欧洲国家。24支球队经过两年的厮杀来到亚平宁半岛。

在马拉多纳的率领下，阿根廷队跌跌撞撞闯入决赛。

联邦德国队在主教练“足球皇帝”贝肯鲍尔的率领下，以三驾马车马特乌斯、布雷默和克林斯曼为核心的德国战车所向披靡，先后战胜南斯拉夫（4∶1）、荷兰（2∶1）、捷克斯洛伐克（1∶0）和英格兰（120分钟1∶1，点球4∶3），闯入最后决赛。

德国球员高举1990年足球世界杯

1990年7月8日，在罗马奥林匹克体育场，上届世界杯的决赛场面再度重演，决赛的双方仍然是联邦德国队和阿根廷队。但此时的阿根廷队已无1986年的辉煌，马拉多纳独木难以擎天。

上半时双方毫无建树，下半时沃勒尔带球冲入禁区，阿根廷后卫将他绊倒，德国队获得点球并由布雷默操刀命中，联邦德国队1∶0复仇阿根廷，第三次夺冠。

3. 参加其他球类集体项目

除足球外，联邦德国曲棍球和手球等球类集体项目水平也较高，联邦德国男子和女子曲棍球队在1990年之前参加的世界杯比赛中分别有4次和6次获得前3名；其中男子手球获得世锦赛冠军和亚军各1次。

4. 参加网球职业联赛

网球职业联赛最主要的是网球四大满贯赛事，即澳大利亚网球公开赛、法国网球公开赛、温布尔登网球锦标赛和美国网球公开赛。在这些大赛中，以鲍里斯·贝克尔和施特菲·格拉芙为代表的联邦德国运动员取得过无数骄人的战绩，缔造了德国网球传奇。

（1）贝克尔

贝克尔，外号叫德国金童。1984年进入网球职业联赛，1985年他17岁时就夺得温布尔登网球锦标赛（成年组）男单冠军，一度成为最年轻大满贯成年组男单冠军，从此开始了贝克尔的夺冠生涯。他共获得6个大满贯单打冠军（1985年、

1986年和1989年温布尔登，1989年美网和1991年、1996年澳网），以及1992年巴塞罗那奥运会男双金牌得主。1991年他曾登上世界排名第一位。贝克尔生涯共夺49个单打冠军和15个双打冠军。此外，1988年他带领德国队获得了第一个戴维斯杯网球赛的冠军，1989年他亦曾协助德国夺得世界团体杯冠军。1999年退役的贝克尔，在2003年被收录入国际网球名人堂。现在，贝克尔依然从事着他深爱的网球事业，他在德国网球协会中发挥着重要的作用，培养更多的网坛新星。

（2）格拉芙

格拉芙是德国最优秀的女子体育人物之一，也是世界网球历史上最成功的女选手之一。1982年，13岁的格拉芙开始进入职业比赛。1984年，15岁的格拉芙获得奥运网球表演赛的冠军，到1987年，她已经成为排名世界第一的女子网球运动员。1987年8月17日到1991年3月10日，格拉芙连续186周排名世界网球女子运动员第一。1988年奥运会开幕前的一周，格拉芙已经夺得法网、温网及美网的冠军，成为历史上第5位夺取大满贯的运动员。在汉城赛场上，她荣获职业运动员参加奥运会的首个网球女子单打冠军，因此，在1988年创下整个网球运动史上、所有男女选手当中至今唯一的年度金满贯。

格拉芙在1988年奥运会的网球比赛中

格拉芙在各种类型的场地上都能发挥稳定，这在网球界非常罕见。格拉芙在整个职业生涯中共获得22次大满贯赛事冠军（澳网4次，法网6次，温网7次，美网5次）。

此外，施特菲·格拉芙也非常具有女性魅力，属于网球界的偶像派与实力派的结合。

在1999年6月5日的法网决赛中，格拉芙与辛吉斯向球迷奉献了一场精彩的两代网球女王大战，最后，格拉芙获得了胜利，这也是她职业生涯中最后一个大满贯赛事冠军。同年8月13日，格拉芙宣布退役。

5. 举办奥运会

联邦德国在1972年举办了第20届夏季奥运会。

（1）申办与筹备

1966年4月26日，国际奥委会在罗马召开的第64届全会上，联邦德国慕尼黑赢得了第20届夏季奥运会主办权。这是自1960年罗马奥运会12年后夏季奥运会再次回到欧洲举行。

慕尼黑是联邦德国巴伐利亚州的首府，优美而宁静，到处可见博物馆和音乐厅，但缺乏现代化体育设施。为了使奥运会顺利进行，筹委会花了6亿多美元，兴建了一个体育建筑群，其中包括一个可容8万观众的运动场，可供1.5万名运动员住宿的奥运村，一个有1万座席的游泳馆和1.3万座位的赛车场等，设施都很先进。主体育场奥林匹克运动场别具一格，有一个半透明帐篷形顶棚，可使观众避免日晒雨淋。不少场馆的顶棚还是活动的，可以上下升降。如排球馆，原建高度为10米，因不符合国际排联关于馆高不得低于12.5米的规定，便临时升高了馆顶，运动会后又把它降到了原来的高度。田径场下面25厘米深处铺设了管道，冷天可注入热水，增加场地的温度。成绩检验使用了先进的电子计时器和有"投掷运动员魔镜"之称的激光测距仪。这些设备的特点是准确（如计时精度可达千分之一秒）、快速（几秒钟内可报告成绩）和自动化。其优点是传统测量工具无法比拟的。无怪乎人们称慕尼黑奥运会是跑表、皮尺时代的结束。

慕尼黑对这次新闻报道也很重视，进行了大量投资，设置了新闻中心、电视大楼、广播大楼，设备完善且先进。新闻中心有3台电子计算机，能提供5亿条资料，回答记者提出的各种各样的问题。还有63种不同键盘的打字机，供数千名记者使用。另有12台闭路电视机供记者观看各个现场比赛的实况。在太平洋、大西洋上空还设置了4个卫星转播站，几十个国家可收到大会实况转播。

（2）火炬传递与开闭幕式

1972年8月26日下午3时，大会举行了开幕式。联邦德国奥委会主席道默致欢迎词，布伦戴奇用德语发表了他在奥运会上的最后一次讲话，然后由联邦德国总统海涅曼正式宣布大会开幕。本届奥运会圣火于7月28日在希腊奥林匹亚点燃，后由5976名运动员接力传递，经过29天零7小时传送到慕尼黑。在大会开幕式上，由1500米跑世界青年冠军冈特尔·扎恩点燃了火炬台。东道主的田径选手海蒂·舒勒尔代表运动员进行了宣誓。而代表裁判员宣誓的是联邦德国的马术裁判员海因茨·波雷。

（3）吉祥物

1972年慕尼黑奥运会首次以动物作为标志，设计了一只小猎狗。自此以后，各种运动会竞相效仿，奥运会更是形成传统。1976年蒙特利尔时是海獭，1980年莫斯科时是北极熊，1984年则是一只有点滑稽、惹人喜爱的奥林匹克山姆鹰。

（4）"慕尼黑大血案"

1972年9月5日，发生了震惊世界的"慕尼黑大血案"。8名全副武装的巴勒斯坦"黑九月"恐怖分子趁着漆黑的夜色，突然闯入奥运村以色列代表团驻地。以色列举重教练员约瑟夫·罗曼被击毙而倒在血泊中。恐怖分子劫持了以色列9名运动员和2名教练员作为人质，提出在上午9点前，释放关押在以色列监狱的256名巴勒斯坦政治犯的要求。以色列政府拒绝了释放政治犯的要求，但同意考虑埃及将人质转移到开罗再进行谈判的建议。与此同时，国际奥委会也授权国际奥委会埃及委员艾哈迈德·图尼与恐怖分子谈判：在释放人质条件下，保证恐怖分子安全离境，并支付他们巨额资金。但遭到拒绝。晚10时许，联邦德国同意"黑九月"的撤离要求，用直升飞机将恐怖分子和人质运往斯滕费尔德布鲁机场，然后转机离境。警方原拟乘换机之机，营救人质，但未成功，9名人质全部丧生。8名恐怖分子也被击毙。联邦德国在这次营救中也牺牲了一名警察和一名飞行员。

奥运会降半旗

在象征和平的奥运会上，发生这样的流血事件，令人痛心。慕尼黑奥运会被迫停办一天，慕尼黑体育场变成了有8万人参加的追悼会场。原拟9月10日闭幕的奥运会，延期至9月11日，大赛参与国一律降半旗，这在奥运会历史上还是首次。“慕尼黑大血案”作为奥运会上恐怖的一页，被永远载入奥运会史册，并促使以后的奥运会主办国加强了安全警卫工作。

6. 举办足球世界杯

1974年的世界杯在没开始之前就成为媒体关注的焦点，因为在两年之前的奥运会上，有11名以色列选手遇害。在国际足联公布第10届世界杯举办地之后，联邦德国方面向全世界承诺安全没有任何问题。而有意思的是在联邦德国世界杯开始之前，国际足联进行了换届选举，结果巴西人阿维兰热成为第一位来自非欧洲的国际足联主席。

1974年6月13日至7月7日第10届世界杯在联邦德国进行，也是在德国举行的第一次世界杯，有幸参加决赛的16个队是南斯拉夫、苏格兰、荷兰、瑞典、保加利亚、波兰、意大利、乌拉圭、阿根廷、海地、扎伊尔（刚果曾用名）、澳大利亚、巴西、智利，以及民主德国和东道主联邦德国。

本届世界杯规则较之以往有了不少的改变。决赛阶段比赛一共分成三个阶段，首先16支参赛球队分成4个小组，每个小组进行单循环比赛。小组前两名，也就是8支球队晋级。

随后这8支球队再分成两个小组进行单循环比赛。每个小组的第1名晋级决赛，第2名则参加三四名决赛。值得注意的是在本届世界杯上，国际足联首次采用净胜球方式，用来区分相同积分情况下两队的排名。所以国际足联官方网站表示，第10届世界杯对于此后世界杯的发展，起到了关键作用。

在本届世界杯上，荷兰与东道主德国的表现非常突出，结果两支球队晋级决赛。决赛中，双方展开了一场世纪之战，结果荷兰在先进一球的情况下遭到逆转。最终联邦德国队获得第10届世界杯冠军。

在本届世界杯上，创立了“自由人”战术。贝肯鲍尔将这一战术发挥得淋漓尽致，充分展示了“自由人”的魅力，开启了真正意义上的现代足球时代。

本届世界杯德国前锋穆勒攻入4球，将个人在世界杯的总进球数提高到14个，从而超过法国射手方丹的13球纪录，这一纪录直到2006年才由罗纳尔多以15

球打破，2014年德国的后辈克洛泽又以16球成为世界杯新的射手王。但两位后生面对穆勒13场比赛打入14球的进球效率却只能望洋兴叹。

（五）联邦德国体育最高奖项

“银月桂叶”是联邦德国最高级别的全国性体育奖项，于1950年6月25日由当时的联邦总统特奥多尔·豪斯首次颁发。然而相关的称谓、奖章和勋衔规则直至1957年7月26日才制定，并自1964年3月24日由后任联邦总统海因里希·吕布克确立。

为了突出这一奖项的价值，获奖者的基本表现需要通过一系列严格的评定审核。仅有一项高水准的体育表现基本上是不够的，其表现还需要反映出个人态度和品格的模范性。在奥运会、听障奥运会和残奥会获得奖牌的运动员是一个例外，他们即便仅有一项个别的体育成就亦可有机会获颁银月桂叶。

银月桂叶奖章为一个银质的月桂叶徽章（女性为胸针），特殊版本维持原状，但采用更大的格式。银月桂叶徽章或胸针应佩戴于西装或套裙的左襟。此外，奖章还附有一个配备绶带的精简版本，其绶带采用与奥林匹克五环一致的色调（蓝、黄、黑、绿、红）。

个体获奖者可以得到一枚月桂叶徽章（胸针）、一张获奖证书和一个放大版的月桂叶比例模型。其中放大版的模型采用不可佩戴设计。该方案在1980年11月28日起采用的新规则中被摈弃，自此获奖者仍可得到一份获奖证书，但已无放大版的模型。

通过团队表现而获奖的队伍或俱乐部可以得到一枚特殊版本（加大）的银月桂叶徽章。其中表现优异的成员还可以另外得到一枚原始大小的徽章连同获奖证书。此外，没有个别成员奖励的团队仍可得到一个放大版的展示模型。

被授予银月桂叶奖章的个人或团队需要先由德国体育联合会主席向联邦总统提名，随后由联邦总统交付德国联邦内政部负责该项运动的分支机构进行审核，并最终由德国联邦内政部长根据德意志联邦共和国基本法第58条签署生效。在一般情况下，银月桂叶奖章由联邦内政部长进行颁发，只有在特定条件下才由联邦总统亲自颁发。

1950年6月25日，马术运动员弗里茨·蒂德曼和1950年德国足球冠军得主斯图加特足球俱乐部分别成为首位获颁银月桂叶的个人及团体；网球运动员英格·波曼则在1950年7月2日成为首位获奖的女性。

由于银月桂叶奖项只能颁发一次，但是已经得到这一荣誉的运动员仍可以在后续的颁奖仪式中被再次授予专门特制的银月桂叶徽章。因此，1954年世界杯冠军队成员、被认为是德国足球史上首位传奇巨星及领袖人物弗里茨·瓦尔特和手球运动员埃尔哈德·伍德里希均拥有3枚银月桂叶徽章。曾参与过1974年世界杯的联邦德国国家足球队连同其主教练赫尔穆特·舍恩也曾获颁银月桂叶。

（六）体育科学研究

联邦德国不仅在大众体育和竞技体育上享有盛誉，而且在体育科学研究上也处于世界前茅。其体育运动水平能同美国、苏联等大国相抗衡，并在许多项目上名列前茅，体育科学研究起了很大作用。

1. 体育科学研究管理

联邦德国的体育科学研究主要由联邦体育科研所进行管理，该所建立于1970年，设在紧靠德国科隆体育大学和教练员学院的地方，十分有利于同这两个学校合作。该所从宏观上把握全国的体育科学研究方向，并向全国各体育科研组织提供当前应研究的重点。当然，在科隆体育大学和其他大学体育学院系中也开展各种体育科学研究和培养体育科技高级人才。如卡尔斯鲁厄大学体育学院、海德堡大学体育学院、弗莱堡大学体育学院、哥廷根大学体育学院等，这些大学中的体育学院都在从医学、工程、心理学领域为整个德国的体育科研贡献着力量。

联邦体科所的主要任务有5个方面：

① 通过规划、计划、协调以及资助重点研究课题，评定和推广研究成果，促进体育领域，特别是医学、教育学、心理学、社会学、训练学和运动学等方面的科学研究。

② 在向发展中国家提供体育科学援助方面对政府承担咨询责任。

③ 配合国家级体育设施的规划、设计和建设，发展现代体育设施，促进、协调和资助体育设施方面的研究并评定和推广这方面的科研成果。

④ 起全国性体育文献和情报中心的作用。

⑤ 协调和帮助全国的体育科研，制定出体育科研的重点纲要，引导全国的科研工作。

2. 体育科学研究特点

① 分散和集中相结合。由于联邦德国的体育管理组织不集中、不统一，各成体系，使得科研项目也较分散，但国家体育科研所仍从宏观上对科研进行管理。

② 重视社会科学、自然科学等基础领域的研究，使科研的内容广泛涉及与体育运动有关的各方面。

③ 运动医学研究是国家体育科研的重点，对运动员的医务监督包括运动医学检查、咨询、治疗恢复和康复等方面。

④ 为优秀运动员提供有效的科技服务。如心理训练，控制训练，以及生物学方面的研究等，以确保在国际比赛中取得优异成绩。

3. 体育科学研究奖励

为了提倡和鼓励体育科学研究，体育联合会设立了卡尔·迪姆体育科学奖金，每两年颁发一次，以奖励优秀德文体育科学著作，主要对象是体育科学新生力量。

4. 体育科学研究成果

联邦德国在运动训练学、运动医学、体育哲学、体育史学和体育教育学等领域的研究可以说硕果累累。

（1）运动训练学

20世纪50年代初，对运动训练方法和规律的研究引起了体育学者的重视。具有影响的研究成果当属缪勒尔和赫廷格尔等人关于肌肉对抗练习法的研制，这一练习法为运动训练提供了有效的辅助练习形式。这种练习的原理在于：肌肉处于非运动状态时的对抗或静态收缩，会产生紧张，这种紧张可以增强运动员体力，使受创肌肉恢复正常功能。

1961年鲍勃·霍夫曼提出的“等长性练习”，要求运动员用力时用静止的肌肉收缩方式来发展肌肉功率。这种新的理论是对50年代肌肉对抗练习法的进一步发展。

20世纪60年代莱恩戴尔等人对“间歇训练法”的研究也值得一提。他们在“间歇训练法”的创始人德国的格施勒的研究基础上对该训练法进行了实验和总结，使之在理论上更加完善，成为一个对田径中长距离项目的训练以及成绩的提高具有重要指导和推动作用的训练方法。

1970年成立的联邦体育科研所将运动训练学列为了研究的重点。连续多年举办了关于运动技术训练的全国性学术会议。陆续出版了一些运动训练学的专著，从而使训练学作为体育科学系统中的一门独立学科确立下来，逐步形成了自己的理论体系。

1977年，马丁对运动训练的经验和理论进行了总结，出版了联邦德国第1部训练学专著《训练学基础》，它的问世标志着训练学学科在联邦德国的正式建立。联邦德国体育最高学府德国科隆体育大学也于1979年组建了“一般训练学与体育教学法研究所”（1980年改称“一般训练学研究所”，1985年又改为现在的“运动与训练学研究所”），训练学开始成为大学本科教学的一门独立课程。随后该学科在联邦德国的发展可谓硕果累累，特别是联邦德国学者充分认识到力量是各项素质的基础，是取得优异成绩的关键，因此对力量训练研究给予高度重视。他们不仅建立了国家级的力量专门研究机构——“联邦力量研究所”，而且先后涌现出一批诸如葛欧瑟、卡尔、莱奈尔茨、比勒、施密特布莱希尔和高豪夫等以力量训练为主要研究领域的世界级著名学者。

进入20世纪80年代后，训练学研究得到了长足的进步。威奈克和葛欧瑟先后出版了《最优化训练》（1980年）和《技术训练》（1982年），它们不仅丰富了训练学的理论，而且推动了训练学学科的发展。另外，施密特布莱希尔和高豪夫开始对“反射力量”的机制及训练进行了系统研究，取得了显著成果。他们运用高速摄影机、三维测力台和肌电图仪测试了运动员与非运动员在不同高度的跳深动作，得出了“跳深前肌肉的预兴奋程度与训练水平密切相关”的结论，同时还建立了不同训练水平的“力—时间—曲线”和肌电模型。这些研究成果被认为是关于“反射力量”训练的一大突破性成果，引起了训练学界的广泛重视。

（2）运动医学

在运动医学的研究上，联邦德国也处于世界领先地位，其中由霍尔曼教授领导的血液循环和运动医学研究所等在国内外享有盛名。特别是联邦德国还对参加奥运会和重大国际比赛的优秀运动员实行医务监督。比如参加1984年美国洛杉矶奥运会的联邦德国代表团中就有38人组成的医务监督组，不但人数多，而且水平也很高，在参加奥运会的各国代表团中是少见的。

（3）运动生物力学

由鲍曼教授领导的运动生物力学研究所是世界著名体育研究所之一，20世纪70年代起即实现了运动生物力学测试仪器系列化，将电子计算机和高速摄影机用于运动研究和训练。这使运动生物力学研究有了突飞猛进的发展，运动生物力学在运动实践中的应用日益广泛。

（4）体育哲学

为加强体育哲学的教学和研究，联邦德国自1982年起，把体育哲学列为体育科研重点规划大纲的内容，提出了体育哲学11个方面的研究课题，并在体育院校中开设了体育哲学课程。

（5）体育史学

作为最早开展体育史学研究的国家，联邦德国体育史学研究的领域和专题十分广泛，主要涉及“第三帝国”体育、工人体育、妇女体育、民主德国体育、东方体育、美洲体育及奥林匹克运动等。代表作有贝内特的《体育的基本形态》（1965年）与《纳粹体育》（1966年），瓦格纳尔的《人道主义—军国主义—体育》（1959年），克里克伯尔格的《古代墨西哥文化》（1956年），迪姆的《世界体育史》（1960年），拉戈的《中国体育的过去和现在》（1977年），俞柏霍斯特的《从雅典到慕尼黑》（1969年）及其主编出版的6卷本《体育史》（1972年—1989年）等。其中6卷本《体育史》是一套为了“摆脱心胸狭隘和偏见，从广阔的视野出发去探讨古今和东西方的体育”实行“学术批评”的，并由包括中国、日本等多国学者通力合作编写的世界体育史。该书的价值在于，20 世纪末德国人终于尝试着用新的世界体育史研究的理论思维、新的世界体育史观来研究世界体育史，从而完成了这本至今为止由德国人主编出版的、严格意义上较为客观全面的“世界体育史”。

（6）体育教育学

20世纪60年代末至70年代初，联邦德国体育科学体系的研究有了新的发展，“体育教育学”的研究逐步兴起，“德国体育教育学之父”格鲁普，首次正式提出了“体育教育学”这一概念。1969年，他编著的《体育教育学基础：体育中的身体，运动与经验》一书出版，这是西方第一本体育教育学著作。随后，体育教育学的研究开始得到欧美体育学术界的关注。1975年9月29日至10月3日在联邦德国召开了首次国际体育教育学专题讨论会。到20世纪70年代后期，体育教育学已发展成为联邦德国体育科学体系内的一个分支学科，其研究的重点是优秀运动员的选材与培养、成绩因素的分析、教学模式的分析与发展、学习目标的确定、教学内容的更新以及提高方法的发展与检查等。

（7）场地器材学

德国体育运动器械与设备标准化活动始于70年代。1971年2月，德国标准化学会成立体育与休闲器械标准委员会，其任务是致力于休闲运动、体育训练竞赛及休养使用的体育运动器械、设备、装备的标准化，并代表德国参加国际和欧洲标准化活动。该委员会下设7个专业部和32个工作委员会，7个专业部是：“体操运动器械”“野营”“冬季运动”“体育保护设备”“水上运动及充气娱乐设备”“自行车”和“休闲运动设备”。体育与休闲器械标准委员会制定的产品标准和安全标准许多作为国际和欧洲标准采用。

第三节 民主德国体育

1945年5月8日，纳粹德国战败投降。战后，根据雅尔塔会议和波茨坦公告，德国分别由美国、英国、法国和苏联四国占领，其中东部的苏占区于10月7日成立了德意志民主共和国（简称民主德国）。民主德国实行社会主义制度和计划经济体制。在冷战时期，民主德国在经济、文化、体育等方面处于社会主义阵营的领先地位。1990年10月3日，民主德国正式并入联邦德国，两德统一。

建国初期的民主德国，一切都正如其国歌名一样《在废墟上升起》，体育也不例外。在1949—1951年间，其体育成绩还居于联邦德国之后，但是到1955年时，就已经在田径、游泳、速滑、自行车运动方面涌现出世界第一流的选手。1959年，民主德国运动员创造了14个世界纪录和22个欧洲纪录，一个未来的竞技体育强国正在出现。特别是1961年柏林高墙建成后，民主德国开始埋首建设自己的国家。于是体育成了他们着力打造的国家名片，成为关系国家“存亡”的大事。1965年民主德国加入了国际奥委会，3年后的墨西哥城奥运会上，初试锋芒的民主德国代表团一举夺下9金9银7铜，奖牌榜位列第5位，压倒了联邦德国。此后的历届奥运会上，民主德国健儿摘金夺银的画面成了奥运的固定风景，其田径、游泳、体操、划船、举重、冰上、雪上运动项目的选手在此后的接连胜利，更在世界体坛掀起了一场“东德旋风”。截至1988年，民主德国代表团总共获得了519块奥运奖牌，成了世界体坛上仅次于美苏两家的无可争议的第三极。这些战绩激起了国内人民无比的成就感与自豪感，使人暂时忘却了与西部同胞在其他方面越拉越大的差距。

民主德国领导人深谙自己民族的体育传统，但是由于受苏联的影响，将体育视为重要的教育和军事训练手段，认为体育是可以制造技艺高超、吃苦耐劳的工人和坚韧不拔、勇往直前的军人的最佳手段之一；另外，体育活动可以吸引更广泛的群众参与到社会主义的公共文化中来。这无疑是国家利益和公民兴趣相互重叠的区域。所以，体育就成为建立新的民主德国民族性，同时服务于教育、政治宣传和军事训练等众多目的的手段，带有很强的政治功利性。于是，在民主德国建立早期服务于上述目的的大规模团体操和汇演式体育活动被广泛推行，成为当时体育形式的主要内容。

民主德国政府和执政党统一社会党非常重视体育运动尤其是竞技体育的发展，这种指导思想甚至写入宪法中，在德国历史上第一次把体育运动通过宪法规定为社会生活的一部分，使竞技体育成为一种意识形态的工具，对巩固政党的领导有着重要的意义。

民主德国政府为此投入了大量的经费，以1988年为例，体育经费的投入为15亿马克，占当年国民收入的0.56 %，其中60 %分配给群众体育，40 %分配给竞技体育，但实际上分配给群众体育的经费中用在支持青少年体育运动的部分也间接地为竞技体育服务。

民主德国解体后，被公开的绝密资料显示在其体育上的骄人成绩还离不开对于禁药的滥用。在当局的主导下，教练员秘密地让运动员服用禁药以提高竞技体育水平，从而与西方国家的体育界对抗。这项计划使得民主德国这个人口较少的国家在20世纪70和80年代一度成为体育强国。但其造成的严重后果至今仍未消除，给许多受害的运动员留下了伴随终身的后遗症。

一、民主德国体育管理体制与机构

影响体育管理体制的因素很多，其中主要因素有国家的政治体制、经济体制与国际环境等。政治体制属于上层建筑，它决定着体育管理体制的类型。一般来说，作为社会主义国家的民主德国因为其中央集权的属性，体育管理组织多是作为政府的一个重要的组成部门而存在，所以国家体育管理体制也属于政府型管理体制。经济体制从某种程度上决定着上层建筑，也决定着体育管理体制的类型。计划经济为主导的国家民主德国，行政是配置的主要手段，体育被视为国家事业而由政府统一管理。另外，在一个对立或者战争的国际环境下，社会不可能单独负担体育事业，而国家从赢得更高的国际地位、提高民众身体素质等政治角度出发，一般会采取政府型管理体制大力发展体育事业，如冷战时期的苏联和民主德国为首的社会主义阵营，屡屡在奥运赛场上演与以美国为首的资本主义阵营的金牌争夺战。

（一）体育管理体制

按照民主德国体育的机构设置、权力分配以及运行机制的实际情况，在体育管理体制的类型上，它属于政府管理型，特点是由政府设立专门的机构管理体育，政府的权力高度集中，并采用行政的方式进行从宏观到微观等各个层次的全面管理；另外，各种社会体育组织则常常不具备实质性的管理功能。这种类型的管理体制，对于在短期内集中有限的资源发展和提高某项运动的水平是非常有利的，但社会对体育事业的参与和支持程度严重不足，对体育的群众基础有一定影响，且不利于体育事业的长期健康发展是其缺点。

（二）体育管理机构

在民主德国，领导体育运动的组织机构较多，有政府机构和社会组织两大类，其中政府机构专设的体育机构在体育事业中处于绝对的领导地位。社会体育组织以“民主德国体操和体育联合会”为主体。民主德国从国情出发，充分发挥政党、议会、政府、其他群众团体、企业和学校的体育职能和积极性，形成了一个组织严密、主体突出、分工明确、相互配合、运转灵活的体育领导管理网络，为体育发展提供了可靠的保证。

1. 国家体育运动委员会

民主德国国家体育运动委员会成立于1952年，是常设的议事和协调机构。体委主席由体育国务秘书兼任，委员则由体联、国民教育部等有关部门的负责人出任。其主要任务是分配经费，协调全国体育工作，就重大问题为政府负责参谋、咨询和提出建议。作为全国体育工作的协调机构，国家体育运动委员会每三个月召开一次会议。委员按民主集中原则进行协商。除体操和体育联合会有3票、体育运动国务秘书局有2票外，其余委员均各有1票表决权。

2. 体育运动国务秘书处

体育运动国务秘书处属国家机关，为民主德国部长会议直属机构，负责贯彻、执行国家关于体育工作的方针、政策，指导和保证体育运动的顺利发展，培养体育干部，发展体育科研和体育运动的物质技术基础（体育设施），拟定有关体育的各种法令和规定，主管莱比锡体育大学、体育科研所、运动医学服务中心、体育科学委员会、劳卫制委员会等。

3. 国民教育部

国民教育部也是部长会议下设机构，是学校体育的主管部门，负责制定学校体育法规，编定体育教学大纲，推行“劳卫制”，管理体育运动学校，组织学生的运动竞赛，督导学校体育工作，配合体操和体育联合会开展各项体育活动。

4. 企业体育联合会

企业体育联合会成立于1949年，下辖各行业体协，主要有造纸及印刷工人的“旋转”体协、农业及林业人员的“拖拉机”体协、铁路工人的“火车头”体协和冶金及机械制造工人的“马达”体协等。领导开展职工体育和农民体育。另外各产业部和经济部每年制订计划时都在“改善各生产企业和部门的劳动和生活条件”一栏中对发展本系统职工体育事业作出了明确规定和具体指标，并针对计划执行情况制订出具体监督措施，从而为各企业开展职工体育提供物质保证。

5. 体育与技术协会

体育与技术协会成立于1952年。它是开展国防体育、传播国防知识和技能的群众组织，下设射击、航空等专项协会。该组织的官方目的是组织爱好体育和科技等集体活动的年轻人，为他们提供相应的设备（如摩托车、飞机和收音机等）以及推广相关的体育比赛（如射击、摩托车比赛等）。这一组织和国家人民军一起协助了社会的军事化，组织学校、大学和工厂的军事训练。组织形式与体操和体育联合会差不多，以丰富多彩的训练和竞赛活动在群众中享有声誉。该组织在1990年初解体。该组织出版有32页的月刊《体育和技术》。

6. 民主德国奥林匹克委员会

民主德国奥林匹克委员会成立于1951年。1955年获国际奥委会承认，但不具备全权席位，只能和联邦德国联合组队参加奥运会。直到1965年才成为国际奥委会独立会员国，可以单独组队参加奥运会。它是以推动奥林匹克运动和发展体育运动为宗旨的全国性体育组织。任务和职能是：促进奥林匹克项目在国内广泛开展；组织奥运会代表团，参加国际奥委会主办的夏季、冬季奥运会，并提供必要的经费和运动器材；协助其他全国性体育组织举办体育竞赛和运动会。奥林匹克委员会设在体育联合会，主席由体育联合会主席兼任，副主席由党中央体育部长担任。

7. 体操和体育联合会

体操和体育联合会（以下简称体育联合会）成立于1957年。它属社会团体，但在处理有关事务方面具有权威性，是民主德国最主要的全国性体育组织。它的主要任务是发展大众体育运动，组织、领导体育竞赛和青少年体育活动，培训优秀运动员等。该联合会除了有39个单项协会、15个地区级分会和250个县、市级分会和21个体育俱乐部以外，还有9900多个基层体育组织，共计341万名会员。

体育联合会机关主要分为体育一司（竞技体育司）和体育二司（大众体育司）。据1982年统计，体联有3000多名专职教练员，24万名业余教练员和辅导人员，14万名裁判员和30万名业余管理人员。

体育联合会最高权力机关为代表大会，每6年召开一次，选出中央理事会。体育联合会根据代表大会的决议，制订群众体育、学校体育和高级竞技体育多年发展计划。

体育联合会还和其他群众团体建立了对话制度。即体育联合会和工会、青年团、妇联及农林部分别签订体育共同纲领，分别就职工、青少年、妇女和农民等领域体育工作的分工和协作问题达成协议。

二、民主德国大众体育

民主德国在1966年举办斯巴达克运动会和1969年颁布《精英体育决议》前，大众体育在其体育事业中还占有一席之地，国家甚至通过一系列政策手段（包括《宪法》和其他法律以及条例等）来有效地振兴体育。例如，在《宪法》第25条中就明文规定：所有公民均有参加体育活动的权利。《劳动法》《教育法》和《青少年法》等法规也明确规定将促进体育运动的发展列入计划。

（一）主要大众体育措施

民主德国的大众体育措施主要有以下两个方面。

1. “劳卫制”奖章

1950年民主德国开始实施针对全体国民的“准备劳动和保卫和平”制度（1977年改名为“准备劳动和保卫祖国”的国家级体育测验制度，简称为“劳卫制”）。1956年体育运动委员会对“劳卫制”作了某些修改和补充，1965年开始分为10个年龄组，6岁以上的儿童授予银质和铜质奖章，青少年及成人授予金质、银质和铜质奖章。为了充分体现“人民体育奖章为人民”的宗旨，1977年特别对获得铜质奖章的锻炼标准降低了难度，例如，对首次申请“劳卫制”铜质奖章的国民仅有一项有关社会主义体育的简单理论口试，对想获得金质和银质奖章的国民，当然还要进行体育加试，如游泳、体操、田径、冬季运动、体育游戏和搏击中的部分项目，评定方法类似我国现行的国家体育锻炼标准的评分、评级方法。凡达到“劳卫制”标准和要求的人，均获相应等级的证书和证章，对多次“劳卫制”达标的成年人还颁发荣誉证书和荣誉奖章等。在“劳卫制”的有力推动下，居民区体育活动也比较普及，每天下午和周末，每个居民可以到居民区体育馆、游泳池、小型运动场开展体育活动。在民主德国最为普及的是田径、游泳、体操、手球、足球等项目。

1950—1976年民主德国共为各年龄段颁发了约1500万枚“劳卫制”奖章。1978年获“劳卫制”证章的人数已达87万人，至1982年总数已达1000万人。

“劳卫制”符合民主德国在增进健康方面对青少年一代的迫切要求：发展社会主义社会新的建设者的身体能力。事实证明，“劳卫制”在民主德国完成社会主义社会发展国民经济的过程中，在发展体育运动和培养杰出运动员方面，在促进青年一代身体全面发展，掌握基本的运动技术，确定在运动中的志向和运动兴趣等方面，都发挥了巨大的作用。“劳卫制”已经成为促进民主德国体育运动向前发展的源泉，是民主德国体育制度的纲领和标准的基础（包括学校体育教学标准）。

为推动群众体育活动的开展，还设立了各类体育奖，表彰优秀体育教师、训练辅导员和体育积极分子，如“最强壮学徒”“体育最积极姑娘”。同时还制定了一些法律条款，以保障公民从事体育活动的正当权益，如：体育联合会会员可以免费使用体育场馆等设施，外出参加体育活动超过6人时，乘车价格可以减半等。

2. 体育节

民主德国体育节一般称为“德国体操与体育节”，其传统可以追溯到1933年之前举办的15届德国体操节和2届工人体操节。民主德国体育节从1954年至1987年一般每隔4年或5年举办一届，每届赛程为4~6天，共举行了8届。前2届由民主德国国家体委主办，后6届由体育联合会主办。从1977年起，它与同年的少儿斯巴达克运动会同时举行，使体育节真正成为老少皆宜的运动集会。

民主德国体育节是一个以融洽各阶级感情、促进游艺为主要目的的运动游艺大会，其项目不但包含了各类现代竞技运动，同时也吸收了德国所特有的一些民俗性运动，参与对象更是涉及社会的各个层面，在民众间很受欢迎。1987年的体育节已是第8届，也是最后一届，共有7万人躬逢其盛。经过简单的地方选拔后，共有6000名体育爱好者参加了乒乓球、保龄球和排球等项目的最后决赛。其时在莱比锡市的各个公园和俱乐部，不少从全国各地前去助兴的人们，往往是一家老小一起参加体育竞赛或游戏，在最后一天的2000米公路赛跑中，多达5万名公众参加了比赛，其中还不乏残疾人。这届体育节的压轴戏是在座无虚席的莱比锡体育场举行的集体体育表演，表演者从学生到职工均有，连续举行4天。在看台上，由1.3万名观众组成的图形不时出现“体育万岁”的字样。

民主德国十分重视群众性的体育节，并以此吸引更多的人参加到体育运动中来。每年组织各地区、各行业、各学校直至全国性的各种类型、不同规模的比赛，形成一套比较完整的体育比赛体制。以1979年为例，在举办庆祝建国30周年接力赛跑的活动中，共有900多万人参加这一活动，也就是说，全国一半以上的人都参与了这一体育活动。

（二）职工体育

职工体育在民主德国较受重视。例如，《劳动法》规定各企业负责人要“保证适当地提供和有效地使用开展本企业职工体育活动所需设备和经费”。此外，还规定工会活动经费中的体育活动经费不得少于6%，企业利润中要提取7%用于职工体育。各级工、青、妇组织和各厂矿企业机关单位都参与群众体育运动的组织工作。

各大企业也都有自己的体育协会（共9126个）和训练中心，开展体育竞赛活动，定期举办职工经验交流会。全国每年举行1.2万次企业基层运动会，参加人数达20万。以工会为例：各级工会都有体育组织，全国业余工会体育干部多达25万。仅参加全国性12个项目的29种团体赛和地方性9个群众性项目的16种团体赛的职工每年就高达500万。民主德国开展企业体育的主要措施有两条：一是抓物质条件保证。二是抓组织。规定凡200人以上的企业都要成立体育协会，由企业经理亲自挂帅。其任务是：和本企业其他群众团体一道根据国家文件规定，决定本企业的可以监督的、切实可行的促进体育运动的措施；为更有效地支持本企业体联各基层分会（即体育俱乐部）的工作，不断提高其工作效能而提出建议。

（三）学校体育

民主德国只有1600余万人口，但在1976年夏季奥运会上，总分超过了传统体育强国——美国，仅次于苏联而跃居第二位。在1980年冬季奥运会上总分更是名列第一。其体育的崛起创造了国际体坛的奇迹。国际体育界普遍认为，造成这个奇迹的一个重要诀窍是民主德国狠抓了体育的基础——学校体育。凡是奥运会、世界性大型比赛上设有的正式比赛项目都在学生中广为开展。那么，民主德国学校体育究竟是如何开展的？有哪些成功的经验值得借鉴？

1. 学校体育概况

民主德国学校实行的是十年一贯制（部分学校是十二年一贯制），民主德国十分重视学校体育，在教育部门制定的体育教学大纲中认为："体育是完善学生身体最重要的手段之一，是发展学生个性的手段"。在民主德国3～6岁儿童有90%进幼儿园。体育活动在幼儿园日常活动中占有固定的地位。身体卫生学、游戏、走路及其他活动的目的都是促进儿童健康，增强体质，从小培养参加体育活动的习惯。幼儿园的章程中明确规定："要为儿童提供参加各种体育活动的机会，安排儿童从事内容丰富的游戏和活动，保证儿童在每天早晨和全天内都有体育活动"。民主德国还有各类中、小学5000多所，学生约260万人。对2～12年级的体育课及课外活动都作了详尽规定。体育课每周3次，在全部课程中占第3位，仅次于德语和数学。70%以上的学生定期参加课外体育活动，课外活动部分主要是如何开展多种体育活动，安排课外训练和比赛等，这样便可在课外的家庭、少先队组织和其他场合造成浓厚的"运动气氛"。学校体育与社会和家长密切结合。数据显示：1978年获得"劳卫制"奖章的学生占46%；1978年会游泳的学生4年级占70.8%，12年级占99.5%；1981年参加体育联合会的少年儿童共有129万，占学生总数的51.6%（占全体会员的40%）。1981年参加县级夏季项目少年儿童斯巴达克运动会的共达94万人。

2. 体育教学大纲的特点

（1）强调大纲内容要按运动项目分类，并根据学生的年龄特点提出不同要求，进行不同安排

民主德国一些学者认为，运动项目是教学大纲中选择和安排身体练习的基础，是体育运动实际活动的主要形式。按照运动项目安排身体练习，应在教学中使运动项目自身的逻辑与身体基本训练的目的和性质协调起来，与学生实际能力和要求协调起来，与学生条件协调起来。因此，必须通过适当的变化和简化，并应根据不同年龄阶段的特点作不同的安排。

在低年级（1～4 年级），以运动的基本形式为主，进行一般的基本训练，以培养基本技能、运动能力及一般身体素质，使之互相结合和统一。

在中年级（5～8 年级），重点之一是运动动作的学习，在高年级，主要是将5、6年级所学的教材加以巩固、扩大、变化，使质量进一步提高。只学习有限的新教材。这样使练习和比赛能很好地作为培养素质的手段。总之，教学大纲力求做到根据学生年龄特点，以运动项目为中心进行教学，全面完成体育课的任务，并培养竞技能力。

（2）安排练习时数，重视身体的基本训练

体育教学大纲从5年级开始，专门安排了基本练习，主要内容是综合培养力量、速度、耐力、灵活性及活动性的练习。其目的是使身体基本训练达到较高的水平，全面地完成体育课。大纲强调基本练习与运动项目的教材要协调，强调素质训练与技能训练的统一。要求素质训练应为学习技能打基础，运动技能粗略地掌握之后，要在竞赛和游戏中加强运用，以改善身体素质。

（3）突出重点项目，强调提高运动成绩

大纲教材在安排上既注意全面，又突出重点。首先，很重视游泳项目，在民主德国几乎所有学校都开设游泳课。据统计，有 80%的学生学会了游泳。其次，很重视在全面学习大纲教材的基础上，突出所选32个重点项目，逐年增加时数。例如，从7 年级开始，可根据当地情况，对田径、球类、体操等项目加选

6~10 学时作为提高训练。大纲要求达到个人最好运动成绩，注意增强所有学生争取高度运动成绩的动机和干劲。特别是争取“劳卫制”证章的运动成绩，并引导学生经常参加运动训练和竞赛。

（4）大纲教材具有一定的灵活性

为了适应地区、学校和学生的不同情况，规定了较多的机动时间，教材安排可根据各地情况确定比重。如小学各年级在多雪地区全年总数的三分之一为滑雪教材。大纲还规定了较多的预备时间，以备因天气或其他活动误课后用。如在5～6 年级，在总学时90 学时中，预备学时为14 学时。

3. 学校体育管理经验

（1）重视宏观领导的分工协作，做到事事有人管

首先是教育部门：除进行体育教学外，还制订了一般锻炼组练习大纲，负责体育教师和一般锻炼组练习辅导员的培训和进修，组织群众性的学生竞赛活动，开展模范体育学校、体育教师和一般锻炼组练习辅导员的评比工作，鼓励学生参加体联组织及其活动，为竞技体育输送后备人才。其次是民主德国体联：除在各级组织和俱乐部里成立少儿体育部、广泛发展学生会员，并组织他们进行练习、训练和竞赛外，还通过其他方式来支持学校课外体育，例如，制定专项锻炼小组练习大纲，负责专项锻炼小组练习辅导员的培训和进修；支援专项练习辅导员（约占辅导员总数的11%）；负责举办县以上青少年运动会，组织多种形式的、以群众性为主的竞赛活动；俱乐部在人员、场地、器材设备等方面支援挂钩学校的课外体育活动等。然后是团、队：各级团队组织都设立体育部。学校团委的主要任务有：当好校体协的助手，广泛动员团、队员参加体联和校体协的体育活动；组织团队系统的竞赛活动，协助校体协办好各种比赛；组织“体育下午”活动，使之成为团组织生活的一个固定组成部分；培训团队体育干部；组织高年级团员辅导低年级的课外体育活动；主办体育墙报，维护学校体育成绩纪录牌等。上述组织之间的协调工作由教育部门和校长负责。

（2）抓学校内部的体育组织建设

国家规定各校均要成立校体协，其任务为：“通过激励人心的、符合少儿

特点的、以班级和学校为基础的比赛及其他形式，吸收所有学生定期参加体育运动。有意识地将体育的潜在教育作用运用到发展社会主义个性中去。”由校长总负责，吸收学生参加“一般锻炼组”和“专项锻炼组”，每周活动1～3次。参加者约95万，占学生总数的37%。如果加上定期参加体联活动的学生体联会员130万，定期参加课外体育活动的人数高达87%。

（3）争取社会力量的支持

主要措施有两条：首先和附近的企业体育俱乐部挂钩，俱乐部在人力、物力和财力方面支持学校课外体育，学校则优先向俱乐部输送优秀后备人才。由于双方都能得益，因此一般合作得都很好。其次大力依靠学生家长，如吸收家长代表参加校体育顾问委员会，做学生们的练习辅导员，发动他们和老师、学生一道进行义务劳动，修建和维护运动场地和器材（国家规定学校运动场地在课余也向附近的居民和家长开放），邀请他们参加校运动会和授奖仪式等。这样做一方面争取了家长支持，另一方面也可通过家长来影响和督促学生参加体育锻炼。

（4）练习辅导员社会化

民主德国课外体育活动练习辅导员共有5.5万人，其中体育教师只占19%，其他课程教师占29%，高年级学生占30%，体联支援占11%，学生家长及社会人士占11%。民主德国在1984年发展群众性体育活动报告中指出：进一步巩固和发展已成立的各运动团体、分会和小组；在开展“劳卫制”活动中要更强调政治内容；提高练习、训练和比赛质量；有目的地发展少儿体育、大学生体育、业余和健康体育，采用有效的方法、新的途径和思想，使各种不同年龄的公民在居住、工作或度假地点，在现有条件下使更多的人参加体育运动，在周末创造更多的机会使妇女和整个家庭参加体育运动，提供更多的练习机会和组织更多的群众性比赛。

（四）大众体育科研

1977年成立的、附设在莱比锡体育大学的群众和闲暇体育科学研究所有200余名研究人员，他们的主要任务是研究群众的业余锻炼和竞赛的规律、管理、方法，以及群体科普宣传和群体干部的培训。1980年，他们还研究少年身体发育规律，普查和测定从儿童到老年的身体发展状况，建立有关的研究体系。

民主德国议会也经常讨论发展大众体育的问题，提出具体建议。县、区、镇常设的“体育运动委员会”也定期举行会议，研究本地区大众体育的发展。在狠抓竞技体育的同时，并没有忽视大众体育，以此来增进广大群众的健康。

（五）大众体育总体评价

客观而论，在民主德国早期的体育建设上，许多方面都有着非常良好的初衷。政府也主张“积极性体育”，工会、青年团紧密配合，积极利用职工的休假，组织了“千人乒乓球赛”等大型群体活动，提出“到球网旁边去”等口号，全国经常参加体育锻炼的有500万人，其中每年有200万以上的人获得“劳卫制”体育奖章。前民主德国领导人昂纳克（1971—1989年任民主德国统一社会党总书记，国务委员会主席）就这样说过：“我们的国家之所以在世界上受到尊重，是因为我们运动员的出色表现，但是也是因为我们为发展体育所付出的巨大努力，我们努力地将体育运动融入到每个公民的日常生活中去。”然而，事物的发展往往是不以人的意志为转移的。当竞技体育机器飞速运转时，高水平竞技体育所起到的立竿见影、立等可取的效果使国家体育的其他领域成为竞技体育的附属品，特别使需要国家巨大投资而见效缓慢的大众体育相形见绌，人们的体育权利、体育的社会公平无人顾及。从此，体育的发展逐渐远离人民、远离社会。普通老百姓得不到基本的锻炼休闲设施和指导，群众性的比赛越来越少，而有些群众性比赛常常成了纯粹的行政命令。据瑞士《体育报》1990年2月2日消息，德累斯顿一些人向法院起诉，要求惩罚国营的彩票机构，起诉书中控告它将彩票收入主要用于发展竞技体育而忽略了群众体育。柏林墙倒塌后，大量市民走上街头示威以表示对生活区缺乏体育设施和指导人员的抗议，一些市民甚至采取焚烧体育明星的汽车和在公共场所闹事来直接发泄对体育制度的不满。

三、民主德国竞技体育

民主德国对竞技体育的重视和发展起步很早。1951年就成立奥委会。但是一直到1965年，民主德国奥委会才得到国际奥委会的全权承认，1968年首次以独立身份参加奥运会。在这之前，它都是与联邦德国共同组队参加奥运会等国际大型赛事。然而，从它独立迈入世界体坛的那一刻起就再也没有停下脚步，而是一口气冲到了世界竞技体育的顶峰。这些成绩的取得，主要得益于政府对竞技体育的高度重视和大量人力、物力及财力的投入，青少年运动员的有效培养，各级教练员的培训和强大的体育科学研究。

（一）竞技体育管理体制

民主德国的竞技体育体制是名副其实的“举国体制”，即以政党主管、国家投入、统一选材、重视科研和集中训练为特色的竞技体育体制。从下面的民主德国竞技体育体制的示意图中可以看出，民主德国的竞技体育的最高领导机构为统一社会党中央委员会政治局和其下设的中央竞技体育委员会，政府部门和社会团体在政党的领导下各司其职。其中中央竞技体育委员会下设的体育运动秘书处主要负责科研和场馆建设投资；几个相关的政府部门主要负责学校体育（其中选材与竞技体育有关）、警察和军队体育；而作为社会团体的民主德国体育联合会则负责体育俱乐部、行业体育协会、体校、训练中心和民主德国奥委会。

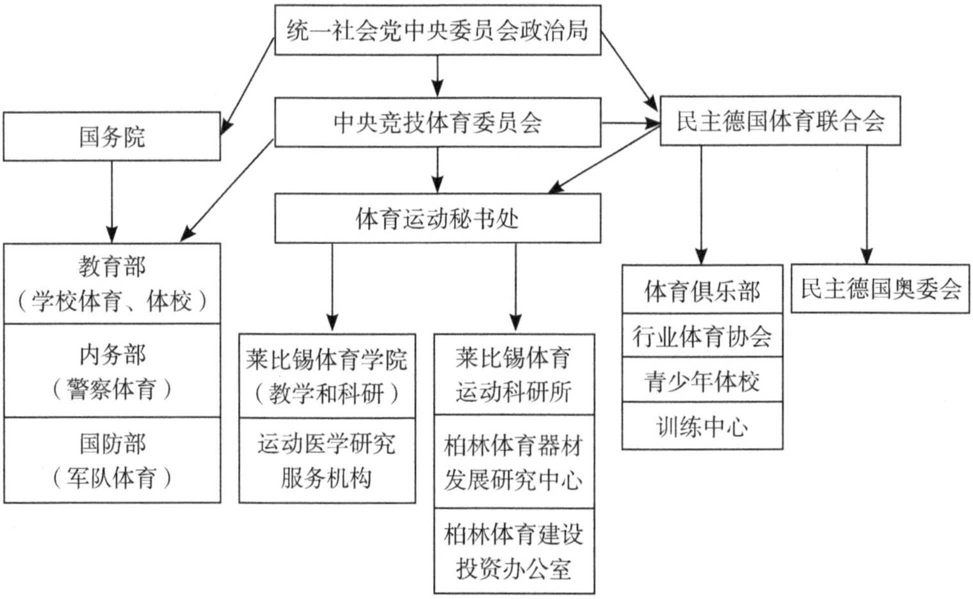

民主德国竞技体育体制示意图

民主德国的竞技体育体制是一种效率极高的体制，作为一个“人口小国”，能够在奥运舞台上与美苏两个超级大国争霸就是最好的说明。在德国统一之前民主德国的竞技体育影响很大，其政党主管、国家投入、统一选材、重视科研和集中训练的“举国体制”被认为是非常成功的竞技体育发展体制。但竞技体育的快速膨胀导致了民主德国体育事业发展的不平衡，此外还被认为曾经有计划、有组织地给运动员服用兴奋剂，这些都给其辉煌的竞技体育蒙上了阴影，也导致德国统一后其竞技体育体制完全被联邦德国的体制所取代。

（二）运动员培养

重视科学选材和育才是民主德国运动员培养的两个关键环节。

1. 选材

民主德国有一套比较完整的选材制度，从幼儿园开始，追踪到小学、中学，还建立了选材对象的档案。在此基础上，他们从运动员的总体要求出发，把选材分为初选和复选两个步骤：首先选出运动成绩和负荷能力超一般水平的少年儿童进行业余训练；再经过长时间的观察，根据他们的运动水平，身体素质，技、战术能力，心理素质，体型，生理机能，成绩提高的速度以及运动能力和比赛成绩的稳定性等条件完成初选；然后在此基础上，再按照专项的要求和标准，经过测试进行复选，最后择优选调。每年大约筛选出3000名儿童少年进入体育学校或专项体育俱乐部接受比较系统的多年训练，一直练到20岁左右。他们选材的方法主要是从生理角度进行观察和分析，通过X光片测定骨龄，掌握青少年的生物年龄，判断青少年发育程度，从遗传学角度分析选材对象的家族遗传因素等。

2. 育才

民主德国不仅重视科学选材，还很重视科学育才，有一套比较科学的训练体系，使大部分好苗子避免中途夭折，成材率较高。民主德国的训练学研究起始于20世纪50年代，当时主要是搬用苏联的理论，后来逐渐摸索出自己的路子并使之理论化和系统化。它有健全的培养后备力量的制度，广泛开展学校体育，设有近

9000个业余训练中心。尤其是建立了四级训练网。第一级，体育协会和中、小学校，少年儿童在那里定期参加体育锻炼。第二级，业余训练中心，约6万名经过初选的儿童少年每周在那里集中训练4次，其中约70%可输送到第三级训练网。第三级，体育学校，约1万名学生半天学习半天训练，晚上寄宿在体校。入学年龄一般在12~13岁（体操9岁）。这样的体校，1952年创立时仅4所，后来逐渐增加为每个专区至少有1所，东柏林有4所，莱比锡有2所，至1989年共25所，重点项目有20余个。约30%可输送到第四级训练网。第四级是专项俱乐部。实为专业队，在那里集中了所有的竞技运动员，是民主德国竞技体育训练的最高形式，由体育联合会领导，1953年创立时仅1所，后来逐渐增加为每个专区有1~3所，东柏林4所，至1990年统一前共有30余所。体育俱乐部和寄宿体校办在一起，便于衔接，寄宿体校在民主德国的训练体系中占有重要地位，许多体育名将都曾在这类体校中学习和训练。

在民主德国，既采取早期训练，又十分注意青少年身体素质的全面发展，反对过早专项化。规定15岁以下儿童只有通过田径五项全能后才能参加专项比赛。儿童少年的系统训练一般经过基础训练、提高水平训练和高级竞技训练三个阶段，共用6~10年的时间，在20岁左右即可接近或达到国际水平。训练时间因项目而异，一般每年约1300~1600小时，他们的训练安排与奥运会的周期相衔接。

民主德国将一些有培养前途的青少年都选送到专门体校训练，使幼儿园—小学—中学—体校紧密衔接成“一条龙”，不间断地进行系统训练，实现了“从幼儿园走向授奖台”，为国家培养了大批优秀运动员。

3. 斯巴达克运动会

为了使青少年关心体育，并通过激烈而又紧张的竞赛体验锦标赛的严峻和教练员随时发现与选拔奥运会等世界大赛优秀的后备人才，从1965年起举行了著名的斯巴达克运动会（即全国青少年运动会，每隔一年分别举行冬季和夏季项目的比赛）。斯巴达克运动是以古罗马奴隶起义领袖斯巴达克命名的运动会，分10~12岁、12~14岁、14~16岁、16~18岁4个年龄组，比赛项目为奥运会项目和传统体育项目。

斯巴达克运动会的组委会名誉主席是民主德国统一社会党第一书记兼国务委

员会主席昂纳克。在他的领导下，以民主德国体育联合会为主，协同共青团以及工会和其他国家机关组成组委会，从中央到地方有一套非常完善的组织系统。

每逢夏季斯巴达克运动会举办期间，民主德国都要出现一股空前的体育热潮，体育界将其称为“狂热的夏季”。可容纳10万观众的莱比锡体育场总是座无虚席。巨大的电子显示牌上在不时出现获胜者的姓名时，还常常出现这样一句口号：“今天的斯巴达克运动会冠军就是明天的奥运会冠军”。获胜者的喜悦之情不亚于站在奥运会冠军的领奖台上，而痛失领奖机会的运动员的懊丧之情，亦不亚于未能走上奥运会的领奖台。这些奥运会的后备选手早已将目光瞄准了奥运会。

1980年初举行的冬季斯巴达克运动会有1000余名年龄在10~18岁少年儿童参加了速度滑冰、花样滑冰、越野滑雪、跳台滑雪、运动雪橇和现代冬季两项滑雪6个项目的最后决赛。从中选拔出参加1984和1988年冬季奥运会的优秀冰雪后备力量。著名的现代冬季两项运动员维林格，越野滑雪运动员乌尔里赫，女雪橇运动员苏曼等都是从这类运动会脱颖而出的。

民主德国运动会开幕式上的红旗方队

1987年的第11届夏季斯巴达克运动会共有19个项目，1.1万名经过各地的选拔赛从6岁到18岁的小选手们根据不同的年龄组分别在莱比锡市内的40个赛场争夺各个项目的共856枚奖牌。而各项预赛（即选拔赛）提前两年就开始举行，1987年仅参加夏季预赛的小运动员就多达11万人。包括志愿服务人员，从选拔赛开始的两年中所有参加这届斯巴达克运动会工作的总人数不下400万人，而民主德国的全国人口只有1700万人。

（三）教练员的培训

为了提高选材和育才的水平，民主德国高度重视教练员的培养，充分发挥教练员在培养高水平运动员中的作用。他们规定，专职教练员必须大专毕业；业余为主的训练辅导员（大部分为老运动员和有专长的体育爱好者）需经过短期培训和考核，取得相应的证书。对有成绩的教练员给予很高的荣誉和奖励。教练员可以参加各种形式的业余进修，参与科研工作，每年至少发表一篇论文，无偿使用有关科技资料、仪器、观摩本专项比赛，每周有一天可用于业务进修。

在民主德国，那种直接从老运动员里挑选教练员的做法已成为历史，而是通过体育院校和各级体总系统地培训。他们对教练员的条件要求很高，不仅要精通训练业务，而且强调要掌握科学理论知识（包括运动医学、运动生理学、生物力学等），成为从事训练的“学者”。资料显示，民主德国有业余教练员17万名，他们的主要任务是辅导中小学课外体育活动，由县体总、专区体总进行培训和定期进修，考试合格后发给相当级别的合格证书，按成绩分配工作。在实际工作中有成绩并经过晋级考试合格者及时晋级，还特别规定，凡在小学四年级培养出好苗子的业余教练员应受到一定的奖励；而不称职的则要降级，甚至吊销其教练员证书。由于采取了这些措施，使教练员的业务水平不断提高，能根据不同项目的特点，掌握从什么年龄开始训练，安排几个周期，经过几年训练出成绩的基本规律，在此基础上对训练作出长期规划。他们在早期训练基础上，用6至8年的专项训练培养出具有国际水平的运动员较有把握，运动员的成绩逐年提高，稳步上升，并能在重大比赛中出成绩、破纪录。

（四）竞技体育战略

出于政治需要，民主德国十分重视以奥运会为首的世界大赛。他们根据自身的情况采取了突出重点，舍弃薄弱和费钱项目，稳步前进、逐步扩大战果的战略。根据1969年颁布的《精英体育决议》等文件精神，竞技体育项目布局如下：

① 突出重点项目。这方面有下列四个层次：其一，在所有项目中突出奥运会项目，非奥运会项目即使成绩很好也不做重点。例如，乒乓球在20世纪50年代

曾拿过世界亚军，但由于当时不是奥运会项目，因而就不做重点。其二，在奥运会项目中严格主次之分。只重点开展17个项目，其余的项目则放弃。其三，在17个开展项目中又大力突出田径、游泳和赛艇这3个奖牌多、以个人为主且比较省钱的重点项目。1976年奥运会这3个项目的金牌高达31枚，占金牌总数的77%。其四，在这3个重点项目中又突出关键专项。例如，田径就首先狠抓速度类项目，以短跑和田赛为突破口，带动整个田径项目腾飞。

② 突出女子项目。1976年奥运会上田径总分女子占70.6%，男子只占29.4%。1982年游泳世界锦标赛总分女子占74%，男子只占26%。女子田径和游泳在国际上均占绝对优势。

③ 坚决舍弃薄弱和费钱项目。为了集中精力抓重点项目，就干脆放弃篮球、曲棍球、射箭、马术、现代五项、水球和女子自行车等项目，而且非常彻底。例如，他们在1981年时就明确宣布放弃马术、现代五项、水球和女子自行车这4个项目的一切国际比赛活动。

由于战略正确，措施得力，因此民主德国的体育成绩提高得非常快。奥运夏季项目仅用了12年的时间总分就从第15名晋升至第3名，1976年超过美国，名列第2。奥运冬季项目1980年总分甚至超过苏联，名列第1，从而创造了奥运史上的奇迹。

（五）参加奥运会

第二次世界大战之后，民主德国未参加1948年和1952年的奥运会， 1956年到1964年间的共6届冬、夏奥运会是和联邦德国联合参赛，从1968年开始民主德国独立参加了5届夏季奥运会和6届冬季奥运会。作为一个只有1700多万人口的国家，民主德国在奥运会的竞争中取得了令世人瞩目的成绩：在夏季奥运会上很快进入第一集团并始终保持奖牌榜第2名的水平，田径和游泳成为其代表项目；在冬季奥运会上的成绩更为突出， 在所参加的6届冬奥会上总共拿到39金、36银、35铜，1次金牌总数第1和4次第2的成绩使民主德国成为冬季项目传统强国。

数据显示，从1968年到1988年奥运会，民主德国共获得了519枚奖牌，成为自苏联（774枚）和美国（624枚）之后，获得奖牌数量最多的国家。如果按照人口平均计算，民主德国所获得的奖牌数量是苏联的10倍，美国的13倍。田径、游泳和赛艇是民主德国夺金的三大主阵地，仅这三个项目就为他们带来109金，尤其是迄今为止依然以33金占据赛艇奥运金牌榜榜首的位置。

1. 参加夏季奥运会

1968年墨西哥奥运会民主德国首次单独征战便令外界眼前一亮，收获9金、9银、7铜，位列金牌榜第5位。其中古默尔在铅球比赛中首次突破19米（19.61米），是这次男女投掷项目所破的唯一世界纪录。她当年获民主德国最佳女子运动员称号。

1972年慕尼黑奥运会，民主德国体育更是大放异彩，凭借20枚金牌位于美苏两大国之后，排在第3位。其中本届获金牌最多的选手是民主德国的雷·施特歇尔和联邦德国的海·罗森达尔，她们各获2金1银。年方22岁的施特歇尔是当时的“女飞人”，在100米、200米赛中以破世界纪录的成绩连下两城。她的1枚银牌是在4×100米接力赛中获得的。次年，她以10秒90成为首位突破女子百米11秒大关的运动员。

施特歇尔在比赛中

1976年的蒙特利尔奥运会，民主德国一口气获得40枚金牌，从而赶超美国、位列老大哥苏联之下获金牌榜第2位。其中在游泳比赛中，民主德国获得女子13个项目中的11项冠军，这是它在世界性比赛中第一次取得如此辉煌的成就。特别是首次参加奥运会、年龄还不到18岁的游泳运动员科尔内娅·恩德尔获取了4金1银，而且成绩非常出色：100米和200米自由泳、100米蝶泳三项均创世界纪录，在4×100米混合泳接力中，也刷新了世界纪录。

恩德尔在领奖台上
向观众挥手致意

另外，罗·阿克曼获女子跳高金牌，1977年8月，她成功地越过2米，成为世界上第一个征服2米横杆的女选手，同年获民主德国及欧洲最佳女子运动员称号。

1980年莫斯科奥运会受到了西方国家的抵制，在缺少竞争对手的情况下民主德国派出378名运动员，掀起了无与伦比的夺金狂潮，共获47枚金牌，苏联获得80枚金牌。这次刚满17岁的中学生梅丘克获游泳3金1银，成为民主德国最耀眼的新星。男子跳高选手格尔德·韦西克以2.36米创世界纪录并获金牌，成为第一位在奥运会上打破跳高世界纪录的运动员。

韦西克在跳高比赛中

男子选手卢茨·东布罗夫斯基在跳远比赛中夺冠，成绩是8.54米，虽距世界纪录还有差距，但却是1968年比蒙跳出8.90米后12年来世界出现的第一好成绩。有“世界田坛女皇”之称的玛丽塔·科赫获400米桂冠，并在4×100米接力赛中得了1枚银牌。不过科赫在田坛的成就不止在奥运会夺冠上，而在创世界纪录和获世界冠军。她在200米、400米跑和接力项目中16次创世界纪录，14次破室内世界纪录，成为半个世纪以来在径赛中创造世界纪录最多的运动员。她多次被评为“世界最佳女子田径运动员”和“世界十佳”。

科赫在比赛中

另外，获女子单人皮艇500米冠军的是18岁的布里吉特·菲舍尔，此后她又参加了5届奥运会，42岁时还以良好的竞技状态和丰富的经验在2004年的雅典奥运会上为自己获得了自1980年莫斯科奥运会以来的第8枚奥运金牌，如果加上4枚奥运银牌和世界锦标赛上的27金、6银、4铜，完全创造了皮划艇界不老传奇神话，成为至今德国乃至世界上最优秀的女子运动员。

民主德国抵制了1984年洛杉矶奥运会。

1988年汉城奥运会民主德国派出291名运动员，获得了37枚金牌，力压美国位列金牌榜第2。特别是在游泳比赛中，来自莱比锡的姑娘克里斯汀·奥托连夺6枚金牌（50米、100米自由泳，100米仰泳、蝶泳和4×100米混合泳、自由泳接力），获金牌数为本届参赛运动员之冠，并且成为历史上一届奥运会获金牌最多的女选手。

2. 参加冬季奥运会

从1968年法国格勒诺布尔冬奥会开始，民主德国独立组队参赛，仅获男子双人雪橇金牌，位列金牌榜第11。

在1972年日本札幌冬奥会上，民主德国队脱颖而出，令人刮目相看。它共得4金、3银、7铜，位列金牌榜第2。尤其他们的6名男女选手包揽了雪橇赛中男女单人的全部奖牌；男子双人项目与意大利队并列第1名。

1976年奥地利因斯布鲁克冬奥会民主德国再次成绩卓著，较稳固地取代了往昔在冬季奥运会上居优势的挪威、美国的地位，对苏联也逐渐形成了威胁。它这次共获得7金、5银、7铜，位列金牌榜第2。特别是在雪橇比赛中，囊括了全部金牌，这在冬季奥运会史上是没有先例的。

1980年美国普莱西德湖冬奥会民主德国获9金、7银、7铜，位列金牌榜第2。其中引人注目的人物是民主德国27岁的乌尔里希·韦林，他在北欧两项全能比赛中取胜，是第一个在这项比赛中连续三届冬奥会夺冠的选手。民主德国在雪橇比赛中仍占有较大优势，获全部5项中的4项冠军。

1984年南斯拉夫萨拉热窝冬奥会民主德国获9金、9银、6铜，首次居各国之首，超过了近几届的霸主苏联。在女子速滑中，民主德国队取得了空前成绩，包下了全部4项冠军。其中成绩突出的是上届500米金牌获得者、23岁的卡琳·恩克，她在1000米、1500米比赛中两次夺冠，并在1500米比赛中创造了本届速滑项目唯一的一项世界纪录。另外，弗裴在一届冬奥会上获男子有舵雪橇双人及四人金牌，也较为罕见。

维特在比赛中

1988年加拿大卡尔加里冬奥会民主德国获9金、10银、6铜，位列金牌榜第2。民主德国运动员再次获取无舵雪橇男子金牌。在各项比赛中，获两枚金牌以上的选手达8人之多。勒奇在冬季两项中首次夺得10公里、20公里冠军。在男子速滑比赛中，梅伊创造了500米的世界新纪录。女子单人花样滑冰金牌之争是在上届冠军民主德国的卡特琳娜·维特和美国黑人选手托马斯之间进行的，她们都选用了歌剧《卡门》中的乐曲，维特获此“卡门之争”的金牌。“冰上皇后”维特的运动生涯往往被总结为“2、4、6、8”，即2届奥林匹克运动会花样滑冰比赛冠军（1984年和1988年），4届世界花样滑冰锦标赛冠军（1984年、1985年、1987年和1988年），6届欧洲花样滑冰锦标赛冠军（1983年到1988年），8届德意志民主共和国花样滑冰锦标赛冠军（1981年到1988年）。因为比赛成绩极为优异，她被认为是有史以来最杰出的花样滑冰运动员之一。

（六）体育科学研究

1950年，随着莱比锡体育学院的建立开始进行体育科研，经历了几十年的发展，已形成了比较完整的科研体系，并为民主德国体育运动的迅速发展作出了极大的贡献。民主德国体育科学研究的领域比较广，包括运动训练学、体育教育学、体育社会学、体育心理学、运动医学、运动生物力学、体育理论、运动生理生化、运动选材等学科。

1. 体育科学研究基地

民主德国的体育研究工作由体育运动国务秘书处管理，体育科研所、莱比锡体育学院、运动医学服务中心、体育器材研究所、体育建筑科技中心是其主要的体育科研基地。研究工作也在各大学、高等师范院校、教育科学院的各科研所内进行。为保证体育研究成果的推广和应用，民主德国在1983年正式建立了体育科研成果专利局。

成立于1969年的体育科研所是国家体育科研中心，主要任务是为提高竞技运动和奥运会重点项目的成绩服务。国家体育科研所有工作人员600多人，下设社会科学、运动医学、耐力类项目、速度力量类项目、技术性项目、重竞技类项目、情报七个研究室和一个仪器研制室。这些研究室都进行多学科综合性研究。每个室除配有专项训练、生物力学的其他技术人员外，可根据研究需要抽调运动医学、生理、生化和心理等有关方面的研究人员组成课题研究组。

研究课题绝大部分是由体育联合会科学司向各单项协会收集，经汇总、审查和综合平衡后向科研所提出，科研所征求各研究部门的意见并根据自己的条件来选定课题，最后同送交课题的单项运动协会签订合同。体联和所属单位体协为科研工作提供一切方便，科研单位负责向合同单位提供研究成果。

除体育科研所外，莱比锡体育学院也承担科研项目。如对重点开展的奥运会19个项目，有16个由体科所承担有关的科研任务，3个球类项目是由莱比锡体育学院负责其科研。

2. 体育科学研究目的

民主德国体育科研目的是提高运动技术水平和提高全国体育整体水平。科研内容广泛，研究从儿童到老年整个人生健康和影响身体机能的各种因素，研究形形色色的体育活动的社会功能和社会效益。还特别重视研究多年系统化训练，保证优秀运动员在重要的国际比赛中取得优异成绩。

3. 体育科学研究特点

民主德国体育科学研究的主要特点是：

① 科研工作分工明确。各科研所和体院等大学研究单位都有其明确的研究方向和内容。在科研过程中各科研单位又互相配合，互相支持，使研究任务能更好地完成。

② 体育科学研究与体育运动实践紧密结合，注意实效。从事科学研究的单位同运动训练部门直接签订合同，以合同方式把双方紧密联系起来，使科研项目有的放矢。国家规定，科研成果必须拿到实践中去检验，并以实践效果作为评定依据。

③ 坚持科研先行。科研工作除重视提高运动技术水平，培养优秀运动员外，也重视学校体育以至全民体育的研究。要求做到自然科学、社会科学和思维科学相结合。考虑到社会的各种因素，强调提高体育的整体水平，加强各学科之间的相互配合，为运动水平的提高奠定基础。

④ 注意发挥体育科研人员的作用。为使新知识能快速、广泛地运用到体育实践的各个领域中去，鼓励体育科研人员使用各种现代科学理论和技术，开发新知识，研究新课题，活跃学术空气，使科研人员的才干得到充分发挥。

⑤ 重视体育情报的收集和研究。在每次奥运会和重大国际比赛前后，尽力收集和分析各方面的情报，掌握外国对手的技术风格、素质特点等，便于本国选

手进行针对性的赛前训练和预测比赛的成绩。

4. 体育科学研究成果

民主德国的体育科研在世界上占领先地位，其中训练学及运动医学是其体育研究中最有成效的学科，对民主德国运动员登上领奖台起了重要的作用。

（1）运动训练学

对训练学理论的系统研究始于20世纪50年代初。当时莱比锡体育学院教练员系的教师根据该系培训来自不同专项教练员的教学任务，开始探索和总结对各专项具有普遍指导意义的一般训练学理论，并首先在教练员系将其作为一门独立的教学课程开设。此后，它被扩展成为所有运动专业本科生的必修课程。1957年，哈雷博士等人出版了第一本训练学专著《一般训练和竞赛学导论》，它标志着从此训练学成为一门以运动训练规律和行为为研究对象的、具有完整和独立理论体系的体育专业学科。

1964年，哈雷在原基础上对《一般训练和竞赛学导论》做了修改和补充，第一次把有关运动训练的各种问题系统地汇集在一部专著中，使其成为更加完善的训练学专著，此书的问世是现代运动训练学系统理论形成的重要标志。同时，为实施奥运会战略，民主德国集中人力、物力，对竞技运动的训练和竞赛问题进行了长期的综合试验研究，比较突出的有海廷戈尔的“等长力量训练”研究，提出了在肌肉两端（起止点）固定或超负荷的情况下进行肌肉收缩的一种力量训练方式，其研究成果对当时整个欧洲的力量训练起到了重要的推动作用。另外，他们的运动训练学还包括运动员的卫生和营养方面的内容。

哈雷和海廷戈尔等的研究均对以后训练学的发展产生了极其重要的影响，被欧洲和亚洲许多国家的训练学所引用，成为训练学理论的一个重要内容。

（2）运动医学

在民主德国的体育研究中，运动医学占有很重要的地位，不仅设立了国家运动医学中心（附设运动医学研究所），而且全国还有完整的运动医学网，其投资是其他国家所不及的。民主德国的运动医学能采用各种生化指标来控制训练负荷，对运动员实行有效的医务监督。

20世纪60年代中后期，民主德国的一些专家开始进行兴奋剂的研究。霍普纳是当时国际奥林匹克医学委员会官员，身为“专业人士”的他很清楚哪些药物已经被列上黑名单，对兴奋剂检测的方式方法更是烂熟于心。于是在当局的主导下，医生、官员及教练员给运动员们吃一种蓝色的药丸，其实，这些蓝色药丸的学名是同化性雄性类固醇，对提高成绩有神奇作用，据后来公布的一系列的前民主德国克赖沙的禁药管制中心秘密档案，指出前民主德国包括几乎所有的奥运会奖牌获得者都在服用禁药，长达20年的时间里定期注射合成代谢类固醇和口服激素等违禁药物，并且成功躲过了各种主要赛事的药检。然而服用兴奋剂给运动员的健康造成的严重后果，给许多受害的运动员留下了伴随终身的后遗症。

正义从来不会缺席，只会迟到，2000年，前民主德国体育部长埃沃尔德和前民主德国运动医学学会副主席霍普那博士被送上了法庭，并分别被判处22个月和18个月徒刑，但都因年事已高获缓刑。由于服用禁药所涉及的运动员数量过于庞大，德国在进行了一段时间的审查后提前结束整个事件的调查，从2000年开始，有计划地对那些因为服用兴奋剂出现生理问题的运动员进行补助。诚然，兴奋剂是世界性的问题，其他国家选手服食禁药的行为也屡有发生，可这多是运动员在利益面前的个人行为，相比之下，民主德国运动员的集体嗑药则更令人发指。

5

第五章

当代德国体育

（1990年至今）

第一节 当代德国概况

1990年10月3日，民主德国与联邦德国正式实现统一，组成统一、独立、主权的德意志联邦共和国。定都柏林。宪法沿用联邦德国的《基本法》。国旗和国歌亦均沿用原联邦德国的国旗和国歌。10月3日定为德国统一日，即国庆日。魏茨泽克为统一德国的第一任联邦总统。科尔为统一德国的第一任联邦总理。

德国统一的实现，是欧洲历史的重要转折，它不但对于德意志民族的发展，而且对欧洲联合进程和整个欧洲形势都是一个重要因素；在世界政治和经济中也是一件有重要影响的事件。

柏林墙的倒塌使分割多年的德国体育从此走向统一，虽然如今的德国体育已完全以一个不分彼此的整体出现，但其实在最初的时候统一仅仅是在形势上，甚至出现了一种奇怪现象，原民主德国的运动员和体育框架在新的环境面前显得水土不服，可也给统一后的德国体育做出了贡献。

尽管两德统一后不少原民主德国选手因各种原因退役，但1992年巴塞罗那奥运会上德国依然以33金、21银和28铜排名第3，要知道，这届奥运会德国以原民主德国运动员为主体，像获得女子标枪金牌的伦克曾代表原民主德国参加了1988年奥运会，而被誉为最伟大皮划艇冠军的费舍尔也来自东德，她为原民主德国获得3金1银，又代表统一后的德国拿到5枚奥运金牌和3枚银牌，绝对是为数不多的离开原体制后依旧散发持久性光芒的队员。萨默尔也是必须要提的名字，作为原民主德国国家足球队告别演出的一员，他无疑是发展得最好的一位，身为1996年德国队赢得欧洲杯的功臣，捧起了当年的金球奖。

然而个体总是渺小的，费舍尔和萨默尔的成功是因为能迅速适应急剧深刻的社会大变革，可是有更多的运动员却在变革中找不到方向。当两德统一后，原民主德国体育系统中的10500名员工，包括各种项目的教练员和队医被全部解雇，训练中心和体育学校陷入瘫痪，大批教练员和运动员失业。随着社会变革的深入，民主德国体育体制的影响也彻底画上句号。

德国统一后，自1996年开始在奥运会上的成绩就逐渐下滑，但与其说是德国体育今不如昔，还不如认为德国体育的正常回归，如今体育真正成为德国人生活中的一部分，而职业体育的发展也很健康。

即使在奥运金牌榜上竞争力大不如前，可谁都无法否认德国是一个全民体育的国度。2014年最新数据显示，德国共有超过9.1万个体育协会，注册会员达2800万人，占总人口的34%，没有注册但经常参加运动的还有1200万人，说德国是一个全民体育的国度丝毫不为过。

第二节　当代德国体育管理

体育管理，即体育领域里的管理活动。当代德国体育管理主要涉及学校体育管理、大众体育管理、竞技体育管理和职业体育管理。下面重点叙述与每类体育管理密切相关的体育管理制度和体育管理机构。

一、体育管理制度

德国重新统一后， 无论是政治制度还是社会制度、经济制度都保留了原联邦德国的模式。就体育管理制度而言，德国是由政府和社会体育组织共同管理体育，政府派几个有关的部门负责管理；政府对体育实行宏观管理，即制定方针政策，发挥协调、监督的职能。而由社会体育组织负责具体的工作。

当然，自20世纪90年代以来，德国积极地推进体育管理体制改革，改革的重点是调整政府在体育管理中的职能以及承担的任务，理顺政府与其他体育组织的关系。政府采取的最主要的改革措施就是将决策与执行分离，政府将管理的重点放在强化政策投入、法规调控以及宏观监督管理的职能上，将执行的任务和其他管理职能尽可能地转移给体育社团。为此，政府积极培育体育社会团体，充分挖掘和发挥体育社团在体育管理中的创造性与积极性，形成了政府与体育社团密切合作、相互协调与支持的结合型管理体制。在这种管理体制中，政府将决策与执行分离，政府的职能是“掌舵”，而不是“划桨”。具体而言，政府的侧重点在政策法规与体育发展战略的制定与实施、对体育的进行过程进行监督与控制、在不同的体育组织之间进行沟通与联络，体育的执行任务以及事务性工作则完全由体育社团承担，形成了一个统分结合、各尽所能的高效率的体育管理体制。

在管理任务上，联邦政府将主要的政府拨款集中于能够在国际大赛中取胜以提高国家形象的精英体育，例如，德国奥运军团参加2008年北京奥运会共计花费大约500万欧元，其中70%由联邦政府支付。其他任务主要由地方政府和体育社团承担。

二、体育管理机构

统一后德国的体育管理机构分为政府机构和社会组织两类（见下图）。

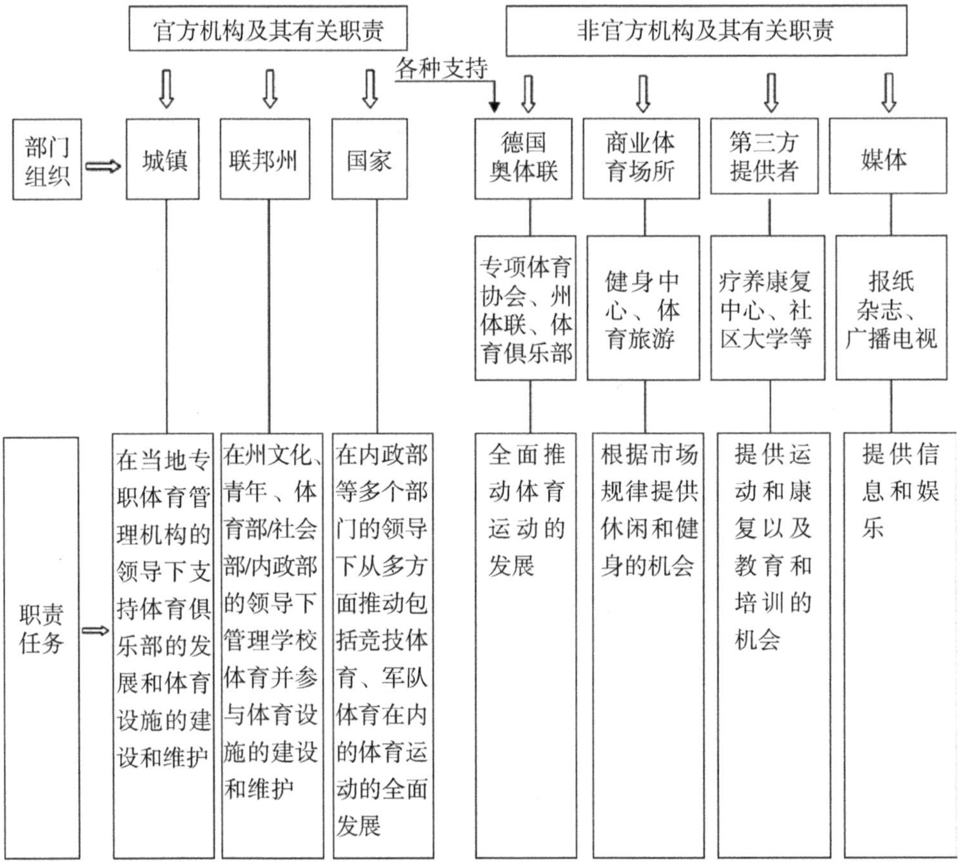

德国体育管理机构示意

1. 政府机构

政府机构由上至下又可分为国家层面、联邦州层面和地市层面。其中国家层面主要负责全国范围内的竞技体育和警察体育等；联邦州层面则要全面负责学校体育、竞技体育和大众体育的发展；而地区和城市的政府部门（体育局）主要负责对大众体育俱乐部的支持和场馆建设。

（1）内政部

内政部是联邦中央政府各个部门中负责处理体育事务作用最为突出的部门，另外与体育有关的部门为体育局和联邦体育科学研究所。

体育局是主管体育事务的行政部门，该局下设6个科室，其中1科和2科制定体育的有关政策和负责国际体育交流；3科和4科备战奥运会等世界大赛及负责国家队运动员的教练员的有关工作；5科和6科负责发展残疾人体育及学校体育工作。

成立于1970年的联邦体育科学研究所是主管竞技体育的科研部门，其具体任务是通过协调和计划提出竞技体育研究课题，并促进研究成果在训练及比赛中的应用；对体育设施进行研究；对体育应用医学、体育心理学、运动学、体育社会学进行研究；收集体育情报资料等。

（2）国防部

负责联邦军队的竞技体育。

（3）劳工及社会事务部

负责为残疾人及劳工开展体育活动提供必要的体育援助。

（4）经济合作及发展部

负责援助发展中国家的体育活动。

（5）交通、邮政、通信部

负责援助国营铁路公司、邮政厅及电信厅的体育团体。

（6）国土资源及城市规划部

负责全面支援体育设施建设与管理。

（7）外交部

负责在政治文化事务的范围内对外体育合作与交流。

（8）家庭、老年人、妇女和青年部

负责支持特殊群体的体育活动。

（9）其他政府协作伙伴

州级及以上的协作伙伴还有联邦德国总统、联邦议院体育委员会、联邦政府内政部及其下属的联邦体育科学研究院、联邦州体育部长联席会议、联邦州文化部长联席会议、联邦州议院体育委员会、联邦州政府的体育部长和文化部长等。德国的各个地区、各个城市和各个社区都分别有全国性的组织，它们分别是全国地区联合会、德国城市联合会和德国城市与社区联合会。这些组织存在的目的是促进和保持各个层次行政管理系统的自治和独立，其中社区联合会在体育运动的发展中起着很重要的作用。它们针对社区体育娱乐设施的建设和改进提出建议，是促进大众体育发展的重要因素。另一个重要组织是德国体育运动会议，它是1970年产生的，由12个来自私人机构的成员和12个来自州和社区政府的成员以政党代表的形式共同组成，是一个政府机构与政党组织在体育运动发展上的协调机构，目的在于促进各个层次体育运动的发展。

2. 社会组织

具体负责德国体育发展的社会管理机构主要是德国奥林匹克体育联合会（以下简称德国奥体联）及其下属的98个团体会员组织，即16个州体育联合会、62个单项体育协会（34个奥运项目，28个非奥运项目）和20个承担特殊职能的体育协会（如德国体育科学协会、德国高校体育协会、德国企业体育协会等）。另外，还有德国体育青年协会、德国奥林匹克学院、德国体育援助基金会等10余家民间组织参与德国体育发展的各项工作（见下图）。

（1）德国奥林匹克体育联合会

1990年统一后，德国的奥运实力持续下滑，其体育的组织管理体系也受到德国国内舆论的批评。德国很多体育专家和政治家都感到，由德国奥委会和德国体育联合会两套班子管理体育的方式工作效率低，花费大，应该建立一个统一的主管机构，推动德国体育的发展。

2006年5月20日，德国体育联合会与德国奥委会在德国总理默克尔和国际奥委会主席罗格见证下正式合并，在法兰克福成立德国奥林匹克体育联合会（以下简称德国奥体联），该组织成为德国体育在国内和国际上的唯一代表。在国际奥委会中，它行使国家奥委会的职责。新机构的成立无疑会对德国体育产生重要影响，其运作方式如下：

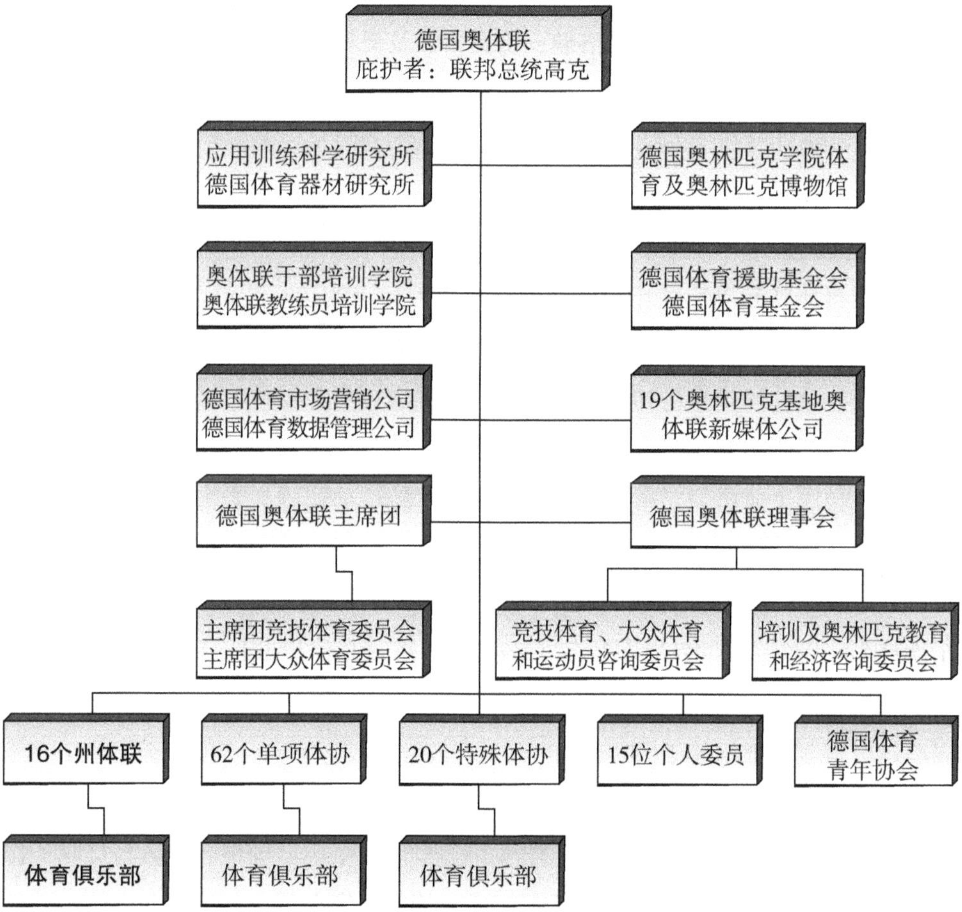

德国体育社会管理机构示意图

主席团

德国奥体联的领导者是主席团。德国奥体联的首任主席是托马斯·巴赫博士，5位副主席分别是负责竞技体育的京格尔（20世纪70年代世界优秀的体操单杠选手，他创造的“后空翻转体180° 成正握悬垂”被国际体联命名为“京格尔空翻”）、负责大众体育的施内洛赫、负责经济与财政的克雷默尔、负责体育发展的特普尔和负责有关妇女和同等权利事务的梅尔歇斯。此外，主席团成员还包括德国体育青年团的主席、运动员代表、德籍国际奥委会委员及总理事。

2013年9月10日，在阿根廷首都布宜诺斯艾利斯举办的国际奥委会第125次全会上巴赫当选为国际奥委会第9任主席，他也因此成为历史上首位当选国际奥委会主席的奥运冠军，任期8年至2021年。故德国奥体联主席从2013年12月起为赫尔曼，5位副主席分别是负责竞技体育的逖尔、负责经济与财政的克雷默尔、负责大众体育与体育发展的施内洛赫、负责培训及奥林匹克教育的特普尔和负责有关妇女及同等权利事务的梅尔歇斯。此外，主席团成员还包括德国体育青年协会主席威斯、运动员代表布洛伊尔、德籍国际奥委会委员巴赫和博克尔以及总理事费斯佩尔。

成员大会

德国奥体联起决定性作用的是全体成员大会上的选举委员，共拥有485张选票，其中231张来自34个奥运项目协会，162张来自16个州体联，47张来自28个非奥运项目协会，20张来自20个特殊体协，15张来自个人委员，10张来自主席团。当前德国奥体联的15位个人委员包括德国前总统克勒（2004—2010年任联邦德国总统）、德国工业协会主席图曼、文化学者罗特、前德国奥委会主席施泰因巴赫（2002—2006年任德国奥委会主席）、4届奥运划船冠军博罗恩、2届残奥游泳冠军布鲁恩、3届奥运皮划艇冠军迪特梅尔、奥运击剑冠军海德曼、3届奥运雪橇冠军朗格尔、9次游泳世界冠军鲁尔茨、奥运滑雪冠军洛伊罗依特、世界杯标枪冠军讷纽斯、两届女子足球世界杯冠军普林茨、两次世界杯蹦床冠军斯德里克和2届奥运滑雪冠军维尔赫尔门。

理事会

德国奥体联的理事会由一个总理事和多个理事组成。理事会成员为全职工作人员，由主席团任命和罢免。理事会成员与其他工作人员一起建立办事处，总理事担任办事处的领导。联盟主席团为理事会规定议事规程，批准理事会的工作分配计划。理事会处理联盟的事务，并经常向主席团汇报。

其他委员会

德国奥体联主席团拥有竞技体育委员会和大众体育及体育发展委员会，为主席团出谋划策。德国奥体联理事会则拥有竞技体育发展、大众体育发展、运动员、培训及奥林匹克教育和经济5个咨询委员会。此外，德国奥体联还设有运动项目协会会议、州体联会议、特殊任务协会会议、妇女全体会议、运动员全体会议等委员会，根据需要召开会议，向德国奥体联的行政机关提出相关建议。

奋斗目标

德国奥体联的近期目标大致有以下10项：一是组织机构和任务以各级运动员为中心。二是实现德国体育自治，加强其最高组织机构的领导。三是德国体育有集中的代表，能够形成明确、透明的意见。四是加强体育的社会竞争力，便于赢得合作伙伴。五是缩减多余编制，提高效率。六是解决竞技体育面临的优化中央职能的问题，协调好最高体育机构与体育单项协会、奥林匹克训练基地和体育科研机构的关系。七是为系统地发展体育运动创造前提条件。八是便于在国家级的体育市场营销方面采取统一行动，获得新的收益。九是凭借新的管理模式和现代化的服务方式加强与成员协会间的合作。十是通过集中人力和任务，从而在中期实现经济上的协同效应。

会员现状

2014年，德国奥体联有9.1万余个体育俱乐部，共计2800万会员，其中除包括98个团体会员组织的全体会员外，还有2名国际奥委会委员（托马斯·巴赫及克劳迪娅·博克尔）及上述的15位个人委员。

（2）德国体育青年协会

德国体育青年协会成立于1950年，它是连接德国1010万27岁以下青少年和儿童的纽带，是德国最大的负责青少年和儿童工作的非政府组织。协会的成员组织共80个，包括16家州体育青年协会、54家全国单项运动协会的青年组织以及10家有特别任务的青少年体育组织。德国青少年在这些成员组织下属的9.1万余家体育俱乐部活动。德国体育青年协会的宗旨是通过组织和开展文体活动来促进青少年的福祉并服务于青少年的健康成长。

德国体育青年协会与其成员组织一起在全德以体育为媒介组织活动，促进青少年的个性发展。协会有意培养年轻人的责任心、加深他们对民主的理解，同时为在社会上处于弱势的青少年提供生活援助，提倡在重大问题上大家共同参与决定。协会的工作内容主要包括：积极推动青少年体育设施投入，青少年竞技体育训练，全民体育参与，兴奋剂预防，建立全国体育爱好者计划协调中心，执行青少年环境与体育计划，志愿服务以及青少年跨区域交流和国际合作等。

德国体育青年协会的主要财政来源是公共基金、赞助、自有资金和拨款。

作为一项传统活动，德国青年体育联合会在每一届奥运会期间，都会组织一个由来自德国全国的200～300名优秀青少年组成的青年营，到东道国“开阔视野，增长见识”，并以德国青年营为平台，共同促进世界青年之间文化教育等方面的交流。

第三节　当代德国大众体育

德国是世界体育强国之一，特别是两德统一前的民主德国，与苏联、美国并称为世界竞技体育三强。但在两德统一后的20余年里，德国没有刻意追求竞技体育成绩，而是在全民中培养健康的生活方式，从体育运动中获得乐趣。从20世纪90年代起进入一个以强调进入大自然，多种形式活动为特征的新阶段，至今，德国大众体育的覆盖程度在世界数一数二。

1990年，两德统一。德国大众体育在体育政策、规划与措施方面除继续实施“黄金计划”和“德国体育奖章”制度外，又于1999年和2000年分别实施了“东部黄金计划”和颁布了《德国体育指南》，还于2000年发表了《联合声明》。而2002年开始的“体育运动有益于德国”活动是此期最大的全民健身活动。此外，还有始于2005年的“运动与健康”、2007年“特色奥运会”和传统的大大小小的体育节等。

一、“东部黄金计划”的实施

由于统一前经济基础的差异，德国东部地区又明显地比西部地区要落后一些。两德统一后，为了振兴东部濒于瘫痪的体育事业，特别是严重匮乏的体育场地设施，1992年德国体育联合会就提议将“黄金计划”的实施扩展到原民主德国地区，提出了“东部黄金计划”，整个计划约需投资上亿马克，主要用于推动德国东部各州和柏林东部地区的体育基础设施（重点是体育场馆和游泳池）的新建、扩建和改建，以期让东部体育在5年内正常运转起来、10年内达到与西部同等的水平。这上亿的投资估计会持续15年。该计划提出后并未立即得到联邦政府的首肯，因为包含体育基础设施建设在内的大众体育历来是各州的，而非联邦的主要事务，而且该计划也耗资巨大。在体育联合会不遗余力的努力下，时隔7年，1999年“东部黄金计划”这一体育特别促进计划终于破例得到联邦政府的同意及财力上的大力支持，开始正式实施。到2003年，该计划得到的联邦资金共计约5500万欧元，已经采取了约250项措施，另有100项措施正在规划中。联邦内政部原本打算在2003年底结束这项最初的5年计划，但是德国联邦议院体育委员会副主席丹科特全力支持该项计划，并在这方面得到了联邦总理施罗德（1998—2005年任联邦德国总理）的支持。在这项计划中，联邦政府对新增体育设备的投资占了1/3，其他投资经费将由各联邦州、县和体育俱乐部承担。但是，东部的体育基础设施与西部仍有较大的差距，因此，联邦政府只好继续投资，从2004年到2008年又资助1700万欧元。据统计，10年来“东部黄金计划”得到的联邦资金共计6900万欧元。据规划，全部计划完成需采取440余项措施，预计联邦总投资将逾3亿欧元。“东部黄金计划”虽然已经实施，但按照西部原有的规划和策略是否完全适用于东部并没有考虑，因此实施过程中带来很多困难，形成了东部原有资源的浪费，“东部黄金计划”的最后完成还只是一个远景的蓝图。尽管如此，“黄金计划”和“东部黄金计划”等还是大大改善了德国的体育场地设施。根据德国2002年对全德体育场馆的统计，德国拥有体育场馆共计126962处，其中约47.4%是露天设施，27.9%是体育馆。尽管德国体育场馆的数量众多，但是很多设施有待修理和更新。某些特定的体育设施存在分布不均的情况。比如，与老联邦州（联邦德国）相比，新联邦州（民主德国）露天的体育设施较多，但是网球场和冰场缺乏。德国体育场馆归属方面，乡镇（61%）是体育设施最主要的承担主体或经营者（露天体育场馆），新联邦州的体育设施较多为公有。第二大承担主体是俱乐部，主要是网球和射击设施，但东、西部也有所不同，老联邦州俱乐部经营的体育设施占总数的30%，而在新联邦州只有15%，具体情况如表5-1所示。

表5-1 德国体育场馆统计数据

体育设施	数量（个）
露天体育场*	60161
体育馆	35409
大型体育馆和多功能场馆	408
游泳池	7792
网球场	14192
溜冰场	186
射击场	8814
总计	126962

＊露天体育场是指足球场、多功能体育场、铺有草皮的场地和田径场。

二、《德国体育指南》的颁布

2000年12月颁布实施的《德国体育指南》是1966年《德国体育宪章》在新时代的修订本。它是德国体育联合会制定的关于德国体育的最高法律文件。它对德国体育运动的组织、宗旨、原则、成员资格、机构及其各自的职权范围和德国体育各种活动的基本程序等作了明确规定。这个法律文件是约束所有德国体育活动参与者行为的最基本标准和各方进行合作的基础。《德国体育指南》由“总结德国体育的辉煌成就”“力求体育变革”“体育发展规划及体育解放与一体化”“体育的统一与团结”“自我管理组织与志愿者”和“对德国体育未来发展的义务与责任”6部分组成。其中的第6部分主要涉及大众体育，有“坚持满足大众日益增长的体育需求”“加强青少年体育工作”“完善体育志愿者队伍”等条款。事实上它已成为21世纪德国大众体育的行动纲领。

三、“德国体育奖章”制度继续推行

“德国体育奖章”制度设立已逾百年，不仅有光荣的传统，而且与时俱进，在2000年将滚轴溜冰、直排轮滑、滑板和越野行走等富有时代感的项目也纳入测验门类，尤其受到儿童和青少年的欢迎。至2001年底共颁发23533487枚各类德国体育奖章，仅1999年就颁发了866461枚，是历史上颁发最多的一年。各州也采取措施，推动德国体育奖章活动，如2001年8月18日就是萨尔州的“体育奖章日”，启动了“萨尔州创体育奖章纪录”活动。2006年5月，德国体育联合会和德国奥委会合并为德国奥体联，这也大大刺激了全体国民参加锻炼、争取奖章的积极性，就在当年颁发了949916枚，创一年内颁发“德国体育奖章”的新高，而2008年经过各方的共同努力，终于实现了多年的梦想，历史性突破了100万大关，达到1004341枚。其中，776920人是儿童和青少年，227421人是成年人。

2009年5月12日，德国总统科勒尔与夫人一起在柏林再次参加了德国体育奖章的测试。科勒尔其实早已获得了奖章，但他表示，喜欢参加这项活动，愿意借此表示对该项活动的支持，引起更多人对体育运动的关注。德国奥体联群众体育和体育发展主席团成员乔佩博士希望2010年获得德国体育奖章的人数能够增加6%。她希望有更多的德国成年人获得奖章，尤其是妇女。

四、“联合声明”的发表

2000年在德国体联成立50周年的大会上，德国体育联合会与文化部长会议和州体育部长会议发表“联合声明”，旨在推动学校体育，强调学校体育对于终身体育锻炼的重要意义，同时也为新世纪的德国学校体育指明了发展方向。此“联合声明”可以说是1972年的《学校体育活动计划》及1985年的《第二个学校体育活动计划》的延续、完善和补充。包含学校体育的大众体育未来计划为：提高大众体育的地位；完善大众体育俱乐部活动计划；大众体育必须成为世界上规模最大的社会性市场经济活动。

五、“体育运动有益于德国”

德国政府非常倡导国民参与体育运动。在不同的发展时期，政府提出了不同的口号来促进全民健身。这一时期主要有2001年的“通过体育保持健康”及德国残疾人体育协会的“通过体育达到康复”，2002年的“家庭与体育方案”和“体育运动有益于德国”，2003年的“德国，动起来”。

这里“体育运动有益于德国”特别值得一提，2002年在当时的德国总统约翰内斯·劳的倡议下一个名为“体育运动有益于德国”的宣传活动在德国展开，它传达给公众这样的信息：“运动有益于德国——让我们动起来。”呼吁大家每天运动一个小时。政府首脑以及众多文体明星为这个运动做宣传，带头上街跑步做表率，效果非常好。德国政治家喜爱体育锻炼，据德国体育联合会网2004年7月23日消息：每4名联邦议员当中，就有一人坚持体育锻炼。柏林德国电台对2004年在任的德国联邦议会的668名政治家开展问卷调查，结果显示，不少议员也经常定期参加体育锻炼。他们最喜欢从事的项目是跑步、自行车、足球、健身操和体操，其次是游泳、打网球或高尔夫球。在他们的带动下，8.8万个协会、400余万名志愿者和2700万会员参加了这一波及全德的全民健身活动。作为倡导者的总统也高度赞扬这一活动。

六、“体育与健康”

早在1983年联邦德国体育联合会就开展过“体育与健康”的全民健身活动，持续了5年。而2005年的这次“体育与健康”活动是由德国卫生部在全德提倡开展的。活动建议德国人“每天额外行走3000步”。这项全国性活动的目的是在德国推行健康的生活方式，鼓励大家多运动。自2006年起，德国奥体联和德国徒步旅行协会也对该项活动表示支持。活动还成立了顾问组，除德国卫生部长施密特外，德国电视一台首都演播室的负责人德佩恩多夫、德国奥体联主席巴赫博士和德国徒步旅行协会名誉主席施耐德博士也是顾问小组成员。活动在德国各地掀起了步行健身的热潮，很多城市都组织了有自己特色的3000步行走活动。例如，在哈尔茨开展了“运动的哈尔茨”活动周，每天都推出一项行走活动；在柏林和法兰克福等市成立了几十个“星期三一起走”小组。截至2007年底，活动已得到800余家俱乐部、疾病保险公司和企业的响应，德国已经有40.35万人免费获得了计步器，参与到“运动与健康”活动中来。

七、“特色奥运会”

德国大众体育形式多样、丰富多彩，深受广大国民的喜爱。且体育活动常与文化活动紧密结合，起到了丰富大众文化生活，整合社会情感的作用。例如，由德国可口可乐公司和德国奥体联从2007年5月开始举办的“特色奥运会”，就是每年评选“德国最具体育活力的城市”和“德国最佳体育积极分子”的大众体育活动，至今已举办了7届，届时，全国上下总动员，全家老幼齐出动，形成全民健身的又一大热潮，有力地促使了德国大众体育的常态化及常年化。

“德国最具体育活力的城市”每年评选出3万人以上及以下城市各一个。2008年首届“德国最具体育活力的城市”是莱茵州的斯佩尔市，在9月5日至7日的决赛活动中，仅有5万人口的该市40个体育协会组织开展了有1.1万人参加的体育展示活动，并战胜艾尔朗根、福赖堡、费尔斯瓦尔特及赫尔勒4个竞争城市，一举夺魁，获得10万欧元的奖金，作为继续开展全市大众体育的活动经费。

“德国最佳体育积极分子”甚至每月评选一次，前3名分获奖金500、300及200欧元；年度评选时分幼儿园及中小学组、企业组、体育协会组、休闲体育组和体育活动场地新建组5类，每类优胜的个人或集体获奖金2000欧元。

八、体育节

德国传统的大大小小的体育节也在蓬勃开展，如大型的全国“体育节”从1994年至2013年已举办6届，并从2005年起也允许外国人参加，名称亦改为“国际体育节”。小型的地市级体育节在德国随时随地可见，比如2002年7月12日至14日的德国赖内市体育节，组织了70多项体育活动，共有43家体育俱乐部和8家体育联合会参与。根据体育节组织者的估计，体育节吸引了约6万名观众和参与者。体育节期间还举行了学校体育日活动，大约4500名5～10年级的学生报名参加了该项活动。蹦极、攀岩、轮滑等体育活动把体育节推向了高潮。除个人运动项目外，体育节还举行了赖内市中小学篮球冠军赛和足球冠军赛。各家体育俱乐部也借体育节之机开展了宣传活动。这些活动和节日就是要通过开展各类人群的活动让体育运动成为城市、社区及乡镇的名片和风景线，让越来越多的国民变被动为主动，培养良好的生活方式，自觉投入到运动健身中去，让社会更文明、更现代、更和谐。

第四节　当代德国竞技体育

当代德国竞技体育主要涉及竞技体育管理体制与机构、竞技体育资金来源与使用和竞技体育发展措施与现状等几大方面。

一、德国竞技体育管理体制与机构

统一后德国的竞技体育管理基本延用了原联邦德国的以体育俱乐部为坚实基础的竞技体育管理体制。这种体制具有体育事业平衡发展、运动员收入较好和就业矛盾不突出等优点，但在俱乐部体制下，由于主要依靠市场调节，缺乏国家层面的宏观调控，因此越是开展普及的项目越容易保持较高水平，而一些弱势项目的水平则无法有效地得到提升。因此原联邦德国的优势项目基本得到保持，将来还会继续良性发展，如夏季奥运会项目的马术和击剑及足球等项目。而原民主德国的部分优势项目基本丧失优势，如田径、游泳和速度滑冰等曾经是其绝对强项，通过俱乐部体制可以保证一定的参与人数和较高的竞技水平，但想恢复到以前的水平，重现20世纪七八十年代的辉煌基本上没有可能。

德国竞技体育管理机构仍分为两类，即官方机构与非官方机构。在官方的管理机构中，国家层面以内务部为主，联邦州层面以文化教育局为主。在非官方机构中，德国奥体联是管理竞技体育的唯一最高组织，在它的领导和管理下，各单项体育协会、联邦州体育联合会和联邦国防军体育管理机构积极参与，依托奥林匹克训练基地、青少年训练基地和大众体育俱乐部，通过教练员培训和体育科学研究，共同提高竞技运动水平。

二、德国竞技体育资金来源与使用

德国竞技体育资金主要来源于政府和民间两个渠道。

（一）政府部门

德国政府对竞技体育的支持分三个不同的级别，且级别越高，支持的力度越小。以2001年为例：社区支持的份额最重，达36亿欧元；各联邦州支持8.7亿欧元；政府各部的支持约为1.534亿欧元。

其中，政府各部对竞技体育的支持以内政部最多，2002年起，每年约1.5亿欧元，主要用于支持不能自收自支的国家级的单项体育协会；维修、保养主要用于高水平竞技体育的体育场馆；支付竞技运动员参加奥运会、世界锦标赛等大赛的费用；对训练中心的财政支持；对残疾人开展体育运动的财政支持及对体育科研所和兴奋剂检测中心的财政支持6个方面。

此外，国防部每年也会为竞技体育提供资金，2001年国防部为德国奥林匹克计划投资3480万欧元，用于支持优秀军人运动员参加奥运会等世界大赛。

（二）民间组织

德国竞技体育的另一资金来源是德国体育援助基金会。它是除德国政府外，德国高水平竞技体育最大的直接资助者。1967年，该基金会在时任德国体育联合会主席道默的倡议下成立于柏林。基金会主要向那些有望参加奥运会的运动员（A级、B级和C级运动员）提供社会福利保障，使他们能完全集中于训练，保证运动员不会因为训练而荒废学业和职业培训。从1967年到2014年，德国体育援助基金会共向50余个项目的4.6万名德国运动员提供了约4亿欧元的资助，每年平均资助约1千万欧元。德国奥运代表团90%的运动员都从该基金会领取赞助金，按照各人的运动成绩和获得奖金的多少，赞助金可能是每年几千或者几万欧元不等。例如，德国在2002年盐湖城冬奥会获得的32枚奖牌中，有29枚（90%）是受到基金会资助的运动员获得的。基金会在冬奥会备战前期（1999 — 2001年）向运动员提供了147.2万欧元的资金，再加上向获奖运动员发放的奖金，基金会为德国队参加2002年盐湖城冬奥会共投入230万欧元。

该基金会的受赞助运动员至今已获230余枚奥运金牌。

因德国体育援助基金会纯属私人民间组织，几乎无任何政府拨款，其主要资金来源是“幸运螺旋形上升”电视彩票（约占总收入25%），体育市场运作、捐赠（约占总收入35%），出售体育特种邮票（约占总收入7%）。例如电视彩票，基金会每年大约可以分到400万欧元。又如接受捐赠，2014年在拜仁慕尼黑与勒沃库森的一场比赛前，施魏因斯泰格（现任德国国家男子足球队队长）和他的队友们将本场比赛的球衣已经提前义卖了12万欧元，拜仁俱乐部再加10万欧元共计22万欧元捐献给德国体育援助基金会。再如体育市场运作，2010年基金会推出了一项新举措，为基金会赞助资金的来源奠定新基础。该项活动动员全德体育爱好者参与，每月拿出3欧元支持得到体育援助基金会资助的运动员。资助者将被称为“德国顶尖运动员的正式赞助者”，但不能挑选赞助的对象。德国游泳名将比德尔曼为这项活动拍摄了电视广告，片中比德尔曼号召百万德国体育爱好者支持德国顶尖运动员。在温哥华冬奥会和残奥会期间，这则耗时30秒的广告在德国多家电视台播放，号召大家资助德国顶尖选手。基金会的支持者德意志银行、汉莎航空、德国电信和奔驰公司都在公司的员工和客户中宣传了这项活动。德国内政部长德迈齐埃对德国体育援助基金会的这项活动表示支持，成为第一位正式赞助者，并获得赞助证书。

“取之于民、用之于民”，基金会总收入的大部分用于促进体育事业，小部分用于上税、支付员工工资及办公费和举办其他活动。例如，2012年总收入为1890万欧元，其中的1250万欧元（约2/3）用于直接和间接资助高水平运动员，上税30万欧元，支付员工工资及办公费120万欧元和举办其他活动490万欧元。

德国体育援助基金会主要通过以下几种方式资助运动员：

① 保险：由于竞技体育运动存在一定的风险，基金会为所有接受资助的运动员上了事故、赔偿和权力保护险。

② 常规支持：每月给予运动员一定的资助。每年向约1700名C级运动员和有运动天赋的选手提供平均每月75欧元的资助；此外，还额外给予约100名最具运动天赋的青少年选手50万欧元资助。

③ 职业和培训方面的支持：如果业余运动员因为参加奥运会、世锦赛和欧

锦赛及准备大赛而耽误工作，影响薪资，基金会会向运动员提供薪资补偿（最多三个月）。基金会还向运动员提供学习贷款，特殊情况下也会在培训和深造方面给予运动员资金方面的支持。

④ 运动员奖金：为在奥运会或世界锦标赛上获得前8名、欧洲锦标赛获得前6名的运动员发放奖金，青少年选手也采取同样的奖金分配办法。特殊项目有特殊规定。如果运动员在同一个赛季的世锦赛和欧锦赛上都取得了可以享有奖金的名次，那么运动员只能获得额度较高的那份奖金。奥运赛季将以奥运会的成绩为准。在同一项比赛中获得3枚以上奖牌者，领取奖金时以3枚奖牌计算。如果运动员只是取得了名次（奥运会和世锦赛4~8名、欧锦赛4 ~ 6名），分配奖金时将只考虑最佳名次。例如，2014年索契冬奥会，冠军、亚军和季军的奖金分别为2万、1.5万和1万欧元，4 ~ 8名也领取奖金，第8名为1500欧元。德国体育资助基金会为这届奥运会共发放奖金54.85万欧元。

⑤ 重点支持：对于那些有望在奥运会上赢得奖牌的运动精英，德国体育资助基金会将给予长期支持，资助金额约每年1万欧元。获得重点支持的前提是在世锦赛上获得奖牌、在欧锦赛上获得金牌，有详尽的备战奥运会计划。2011年1月1日起，还为有可能在奥运会上有望夺冠的德国优秀运动员提供奥运会开幕前18个月、每月1500欧元的额外资助。该特别项目已在2012年的伦敦夏奥会和2014年的索契冬奥会前执行，在2016年里约热内卢夏奥会和2018年平昌冬奥会前也已实施。

截至2014年，德国有3800名运动员每月受到基金会的常规资助。其中1800名是青年选手（C级运动员）；1200名是成年选手，但有望将来在世锦赛、欧锦赛和奥运会上取得佳绩的运动员（B级运动员）；800名是世界顶尖选手（A级运动员）。

特殊情况下，因伤病或工作等原因暂时未达到上述等级（S级运动员），但有较大竞技体育潜力的运动员，也会得到一定赞助。

除常规资助外，每年还资助600名在体育重点学校和体育精英学校的少儿选手。

另外，德国奥体联还从2006年德国足球世界杯的盈利中获捐赠300万欧元，建立了“德国体育基金”，其中的部分资金也用于发展竞技体育。

三、德国竞技体育发展措施与现状

德国竞技体育发展措施主要指运动员培养、教练员培训和体育科学研究几方面。德国竞技体育发展现状是说近20年的整体水平，特别通过参加奥运会等世界大赛的成绩来体现。

（一）德国运动员培养

1970年，两德尚未统一，当时的联邦德国开始实施运动员等级制度，当时分为联邦级（A、B、C级）、州级（D级）和少儿级三类。现在德国竞技体育运动员分5级，其中D级、D/C级和C级选手属后备人才，B级和A级属顶尖运动员。遍布全德的1.3万余家竞技体育俱乐部，91所体育重点学校，43所体育精英学校，64所竞技体育合作伙伴高校，210个联邦训练基地，19个奥林匹克训练基地，各乡镇、学校、州单项协会，各州体联，各州负责体育运动和学校教育的部门，德国体育援助基金会，德国奥体联竞技体育部，德国国防部，德国内政部警察局及德国财政部海关等都以不同形式参与竞技体育人才培养的工作。

在德国，发现体育天才的任务主要由体育俱乐部、学校、乡镇、州体育运动协会和州政府承担，联邦政府一般不直接干预。德国的体育俱乐部分为职业体育俱乐部和业余体育俱乐部。规模较大的业余体育俱乐部都有青少年部，负责体育人才培养。

德国职业俱乐部也十分重视人才培养问题，一个职业俱乐部往往有若干支青少年队，一旦把青少年选手培养成才就可以通过转会赚取高额利润。

当然，德国联邦政府也十分关心体育人才培养问题，主要从资金、科研、基地训练（为D级和D/C级运动员到奥林匹克训练基地训练创造条件）、制定D级和D/C级运动员晋升为联邦级运动员的标准、设立体育寄宿学校以及开展“青少年为奥运”竞赛活动等方面推动这项工作。

下图为德国运动员培养过程的示意。

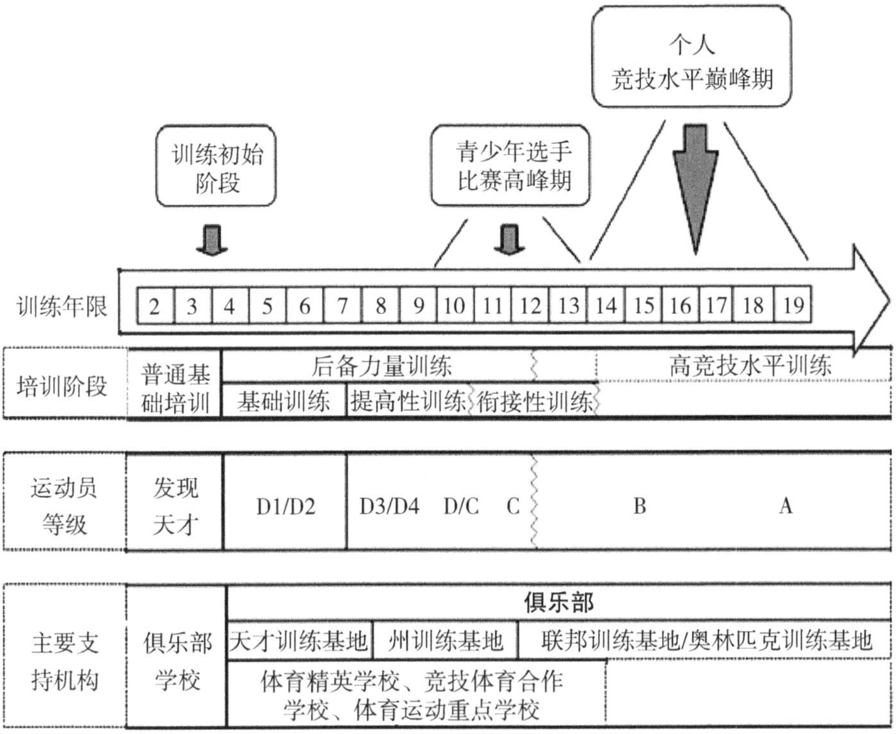

德国运动员培养过程示意

1. 体育重点学校

为了解决学训矛盾，德国在运动员初期培养方面建立了体教结合的运行机制，德国体育重点学校为有体育天赋的孩子提供优越的运动训练和文化教育。这种学校无需德国奥体联命名，它其实是具有显著体育特色的普通学校，仅仅学校在办学特色上突出体育，其他教学方面均与普通学校一样，学生不享有任何特权。因为参加训练或比赛耽误文化课学习的学生，学校通过延长学制和随队补课、小班教学等灵活方式，给予最大补充。学生考试均不予降低标准。学生较少集中寄宿，防止失去家庭生活和教育，促进学生的人格塑造和发展。

目前，德国体育重点学校共有91所，分布在各联邦州、市，其中最多的在下萨克森州，有26所；最少的仅1所，如在不来梅、萨尔和柏林等州、市都只有1所体育重点学校。

体育重点学校一般是中学。以黑森州的魏恩伯格体育重点学校为例，该学校还是以文化学习为主，田径、游泳等14个运动项目的体育特长生只占全校学生的20%。这些体育特长生集中在一起上课，半天学习，半天训练。黑森州奥林匹克训练基地与魏恩伯格体育重点学校密切合作，除为这些具有运动天赋的学生提供运动医学、理疗、科学训练和运动心理等方面的服务外，还为他们提供体育运动和职业发展方面的咨询。这些体育精英学生不仅体育好，学习成绩一般也不错。体育重点学校在课程设置方面为体育后备人才提供了特别的便利，如根据运动队训练的需求，专门为运动员调整文化课授课计划，延长学习年限等。高中毕业后，这些体育重点学生或进入大学，或进入各俱乐部。

2. 体育精英学校

为了给青少年选手创造良好的文化课学习条件和训练条件，德国奥体联把学校与竞技体育相结合的形式看作引领体育天才迈向全国乃至世界竞技体育顶峰的一个重要方式，并在全国推行。青少年体校曾是民主德国竞技体育体制的一个重要组成部分。然而，这类体校把竞技体育放在首位，对文化课教育没有予以足够重视。统一后的德国没有照搬民主德国的后备人才培养制度，而是对其进行了改革。有些民主德国的青少年体校被改组，变成了私立寄宿学校，如罗斯托克的青少年体校。在波茨坦、柏林和哈勒的其他一些青少年体校得到新联邦州教育部的接管，成为与体育运动俱乐部相联系的体校，为有天赋的小选手提供额外的支持。截至2014年10月，德国奥体联已命名43所体育运动精英学校，其中东部18所、西部22所、柏林3所，有29所涉及夏季项目、7所涉及冬季项目、7所涵盖冬季和夏季项目，共有1.15万名青少年运动员受训。

体育精英学校的学生要花大量时间和精力去训练，才能提高运动成绩，但文化课又不能被挤占，在处理训练与学习矛盾中，他们多管齐下，最大可能提高训练效果。学生每周3次训练课与俱乐部、训练基地协调好，统一时间安排，其他时间视情况灵活地再加训练。同时，文化课适当延长教学时间安排，并采取小班跟踪教学、人盯人教学方式，最大可能给予最充足的文化教育。训练和文化课学习的周密安排均体现在他们精确的课程表上，课程表由教练员、文化课学习负责人、校长及俱乐部负责人四方加以确认，以保证学生各方面都能够得到良好教育。

学生拥有体育天赋，成为体育精英，意味着要比别人付出更多的勤奋，并非会凭借天赋而比别人轻松。德国体育生活化程度相当高，实行职业证书准入制，体育特长生并非享有优惠。因此，体育精英学校仍然着眼于学生的文化课教育，在文化教育扎实的基础上再挖掘体育天赋和潜力，而非单一地关注竞赛成绩。学生文化课学习与体育训练的价值取向，始终是培养学生全面的发展和打下良好的基础。体育精英学校不会享受到国家的特殊照顾，要比普通学校管理更加有效和节省，否则无法生存。因此，体育精英学校一般均与普通学校、训练基地、俱乐部相邻，大量整合利用周边的教育训练资源，提高文化教育和训练质量。

以明斯特体育精英学校为例，有1350名学生和115名教师（含20名体育教师），仅有7名行政人员、1名宿管、1名宿管助理和3名秘书。这20名体育教师负责校园内一般的体育课和活动。学生的运动训练每周3次由俱乐部、协会负责，学校只是做好文化课教育和协调工作。其实，德国的体育精英学校，更像是一所教育联盟，主要用灵活高效的体系制度整合了教育训练资源，使学生享有良好的教育条件和环境，更加适合有体育天赋的学生的发展。学校自主创立灵活的管理体制机制，始终以能够吸引和培养学生、服务学生发展为主旨，保证了学校的教育及学生的培养能够可持续的发展。

体育精英学校并非终身制，德国奥体联每4年（一个奥运周期）就要对体育精英学校进行一次审查，以考虑是否保留其“体育精英学校”的称号。

总体而言，德国体育精英学校有效地实现了“体教结合”，且成效显著。例如，参加2000年悉尼奥运会的德国代表团中，有1/3的运动员曾在体育精英学校就读，1/2的奖牌获得者曾是体育精英学校的学生。而在德国派往2002年盐湖城的奥运代表团中，38%的运动员在青年时代受益于这种体育精英学校，在获得奖牌的选手中这一比例更是高达81%。在德国参加2012年伦敦奥运会的392名运动员当中，104人有在体育精英学校就读的经历，超过参赛运动员数的 1 / 4 。2014年索契冬奥会，153名德国参赛运动员中，84人有在体育精英学校就读的经历，占参赛运动员的54.9%。

3. 竞技体育合作伙伴高校

除上述两类中学外，德国高校与竞技体育同样有着密切的联系，特别是1999

年实行体育单项协会与高校合作项目以后，优秀大学生运动员频繁地代表德国出现在奥运会等世界大赛上，并取得不错的成绩。

竞技体育与高校合作始于1999年，当时德国高校体育联盟与德国田径协会达成联合培养大学生运动员的共识，目的是确保顶级运动员就业前景和学历教育，当年德国田径协会与纽伦堡大学、科特布斯大学和米特迈达大学签署协议，合作培养大学生运动员，因而这三所大学成为最早的竞技体育合作伙伴高校。后来，类似学校逐渐增加，至2005年已达64所，而且合作伙伴也扩展为德国高校体育联盟，比勒菲尔特、慕尼黑、奥登堡等24个大学生管理协会，田径、游泳、击剑、篮球、曲棍球、滑雪和速滑7个体育单项协会，汉堡、黑森、萨克森和下萨克森4个州体联，柏林、科隆和马格德堡等14个奥林匹克训练基地和相关高校及运动员，严格规定了各方的权力与义务。例如，合作高校有义务为该校的高水平运动员学生提供更灵活、更便利的学习计划，使他们能够在保证训练的基础上同时顺利完成学业。从2007年起，德国高校体育联盟和奥林匹克训练基地还联合授予成绩突出的高校“竞技体育精英大学”的称号。

实践证明，这种多方合作的大学生运动员培养模式也取得了明显的效果。以1992年至2004年的4届夏奥会为例，在校大学生运动员分别为127名、118名、117名和154名，占德国奥运代表团运动员总数的27.5%、25.1%、26.5%和34.1%，特别是在2004年的雅典奥运会上，51名大学生运动员获得奖牌，占德国奥运代表团获奖人数的46%。

4. 联邦训练基地

为全面保证国家甲级队和优秀运动员能集中训练，根据不同运动项目的需要，在16个州的许多城市修建了210个联邦竞技体育训练基地（含85个青少年联邦竞技体育训练基地），其中40个冬奥项目训练基地，如慕尼黑的速滑训练基地、曼海姆的花样滑冰训练基地等，负责雪橇、速滑、冰壶、冰球、花样滑冰及冬季两项等7个重点项目的集训；170个夏奥项目训练基地，如多特蒙德的田径训练基地，波恩的击剑、现代五项训练基地，科隆的柔道、拳击、曲棍球训练基地，海德堡的游泳、篮球、乒乓球、排球训练基地，等等，负责田径、游泳、击剑、柔道、曲棍球、体操、赛艇、排球、乒乓球等22个重点项目的集训。

这里的集训一般是和有关的体育俱乐部、体育专项协会、州体联专项协会及奥林匹克训练基地的联邦教练员密切配合来完成。因而，联邦训练基地通常靠近奥林匹克训练基地。

5. 奥林匹克训练基地

奥林匹克训练基地始建于1987年，目前德国共有19个，分别位于图林根州、柏林市、莱茵兰—普法耳茨州、黑森州、北莱茵—威斯特法伦州、巴伐利亚州、勃兰登堡州、下萨克森州、萨克森—安哈特州、梅克伦堡—前波莫瑞州、莱比锡市、德累斯顿市、斯图加特市、汉堡市、弗莱堡市及陶伯比斯海姆等州市，它们主要是德国奥运代表团顶尖运动队的专用训练基地，但平时也常用于竞技体育后备人才培养。德国运动员不进行统一训练，各地运动员分别在全德各地这19个奥林匹克基地备战奥运会。为了帮助运动员完成从青少年选手到顶尖运动员的过渡，弥补学校体育的不足，德国政府还出资在奥林匹克训练基地建立“运动员之家”，不仅为成年运动员，而且为青少年选手提供了就近短期集中训练的住宿便利。

德国奥林匹克训练基地属服务性机构，这里既有运动医学、训练科学、心理学专家、理疗师、信息技术人员、恢复指导老师，又有运动专业管理人员和市场营销专家，他们为成年和青少年选手的日常训练提供社会、运动医学、理疗、训练科学等方面的咨询和服务。所有的奥林匹克基地所承担的任务都是一样的，主要是向运动员提供体育医疗和理疗、心理和社会保障三大任务，让运动员全身心地投入训练，确保其达到世界水准。“一切为了运动员”是基地的口号。为此，基地与运动员和教练员随时保持紧密联系，竭尽全力为其提供最好的运动场地、器材、测试仪等设施，各奥林匹克基地得到了德国政府（内政部为主）和德国奥体联的全力支持。

每个奥林匹克训练基地的年平均经费约为100万欧元，其中来自联邦政府的约占50%，来自所在州和市政府的约占19%，来自赞助和自身创收的约占8%，来自其他渠道的约占23%。

在奥林匹克训练基地工作的教练员分为三种：国家级教练员、州级教练员和由奥林匹克训练基地直接雇用的教练员。其中由训练基地雇用的教练员主要负责那些正在从D级向C级过渡的运动员的训练，为了提高他们的工作积极性和保证训练服务水平，根据“教练员共同资助计划”，他们的费用由联邦政府和州政府共同负担。

德国的训练基地注重科研与训练紧密结合。德国的赛艇、皮划艇运动能够长期处于世界领先与这两个项目的科学训练密不可分。例如，波茨坦奥林匹克训练基地的皮划艇室内模拟训练荡浆池可模拟测试6.5米/秒流速、5.5米/秒艇速情况下运动员的桨频、平均力、最大力，并显示于电脑。德国皮划艇国家队的运动员每年来此进行3次测试，每位运动员的测试材料都有详细档案。又如德国埃森奥运训练基地在训练赛艇运动员时使用了电脑。以往在训练中，如船桨入水角度稍偏、运动员身体重心稍低时，即使很有经验的教练员也难以发现，而高技术辅助手段就可帮助人们发现它。录像、桨上的传感器、船底部的速度表以及记录运动员心脏负担的微型心电图仪，可以毫无遗漏地以图解方式提供必要的数据，帮助教练员从中发现技术或身体状态的任何缺陷。

下面以德国柏林奥林匹克训练基地为例，进一步了解奥林匹克基地的情况。

德国柏林奥林匹克训练基地成立于1987年，是最早的基地之一，1991年发展成为全德最大的奥林匹克训练基地。该训练基地在成立之初归柏林州体联领导，1997年起由柏林奥林匹克训练基地协会管理。这里的工作人员包括运动医学专家、科学训练专家、理疗师、心理学家、信息学研究者、身体恢复指导教师、事业发展咨询员、专业管理人员、市场规划专家和基地教练员，为在柏林居住生活的联邦级运动员提供包括运动医学、理疗、科学训练、事业发展咨询等领域在内的综合服务。基地竞技水平诊断和训练调控的仪器技术一流，拥有力量测量场所、图像分析和时间结构系统、比赛分析系统等先进设施。

在柏林奥林匹克训练基地，以下奥运会项目被德国奥体联命名为重点项目：拳击、篮球、射箭、花样滑冰、速滑、曲棍球、皮划艇、田径、现代五项、自行车、赛艇、游泳、帆船、体操、排球、水球和跳水。另有13个项目属于在柏林奥林匹克训练基地得到支持的项目：羽毛球、击剑、女子手球、艺术体操、射击、女子乒乓球、棒垒球、足球、摔跤、网球、铁人三项、跆拳道和蹦床。

柏林奥林匹克训练基地除了为包括奥运会、世锦赛和欧锦赛冠军在内的顶尖选手提供服务外，还与柏林州体联合作，为后备人才创造良好的训练环境。目前在柏林的约700名联邦级运动员（A级—D/C级）主要是在柏林奥林匹克训练基地训练。柏林目前有州级运动员约2500名，主要在州竞技体育中心训练。其中800人在体育精英学校就读。约10%的D级运动员同时还得到奥林匹克训练基地提供的服务。

目前柏林奥林匹克训练基地约有120名专职教练员在重点运动项目顶尖和后备人才领域工作。其中30余名是专项运动协会的教练员（联邦级和联邦训练基地教练员），52名属州级教练员，17名是奥林匹克训练基地教练员，后者由奥林匹克训练基地直接雇用，得到联邦政府和州政府共同资助，其任务是培训处在过渡期的运动员（从D/C级到C级）。

柏林奥林匹克训练基地的主要任务包括：

实施柏林奥林匹克训练基地协会董事会和成员大会的决议；

对柏林竞技体育发展趋势做调查、分析；

与联邦体育科学研究所、应用训练科学研究所和运动器材研究与开发所、大学及体育精英学校合作，提高重点运动项目后备人才和顶尖选手的水平；

与管理竞技体育的机构和组织（德国体联、州体联、德国体育资助基金会、德国内政部、州政府）合作；

指导、协助在奥林匹克基地工作的教练人员；

进行人员、资金等方面的管理；

保证在基地训练的联邦级运动员的训练条件（时间、运动设施）；

改善高水平竞技体育的训练装备，采取扩建、修缮措施。

柏林奥林匹克训练基地倡导科学训练，注重竞技水平诊断和训练调控。诊断工作是进行个人竞技水平分析，提出训练调控建议的基础。个人的运动竞技水平是由技术、协调性和战术共同决定的。柏林奥林匹克训练基地的科研工作者已经而且还将继续与最好的器械生产商合作，运用先进的测量方法，提供尽可能准确的、符合各项目特点的服务。他们与教练员和运动员密切合作，以客观诊断为基础，共同努力提高比赛的竞技水平。

对个人竞技水平的咨询服务包括：动作分析，对技术训练的反馈，肌肉力量训练，训练规划与建议，时间结构分析，比赛调研，为赛艇和皮划艇训练提供测试船，为自行车和速滑项目提供测试自行车等。技术分析和调控服务包括综合测试程序，速度信息系统等。诊断和训练身体素质能力方面的工作有：综合竞技水平测试以及在20多个测试点实施身体素质训练计划；预防和恢复工作包括针对局部肌群安排与运动相关的预防和恢复计划等。战术分析工作包括观察比赛和对抗练习，录像分析。为训练和比赛提供的服务有：提供录像技术、激光技术、心律测试、软件开发与调整、训练资料、数字图像编辑及多媒体等。

通常情况下，基地的科研工作者将测试和分析的结果直接告诉运动员及其教练员。训练科研工作者的解释和论断使训练更加切合实际。

柏林奥林匹克训练基地的管理者将健康视为运动员保持和提高竞技水平的基础。基地提供的运动医学和健康服务包括：

对患病和受伤的运动员进行临床诊断和理疗；

为患病和受伤的运动员提供负荷规划咨询（针对个人情况采取预防和恢复措施）；

在营养和生活方式方面为运动员提供咨询。

理疗和恢复服务包括：在训练和比赛工程中通过医疗体操、人工按摩、浴疗、湿敷、电疗、水疗等多种手段预防错误负荷造成的损伤，让运动员尽快从伤病中恢复过来。

很多运动员都要面对如何平衡体育与生活其他部分关系的问题。柏林奥林匹克训练基地的管理者认为，运动员如果想充分发挥其运动天赋，需要经过长年的艰苦训练，而且始终目标明确、斗志旺盛。奥林匹克训练基地的事业发展咨询员可为在柏林的约700名联邦级运动员和后备人才提供咨询服务，帮助他们协调读书、职业与体育运动的关系。体育运动事业规划、社会环境协调、体育精英学校的培训及文化课学习、经济资助、兼职工作、交通运输赞助、服兵役等与德国运动员生活息息相关的领域皆在咨询范围之内。

柏林市郊区的基恩鲍姆联邦训练基地是德国运动员备战重大体育赛事的首选训练基地，柏林奥林匹克基地和它联系密切。和其他德国城市相比，在历届参加奥运会的运动员中，来自柏林的参赛选手最多。

6. 德国国防部

自20世纪50年代起，德国联邦国防军也开始支持德国竞技体育的发展。1957年建立国防军体育学校，从1968年起又成立体育促进小组，包括军事体育项目，此类培养优秀运动员士兵的小组在2006年达到25个，后有所减少，但至今在德国奥林匹克运动基地和竞技运动中心附近，仍驻扎着联邦国防军的柏林、科隆、美因茨等15个体育促进小组，它们与体育单项协会和奥林匹克训练基地密切合作，开展70余个项目的训练，从而推动德国竞技体育发展，为此国防部每年投资约

2800万欧元。在体育促进小组里，运动员士兵70%的时间参加训练和比赛，30%的时间用于军事培训。体育促进小组自己没有竞技体育必需的基础设施，因此运动员一般都到奥林匹克运动基地和竞技运动中心训练，特殊运动项目也到各项目协会训练。联邦国防军中的竞技体育运动员在军事方面受体育促进小组领导，在训练和比赛方面基本上由教练员负责。现在联邦国防军促进竞技体育发展的体系已经成为德国竞技体育的一大支柱，联邦国防军为德国奥运代表团输送了大批顶尖强手（如1992年至2004年的4届夏奥会，分别派出55、88、113和127名，占德国奥运代表团总运动员人数的11%、18%、26%和28%），并荣获优异成绩。

运动员士兵在奥运会和其他国际赛事上的优异表现证明了联邦国防军促进竞技体育制度的优越性。另外一组数据也显示1992—2006年，德国总计获得394枚奥运奖牌，其中173枚（62金、54银、57铜）来自军队选手，约占奖牌总数的44%。在2006年都灵冬奥会上，军队选手占德国运动员总数的45%，获得的奖牌数占德国奖牌总数的66%，特别是全部为职业军人的德国冬季两项运动员，他们在2006年冬季奥运会上获得了冬季两项10枚金牌中的5枚。运动员士兵哈尔廷在2012年伦敦奥运会上获得的男子铁饼金牌是德国田径场上的唯一一枚金牌。此外，1991—2005年，德国军人共获得468项世界冠军、416项欧洲冠军和2489项全国冠军。

联邦国防军支持竞技体育的基础是为运动员留出的军人职位。据数据统计，1971年和2008年为高水平运动员士兵留出的军人职位分别为430名和824名，期间数量有明显增加。在2008年的824个位置中，544个分配给夏奥会项目，220个分配给冬奥会项目，60个给予非奥项目。

当前，在奥运项目和国际比赛增加、训练和比赛全年化以及竞技体育专业化的背景下，要求运动员全年都处在训练和比赛的进程中。德国联邦国防军为运动员提供了竞技体育的专业条件，有利于竞技体育目标与职业目标的协调统一。因此，相当数量的单项运动协会几乎把所有的骨干位置分配给了军队选手，像男子体操、举重、拳击、雪车、雪橇、冬季两项、北欧两项等运动项目，只有这样才能达到训练和比赛需要很多时间的要求。

此外，国防部对德国竞技体育和军事体育做出具体贡献的还有两所联邦国防军体育学校，分别设在宗特霍芬和瓦伦多夫，直属国防部领导。它们是德国军队培养陆、海、空军体育军官、士官、教官和专业运动员的院校。国防军两所体育学校最初在校学员均为 600人左右，后逐渐增加。学校学员来源一是从地方直接招收年龄在20岁以下、具有一定文化基础知识和体育专长的青年（C级运动员以上），录取员额占应招学员总数的40%；二是由部队各单位推荐有实践经验的优秀士兵参加考试，录取比例占应招学员总数的60%。现在两所联邦国防军体育学校毕业的学员遍及德军全军，德军连以上单位都有体育学校培训出来的学员，还有100多人成长为校官。近几年，两所学校向国家、军队输送了数十名运动员。

（1）宗特霍芬联邦国防军体育学校

1957年，联邦国防军在宗特霍芬建立了第一所体育学校，主要培养体育教官和运动员士兵。后因办学规模不能满足国防部及德国体联对于竞技体育越来越高的要求，从1978年起几乎实行了学校的整体搬迁，该校成为国防军新体育学校的分校，但至今仍然保留了一个体育促进小组驻扎此校，运动员士兵重点开展冬季运动项目的训练。

（2）瓦伦多夫联邦国防军体育学校

瓦伦多夫联邦国防军体育学校于1974年在时任国防部部长勒博的奠基下开始建设，4年后建成当时联邦德国最现代和最大的体育设施之一，包括一个有8000座位的体育场、两个有600座位的游泳馆、一个田径馆及其他体育场馆，全校每学年可招收3000名学员。1978年招收第一批学员，开设了军事课、文化课和军事体育训练课。军事体育训练内容主要有三类：一是基本训练，主要项目有徒手体操、田径、器械操、障碍、球类等，课时为训练总时间的35%；二是战斗技术训练，主要是摔跤、徒手格斗、刺杀、滑雪等，占训练总时间的50%；三是“冒险训练”，包括登山、攀登、滑翔、跳伞、滑翔机飞行等，占训练总时间的15%。学校认为，进行上述这些训练，有利于提高学员“灵敏协调、快速反应、保持耐力”的能力；有助于培养学员的勇敢精神和顽强意志，克服对战争的恐惧心理；符合年轻人的特点，能提高训练的趣味性。为了提高训练质量，他们坚持进行高难度、高强度的训练，不仅情况设置复杂，而且项项都考核。对于完成训练任务成绩突出的，给予加薪奖励。对因身体不适应训练要求或连续3次考试不及格者，则取消学员资格。在35个月的训练期间，淘汰率约15%。学员毕业时，学校对学员的性格特点、智力和体力状况、训练成绩、优点和特长、晋升意见等作出鉴定。接收毕业学员的部队，一般按学校的鉴定意见分配学员的工作。

瓦伦多夫联邦国防军体育学校的管理机构非常精干，除校长、教官外，只有70多名官兵负责教学保障、行政管理和后勤工作。学校体育促进小组十分重视对体育教官和运动员士兵的培养，每年都开设短期培训班，还不定期组织他们到地方院校进行专业进修。

联邦国防军运动医学研究所也建在体育学校内，除为运动员士兵服务外，每年还培养25名运动医学军医。

7. 德国内政部

除联邦国防军外，属于内政部的联邦警察也为夏季和冬季项目设置了约130个职位，成为德国竞技体育体制中一支不可或缺的力量。联邦警察主要通过两所体育学校系统培养运动员，其中冬季项目运动员在巴德恩多夫体育学校，夏季项目运动员在金豹体育学校。目前，两校重点开展12个冬季项目和6个夏季项目，运动员共有163名，其中85名冬季项目运动员，78名夏季项目运动员。两校与德国相关专项协会及训练基地密切配合，提高训练质量，促进德国竞技体育发展。德国奥体联认为，联邦警察对竞技体育的资助是有效的，应该向更多的冬季和夏季项目扩展。摔跤、游泳和男子体操等项目都对这种合作有极大兴趣。此外，也希望联邦警察对顶尖竞技体育的资助从图林根州和黑森州向其他联邦州扩展。

（1）巴德恩多夫体育学校

联邦警察在巴德恩多夫地区的滑雪运动始于1968年，当时有10余位边防警察为了准备内部的滑雪锦标赛在此集训。后规模和影响逐渐扩大，于1978年成立了巴德恩多夫体育学校，联邦警察以这种特有的方式帮助年轻的冬季项目顶尖运动员获得良好的职业和运动前景。至1991年，主要开展了高山滑雪、越野滑雪、速滑、单板滑雪、冬季两项、北欧两项、跳台滑雪；1996年增加了短道速滑；1998年增加了雪车和雪橇；2005年增加了钢架雪车；2008年加上自由式滑雪后至今共12项。

在巴德恩多夫体育学校，为了合理安排时间，实现职业培训与运动训练的高度结合，一般每年的4月至7月为警察职业培训季节，同时进行适当的冬季项目身体素质和专项训练，8月至11月为赛季准备期，12月至次年3月为比赛周期。运动员不仅有望日后成为警察，而且还得到了联邦警察的资助。这种有效的培养形式被誉为“巴德恩多夫模式”，使年轻选手实现了职业培训与竞技成绩双丰收。就职业而言，80%的运动员在退役后都留在了联邦警察，并可以胜任提供的相应职位，有的甚至已经担任要职。就竞技成绩来讲，从1978年建校至今，在该校先后受训的400余名运动员在冬季项目上为德国夺取了多枚奥运会和世锦赛奖牌，截至2013年，共获39枚冬奥奖牌、197枚世锦赛奖牌、148枚欧锦赛奖牌和177枚青少年世锦赛奖牌。其中包括著名无舵雪橇运动员菲利克斯·罗克，他在2010年和2014年冬奥会上获3枚金牌，并在世界无舵雪橇锦标赛夺得8枚金牌和1枚银牌。冬季两项运动员马蒂娜·贝克，她曾获得3次世锦赛冠军和2010年温哥华冬奥会季军。另外，还有跳台滑雪运动员乌尔曼，单板滑雪运动员科贝尔和雪车运动员马尔梯利等。

巴德恩多夫体育学校除培养运动员外，也培养警察体育教师和警察运动医生。

（2）金豹体育学校

金豹体育学校的前身为创立于1999年的科特布斯体育学校，当时联邦警察与科特布斯——奥德河畔法兰克福奥林匹克训练基地合作，使柔道、田径和自行车3个项目的年轻选手有固定的职业前景，同时又得到为期两年的训练资助。从此，联邦警察局对顶尖竞技体育的支持扩展到夏季项目。2007年，又增加招收皮艇、划艇、射击项目学员。2011年，学校因体育和经济原因，由科特布斯迁往柏林附近的金豹联邦训练基地。对于夏季项目运动员，整个夏季为竞赛高峰期，其余时间为准备期或恢复期，但每年都要保证有4个月的警察职业培训时间，使训练培训双不误。这样，即使运动员退役了，也就业无忧。统计显示，90%的该校运动员退役后留在了联邦警察工作。这里的运动员培养也成效显著，从1999年建校至今，在该校先后受训的160名夏季项目运动员（含田径、自行车、柔道、皮艇、划艇、射击6个项目），他们在奥运会、世锦赛和欧锦赛等国际大赛上共获奖牌近300枚，仅2012年伦敦奥运会上25名联邦警察运动员就有13位获奖牌载誉而归，另有7位也进入了单项前8名。

该校著名学员有沃格尔，她在2012年伦敦奥运会上获女子团体争先赛冠军，在2013年的世界场地自行车锦标赛中赢得了团体争先赛冠军和个人争先赛亚军。特别在2014年世界场地自行车锦标赛上获女子个人争先赛、团体争先赛及凯琳赛3枚金牌。赛艇运动员维伦泽克，他在2004年雅典奥运会上获1枚金牌，在2008年北京奥运会上获1枚银牌和1枚铜牌；在近年的世界锦标赛成绩更为显著，共获5金3银2铜。另外，还有世界纪录保持者、女子链球运动员海德勒，世界铅球冠军斯托里，2012年伦敦奥运会划艇金牌获得者苏尔茨，皮艇金牌获得者布愣德尔和克勒次梅等。

8. 德国财政部

除联邦国防军和联邦警察外，财政部管辖的海关的资助是加强高水平竞技体育与职业相结合的另一个重要方式。借助这种始于1952年的“官方的资助”，很多运动员的体育运动和职业条件得到改善，同时还拥有了良好的职业前景，海关为顶尖竞技选手提供了终身担任公务员的机会。

得到德国海关资助的运动项目主要是高山滑雪、冬季两项和越野滑雪。由海关建立的训练基地位于宗特霍芬、米滕瓦尔德、鲁波尔丁和阿尔腾堡。海关对顶尖竞技体育的资助最多达到40个位置，其中来自海关著名的滑雪运动员丽斯，她在2010年及2014年冬奥会上共获3金1银。另一位是诺伊罗伊特，他曾在2005年的世界滑雪锦标赛上夺金。

德国奥体联期望海关与更多单项协会合作，将资助扩展到其他冬季和夏季项目，为德国竞技体育的发展作出更多更大的贡献。

9. 举行运动竞赛

在德国，各级别、各专项或综合赛事名目繁多，有职业的和业余的，也有成年的和未成年的。这些比赛可以起到激发选手竞争热情、锻炼运动员、检验训练效果和选拔人才的作用。

（1）成年的职业联赛

德国的职业体育水平很高。目前，德国共有足球、网球、手球、曲棍球、美式橄榄球等36个运动项目举办全国性联赛。德国的体育联赛采用的是多级联赛体系。全国性联赛（全国甲级联赛和全国乙级联赛）一般为职业联赛，地区级别的联赛为业余联赛，形成了完整的职业与业余俱乐部转换的框架。德国的职业联赛为运动员提供了更多的比赛机会和收入，同时联赛的影响力增加了这些项目的普及程度，有利于这些项目水平的保持和提高，最终有效地促进了相关体育项目的发展。在德国联赛开展最好的几个项目都是德国传统的强项，如足球（4次男子世界杯冠军、2次女子世界杯冠军）、手球（男子2007年世界杯冠军）、曲棍球（男子2008年和2012年奥运会冠军、女子2004年奥运会冠军）。此外，职业联赛的商业化也有力地促进了相关体育产业的发展。

以知名度最高的足球为例，德国的足球甲级联赛有18支队伍参加，是欧洲大陆最负盛名的比赛之一。每个赛季结束时的最后三支球队降入乙级，乙级比赛中的前三名升入甲级。乙级联赛分南、北两组，每组参赛队为20支。乙级联赛的后四支球队降入业余球队，回到各自所在地区参加本地区业余性质的联赛。德甲联赛的成功经验主要体现在联赛管理责权清晰，经营原则理性，积极培养后备人才等方面。

（2）青少年的业余比赛

德国的青少年体育比赛主要有学校体育节、各州的杯赛、不同年龄段的全国单项锦标赛、联邦青少年运动会和“青少年为奥运”竞赛活动。其中尤以“青少年为奥运”竞赛活动最具代表性，它是一种在全德开展的校际体育比赛，旨在选拔和培养竞技体育后备人才，目前全国决赛设有夏奥和冬奥项目共17个，分项目、分年龄段展开校际竞争。该项赛事堪称世界上规模最大的中小学校际比赛，每年吸引约80万名中小学生参赛。比赛分预赛、市/县级决赛、地区级决赛、州级决赛和全国决赛。目前州级比赛的资金由各州负担，全国决赛则得到了柏林州、承办协会和联邦内政部的资助。每年“青少年为奥运”竞赛活动的决赛分三次进行：春季在柏林举行篮球、体操、手球、游泳、乒乓球、排球项目的决赛，秋季在柏林举行羽毛球、沙滩排球、足球、高尔夫、曲棍球、柔道、田径、网球、铁人三项和赛艇的决赛，冬季在尚纳赫举行越野滑雪的决赛。

联邦青少年为奥运校际比赛协会代表全德16个州的文化机关、相关的体育运动单项协会、德国奥体联和主要赞助商承办该项赛事。

10. 建立表彰激励机制

自1986年起，德国体育联合会就与德国商业银行合作，设立绿带奖，以表彰在后备人才培养方面业绩突出的体育俱乐部或俱乐部青少年竞技体育分部。每年有50家体育运动俱乐部获得绿带奖，奖金为5000欧元。每年3月31日前为各俱乐部申报时间，评委合议时一般不考虑俱乐部的大小或是否为奥运项目，主要参考俱乐部教练员情况、与学校和奥林匹克训练基地的合作情况、反兴奋剂教育及青少年运动员培养成效等指标。

此外，许多体育运动单项协会和州体育联合会也有各自的奖励和表彰办法。例如，德国巴登符登堡州每年都要评选年度最佳后备人才教练员，德国田径协会每年也要评选最佳青年运动员。德国足协2013年度的最佳教练员奖也颁发给了一名后备人才教练员。

（二）德国教练员培训

德国体育教练员的培训分为硕士级、A级、B级和C级教练员，其中硕士级、A级的培训由德国奥体联的科隆教练员学院组织进行，B级、C级由州及地方体育联合会负责，A级需要完成90课时教学计划，B级为6O课时，而C级为120课时。

目前德国共有约5000名教练员在州体育运动协会、专项运动协会和奥林匹克训练基地执教，其中800人是专职教练员，80%以上的协会教练员在从事后备人才培养工作。德国如今的问题不在于教练员的数量，而在于教练员的质量，例如，州级教练员中拥有A级证书和教练专业文凭的还不到总人数的一半。德国奥体联、各州体联及各单项协会通过多种渠道来培训各级教练员，提高其学历和专业水平。

科隆教练员学院成立于1974年，隶属德国奥体联。学员的入学条件为大专毕业生，有A级教练员证书、专项协会或州体联的推荐信和丰富的执教经验。硕士教练员学习分两大类，一是为期3学期（一年半）的脱产学习；二是为期6学期（3年）的在职培训。教学方法主要为理论联系实践、自学与反思行为，以及辅导的方法。学位课程包括基础理论（一般训练学及竞赛学、运动学、生物学、运动生物力学、运动心理学、运动医学、体育社会学、体育教育学、体育管理学和有关体育理论讲座）、专项理论（田径训练理论、篮球训练理论等）和教学实习（在俱乐部或运动队）三大部分，学员通过所有课程的国家考试并合格后获得硕士教练员毕业及学位证书，硕士教练员是德国教练员等级的第4级（前3级为A、B、C级），也是最高级别。

此外在德国纽伦堡大学也为教练员提供了类似的、可以获得学士教练员证书的学历教育。

（三）德国体育科学研究

德国体育科学研究具有强大的科研机构和丰硕的科研成果。它们是德国竞技体育发展的又一基本保障。在科研机构方面，联邦体育科学研究所、莱比锡应用训练科学研究所、柏林运动器材研究所和德国国家反兴奋剂委员会是德国的4个专业体育科研机构，它们的经费主要来自国家内政部拨款。在科研成果上，德国的运动训练学、运动医学、体育社会学、体育教育学、体育史学等学科仍处于世界领先地位。

1. 联邦体育科学研究所

成立于1970年的联邦体育科学研究所是内政部直属的体育科研机构，其主要任务是组织和协调全国体育科研工作和提供体育信息服务，推动体育领域，尤其是竞技体育领域的科学研究，促进科研成果的转化。目前把科研的重点放在探索新的训练和恢复方法及优化技术上，尤其注重把体育科研和体育实践相结合。

2. 应用训练科学研究所

莱比锡运动训练应用科学研究所成立于1992年，首任所长为著名运动学专家马丁，其前身是成立于1969年的原民主德国体育研究所。主要是为顶尖运动员及其教练员提供随队的训练和比赛科研服务。运动训练应用科学研究所每年从德国内政部得到460万欧元的资金，其中93%用于人头费和固定开支，只有7%用于改善条件。

运动训练应用科学研究所的工作主要有以下几个方面：在训练和比赛过程中进行专项科学保障、服务和研究，为各竞技体育协会做成绩和世界水平分析，帮助他们制定训练计划，培训教练员；进行包括运动员选材在内的后备力量训练研究；改进测试和信息技术；传播科学知识。运动训练应用科学研究所的科学家还与德国运动器材研究所的工程师合作，改进冰鞋，为速滑、滑雪、游泳和铁人三项研制臂力诊断器，取得了很好的成效。

据报道，莱比锡应用训练科学研究所在悉尼奥运会开幕前，将诸如前世界冠军拉斯·里德尔、世界纪录保持者尤根·舒尔特在掷铁饼时身体转动的姿态、步伐和投掷的角度拍摄下来，然后在实验室进行分析，并借助其多年用电脑积累的数据，来确定掷铁饼处于最佳状态时，人的力量是如何完全集中到一个方向的，以及一个优秀运动员在铁饼出手时的最佳角度。科研人员自称像熟悉指纹一样了解每一个运动员，只需瞅一眼电脑屏幕上的铁饼飞行轨迹的数据，就知道是哪一个运动员掷出的铁饼。

2002年应用训练科学研究所为近1300名D/C级和D级运动员提供了训练和比赛的科研服务。运动训练应用科学研究所还为16家体育运动协会、23个奥运项目提供科研服务，1100多名A级、B级和C级运动员因此受益。

3. 运动器材研究所

德国运动器材研究所1962年在已故赛艇教练员贝格曼的倡议下在东柏林成立。起初只建造赛艇，后来研制的领域不断扩展，皮划艇、帆船、雪橇和自行车运动员也成为这里的常客。1990年两德统一后，运动器材研究所的工作人员从原来的180人锐减到52人。现在研究所每年的预算约为260万欧元，其中可以从政府拨款中得到90%，另有10%的经费通过承接工业项目（如制造电缆、承担柏林市铁路机车的内装修等）自筹。

2000年11月8日德国运动器材研究所迁入离原址不远新驻地，新址占地5000平方米，耗资600万欧元，国务秘书齐佩里斯亲自前往剪彩。迁入新址后德国运动器材研究所继续为德国运动员提供最先进的运动器材。

该所是德国奥运代表团的“秘密工厂”，对运动器材进行系统的研究和开发。从超轻自行车到高速皮划艇，几十年来为德国运动员提供了大量先进的比赛器材。德国著名自行车运动员乌尔里希的最新“坐骑”，就是这个所研制的。长野冬奥会，德国运动员使用这家研究所研制的比赛器材夺得了12枚奖牌。德国代表团在悉尼奥运会上获得的56枚奖牌中有20块直接含有这家研究所的功劳。2002年2月，德国雪橇和速滑运动员也正是凭借这家研究所研制的新型比赛器材，在盐湖城冬奥会上披金挂银，德国媒体把该研究所研制的先进比赛器械看作德国能在2002年冬奥会高居金牌榜首位的原因之一。

德国运动器材研究所的工作是应用最先进的材料和技术研制大量符合运动员个

人特点的新型运动器材，目前该所正在为自行车、赛艇、皮划艇、田径、帆船、铁人三项、射击、钢架雪车、游泳、滑雪、速滑、雪橇和雪车13个项目研制新型运动器材，解决雪车、钢架雪车和速滑等项目的技术难题，帮助这些项目的运动员登上奥运领奖台。而今在体育器械的改进与创新方面德国仍居世界先进水平。

4. 德国国家反兴奋剂委员会

2002年7月15日，德国国家反兴奋剂委员会在波恩成立，掌管德国反兴奋剂事务。德国国家反兴奋剂委员会是德国首家独立的反兴奋剂机构，原属德国体育联合会和德国奥委会共同管辖的反兴奋剂委员会同年解散，其承担的任务移交德国国家反兴奋剂委员会负责。

德国国家反兴奋剂委员会是私立的基金会，下设一个董事会和一个理事会。董事会由10～20人组成，除了体育界和政界的代表，还有企业界代表（不得超过10人）。董事会的任务是为理事会出谋划策，监督理事会的工作。理事会负责业务领导，代表德国国家反兴奋剂委员会。理事会的成员必须首先符合一定的专业和个人条件，定期由董事会任命。目前德国国家反兴奋剂委员会理事会设有主席、医学理事、体育学理事、法学理事、体育理事和经济理事6个职位（见下图）。

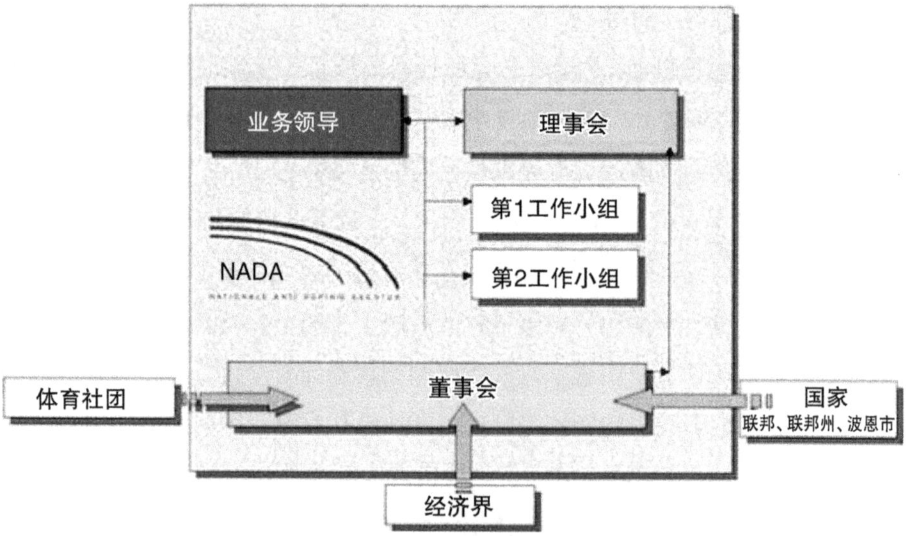

德国国家反兴奋剂机构的组织结构图

德国国家反兴奋剂委员会的主要合作伙伴是德国内政部、波恩市政府、德国奥体联、德国奥托贝克医学技术公司、德国体育援助基金会、德意志银行、德国电信和阿迪达斯公司。

德国国家反兴奋剂委员会的主要目标是推动体育运动发展，采取适当的体育、医学、科技、公益性和体育运动措施促进体育公平竞赛。具体措施包括：在国家的层面上促进和协调反兴奋剂运动，建立一套赛内和赛外的兴奋剂检查体系；进一步发展兴奋剂检测体系，制定和实施检查程序、分析程序、兴奋剂禁令、制裁目录和惩戒诉讼程序；与从事反兴奋剂工作的科学界、政界、体育界和其他各界机构和组织合作，提供咨询服务；推动反兴奋剂领域的国际合作，增进与其他反兴奋剂机构的交流，为那些没有能力建立反兴奋剂机构的国家提供咨询和援助；完成和分发体育反兴奋剂领域的宣传、体育材料；建立和维护体育仲裁法庭和充当运动员、体育运动协会的兴奋剂问题咨询机构。

德国国家反兴奋剂委员会成立时的资本由联邦、各联邦州、波恩市、德国电信和德意志银行筹措。现在其经费主要来自德国奥体联和德国体育援助基金会、各运动协会为兴奋剂检测支付的费用，以及来自阿迪达斯、德意志银行和德国电信的赞助。

为了实现“干净成绩”的目标，德国国家反兴奋剂委员会实施一项名叫“全部给予，不要索取！”的反兴奋剂宣传活动，倡议运动员远离兴奋剂，在比赛中展示真正的运动成绩。许多著名运动员积极响应并自愿成为该项活动的义务宣传员，如国际奥委会运动委员会主席博克尔、世界拳击冠军克里琴科、奥运沙排冠军瑞克曼、女子撑竿跳高名将斯皮格伯格、奥运越野滑雪冠军安格雷尔、残奥短跑冠军勃勃夫、奥运速滑冠军珀斯特玛、德国足协杯冠军萨佩等。

5. 运动训练学

德国是最早将训练学作为一门独立体育学科进行教学和科学研究的国家。民主德国和联邦德国分别于20世纪50年代初和60年代末开始训练学的教学和研究工作。1990年之后，训练学在统一后的德国得到了进一步的发展，表现出强劲的势头。其研究成果无论在数量还是在质量上均处于世界领先地位，引导着世界运动训练学发展潮流。

1991年，马丁、卡尔和莱奈尔兹3位著名学者合著的《训练学手册》一书汇集了大量新的训练学以及与训练学密切相关的基础学科的科研成果和数据资料，与以往的训练学专著相比，其科学性与实用性得到了明显加强，对诸如“训练周期”“生物适应原理”“力量训练”以及“训练的控制与检测”等近年训练学的热点问题均进行了深入的论述，受到训练一线教练员和运动员的一致好评。

1997年，施纳伯、哈雷和博德等原民主德国莱比锡体育学院的学者出版的《训练科学》一书，向我们展示了全新的学科概念与范畴，他们提出以“训练科学”取代目前沿用的“训练学”，主张学科应分为“运动能力”“运动训练”和“运动竞赛”三大内容，同时，还强调对现有训练学中的经验成分进行科学验证，使其上升为科学的训练理论。该书是目前德国版本最新的训练学专著。

总结近年来训练学的发展我们发现，“科学性”和“实用性”是当前训练学理论发展的两大趋势。

“科学性”是近年来高科技理论和技术对体育的大规模渗透和运动水平的快速发展以及竞争日趋激烈的必然结果，也是训练学自身发展的迫切需要。更多的基础学科研究成果被引进或借鉴到训练学理论中来，有效地加强了训练学理论的科学性。例如，最近德国训练学的专著中均加强了对“适应”理论的重视，用它作为训练的生物学基础，而逐渐改变了传统训练学理论中运用“超量恢复”理论作为解释训练效果的做法。这一改变无疑是借鉴运动生理学研究成果的结果。另外，训练学的理论中已逐渐减少或放弃了那些以经验判断为主的检查评定方法，取而代之的是一些客观的量化标准。这其中的原因也应归结为大量基础学科研究成果被训练学学科广泛地引进。比如德国埃森奥运训练基地在训练赛艇运动员时使用了运动捕捉系统，以往在训练中，如船桨入水角度稍偏、运动员身体重心稍低时，即使很有经验的教练员也难以发现，而高技术辅助手段就可帮助人们发现它。录像、桨上的传感器、船底部的速度表以及记录运动员心脏负担的微型心电图仪，可以毫无遗漏地以图解方式提供必要的数据，帮助教练员从中发现技术或身体状态的任何缺陷。

“实用性”不仅是运动实践提出的要求，也是训练学自身具有连接基础学科与运动实践媒介作用的充分体现。作为一门体育应用学科，训练学的内容只有更加贴近训练实践，帮助教练员和运动员解决那些与运动成绩提高关系密切的素质、技术和竞赛问题，学科才会发展，才会有强大的生命力。

“实用性”的发展趋势可以追溯到当今训练学研究课题的立项和命题上。纵览德国近年来训练学的研究成果不难发现，大量的研究课题是围绕运动训练的实际问题或针对非常具体的研究对象而展开的。比如科隆体育学院运动训练学研究室近年的研究方向主要定位在场地自行车和滑雪项目，有关课题的80%是由项目协会和运动队提出并资助，还有一部分是根据训练的发展在前者基础上的延伸。这种科研的立项途径不仅保证了理论与实践的紧密结合，而且促使训练学的研究人员将注意力更多地投向运动训练的实践。

目前，许多世界知名的训练学学者除具备全面、扎实的训练学基本理论知识之外，非常突出的是，还在本学科内拥有长期固定的研究领域，许多人一生都从事训练学的一个点或一个面的研究工作。这样既保证了研究的连续性和深入性，又促使研究人员向相对应的运动项群或项目靠拢，不仅成为训练学，而且成为该专项领域的专家。例如，比勒和施密特布莱希尔都长期从事力量训练的研究，是目前德国乃至世界的知名力量训练专家。又如诺依迈雅长期从事对技术训练的研究，现在他已经是德国波鸿大学体育系教授主任，仍在这一研究领域耕耘，是德国训练学界技术训练方面的学术带头人。此外，还有莱比锡体育学院的保尔斯费尔德，他长期对速度训练进行研究且成果显著，现在是该研究领域的著名专家。值得强调的是，上述专家和学者同时也是与他们的研究领域有密切关系的运动项目协会的顾问和专家，教练员和运动员在训练的技术问题方面均非常尊重他们的意见。

"实用性"的发展趋势还表现在训练学理论与训练实践更加紧密的结合。新近出版的训练学专著一个共同的特点是，运用大量的微观和量化的研究成果解释训练的某一规律或行为。在这方面应当首推德国马丁等人于1993年出版的《训练学手册》等训练学专著。它们已摆脱了传统训练学比较抽象和空洞的理论叠加模式，取而代之的是较为直观和具体的、以量化指导为主的模式。与此同时，它们在不改变一般训练学理论所应有的综合与概括性特点的基础上，尽可能地运用多学科的微观和量化的研究成果解释或论证训练的某一观点或规律，同时给予相应的运用实例，使它们建立在扎实的实践基础之上，不仅使训练学理论紧密联系了训练的实际，而且提高了训练学理论的科学性。

6. 体育教育学

德国是体育教育学研究最为活跃的国家之一，有一批享誉世界的体育教育学专家，在主要以体育教学论和体育课程论为研究中心的《国际体育杂志》的编委中，德国学者占了一半。

(1) 体育教学论研究

德国体育教学论研究关注的问题主要集中在以下几个方面：一是基于体育运动文化各领域的体育教学论的功能；二是学校体育的教育目标和教育内容；三是社会的变化对体育的影响。自20世纪90年代起，有大批相关学术专著和论文问世，其中有较大影响的有格勒舜的《运动文化和运动教育》（1993年），格鲁普与克吕格尔合著的《体育教育学导论》（1997年），巴尔茨和洛伊曼主编的《学校体育内容的范围》（1997年），福默尔的《游戏性体育教育——仍然是一个话题吗？》（1997年）和斯密特的《变化了的童年——变化了的童年运动世界：分析与结论》（1997 年），等等。归纳起来研究的主要观点有：体育教学论是一种关于不同背景下具有广泛适用对象的学术范畴；运动文化教育的设想与丰富个性的培养；体育教学论应该随着社会环境和生活方式的动态变化而调整；体育的“社会疗养院”概念以及体育教学论在生态教育、和平教育、文化交融教育、防止青少年犯罪中的作用的构想，并试图架起一座消除竞技体育与体育教学之间鸿沟的桥梁。从人类学和文化学的视角讨论体育教学论问题，指出建立与社会变化相适应的体育教学论体系。

(2) 体育课程论研究

德国也是体育课程论研究最为活跃的国家之一。德国体育课程论研究主要涉及三个主题：一是确认体育教学是发展学生竞技、游戏、运动能力以及培养青少年积极生活态度的主要代理人。二是确定学校体育是一个意义宽泛的概念，包含着竞技、游戏和运动。三是学校体育的任务之一是为学生未来的校外生活作准备。

德国体育课程论研究主要有以下成果：提出了跨学科的体育课程目标；运动文化教育的设想；“移动学校”的设想；提出学校体育和体育课程研究的五大领域等。

目前，德国体育教育学形成了三个学派，即：重视开发运动项目的学派；重视开发运动行为的学派；重视重在体验与参与的学派。这三个学派均强调学校体育应把新时代的精神赋予学校体育之中。由此在德国的体育课程中，就出现了反映不同学派的三种课程模式：即多样性体育运动项目的课程模式，其具体内涵为学校体育应开展多种多样体育项目的课程，其中包括竞技运动项目和健身运动项目两类；运动行为开发课程模式，其实质是力图通过改变原有项目的规则与条件，降低竞技运动项目的难度和运动负荷，使之适应学生的个体特征与兴趣爱好，并将其作为体育教材，纳入学校体育教学范畴；运动体验和参与的课程模式，该模式强调学生运动参与，且不仅局限于体育课，在课外体育活动中同样注重学生的积极参与，不仅期望从参与中体验运动的乐趣，还要感受社会与体验人生，重视学生社会交际能力的提高。

7. 体育史学

1990年德国统一后，虽然在德国的70 余所体育科学学院或研究所中，只有5 所设立了体育史教授职务，但从事体育史学研究的各界学者却很多， 其研究领域也十分广泛。

1991年，布鲁克出版《世界体育2000件大事纪》，记载了1289年至1956年世界体育历史中2000件具有重大影响的事件，基本简要描绘出此间的世界体育史发展主线。

1993年，敏斯特大学体育史教授克吕格尔出版《体育史导论》3卷本的后2卷，客观评述了19世纪和20世纪的世界体育史，而2004年最后出版的第1卷回顾了体育起源至18世纪的世界体育。该套丛书是目前德文最重要的通史性体育专著之一。另外，克吕格尔于1996年出版了《体育与民族教育》，涉及德国体操的方方面面，可以视为有关德国体操的专史。2003年和2010年又分别出版了《体育历史中人的形象》和《体育史手册》等体育史专著。

1996年，科隆体育大学博士生斯杜克完成题为《杨氏与国民教育的问题》的博士论文，也使德国对于杨氏等重要体育人物的研究持续不断。特别是2011年又出版了由史学家巴特姆斯与乌尔夫可特合著的《体操禁令后1819年至1852年的体操之父——杨》，这是德国最新的杨氏研究专著。同年，为纪念杨氏创建海森哈德体操场200周年，德国杨氏体操协会在其会刊《杨氏研究报道》第32期中收录了8位杨氏体操研究专家的最新力作，从现代体育、体育术语、体育教育及体育文化等多个视角评估了被视为德意志“民族遗产”的杨氏体操对于德国体育乃至世界体育的不朽贡献。

2000年，德国图宾根大学汉学家傅汉思在其担任主编的国际性刊物《东亚科学、技术与医学》上发表了德国至今有关中国古代蹴鞠最权威的论文，该文详细探讨了蹴鞠的历史、各种技术以及功能意义等。

2002年，德国敏斯特大学体育史专家郎根菲尔德和普朗格合著《敏斯特体育史》，紧密结合敏斯特的城市发展历史概述了19世纪和20世纪该市的体育发展，是研究城市或地区体育史的重要蓝本。另外，郎根菲尔德于2009年出版其专著《大众社会与政治宣传——论作为纳粹政治宣传工具的体育》，作者以敏斯特市为例，再次讨伐了纳粹体育，该书是目前德国研究纳粹体育的最新专著。

2004年，维尔茨堡大学考古学家斯恩的两本古奥运会专著《奥林匹亚：古希腊的祭礼、体育与节庆》和《古奥运会：众神、游戏与艺术》的第3版问世，从宗教、民俗、艺术等视野全面审视了古希腊体育和古奥运会。

当然，也有许多学者研究现代奥林匹克运动和现代奥运会，例如，科隆体育大学体育史研究所的奥林匹克运动专家瓦松就发表了《顾拜旦在美国学习考察及其早期体育教育思想的形成》《论政治对现代奥林匹克运动和现代奥运会的影响》和《论“联合国”对奥林匹克和平的作用》等。另外，国际体育科学与教育理事会主席、柏林自由大学教授特普勒在奥运会遗产、奥林匹克教育、残疾人和女性在奥运会中的作用等研究领域也颇有建树。

2012年，萨尔大学文化历史系教授，当代文化史大家沃尔夫冈·贝林格的《体育文化史：从古奥运会至当代》出版，重点从文化的视角梳理了世界体育的发展历程，该书也可以视为德国最新版的世界体育通史。2015年中译本书名为《运动通史 从古希腊罗马到21世纪 插图本》，该书用450页的篇幅，详细地介绍了人类运动的发展历史。从古希腊罗马，到中世纪，文艺复兴，近现代和当代，不仅讲述了一些世界性体育运动的发展起源，更为重要的是该书强调了运动与文化的关系，富于人文色彩，是一种针对各类读者的人文读物。书中我们第一次完整看到了人类运动5000年斑斓的历史，有赛车的法老、奥林匹亚裸奔的男神、中世纪双城的棍战、北欧的超级雪仗、印第安人的生死球赛、近代欧洲体育的规范化、现代体育的商业化等。作者不仅仅讲述各个文明在历史长河中创造的千奇百怪的运动项目，更重要的是还讲述了运动与其文化背景互动的关系，例如，古希腊奥运会与城邦政治、希波战争的联系，美洲原住民球赛与其宗教的关系，英国板球与大英帝国的殖民体系的关系等。有一千种文化，就有一千种运动的观念，该书旁征博引，能够让人从运动史管窥文化史。

8. 体育法学

由于德国相对较高的体育运动水平，其相关体育法制的发展也处在前列。德国体育运动是完全自治的，立法中对体育运动的专门保护条款比较零散。德国法律对体育问题的规定涉及体育合同、集体谈判协议、职业体育合同的法律适用、环境问题、反兴奋剂的规制、知识产权以及电视转播权等。其中有些涉及体育问题的争议解决还需要借助欧盟法，尤其是有关涉及体育运动的行为不得有违欧盟法的原则性规定。至于体育争议的解决，则可以由体育组织内部解决、仲裁以及法院解决等。

下面以体育赌博的研究和德国体育法中关于无形资产开发的相关规定为例来了解德国体育法学的现状。

（1）关于体育赌博的研究

德国是欧洲体育赌博比较盛行的地区之一，虽然已经合法化，但是因为国有公司的垄断以及禁止网络赌博而导致非法的体育赌博时有发生。虽然欧盟法律和欧洲法院有关体育赌博的法律和判决也对德国具有约束力，但是欧盟成员国可以自由决定赌博法制并且以公共利益等为由进行抗辩。最新的研究表明，德国有废除体育赌博垄断和允许私有公司从事网络赌博的迹象，这符合欧盟法服务自由的精神。

（2）德国体育法中关于无形资产开发的相关规定

一是德国相关体育管理机构及法律。

德国的基本法中没有涉及体育运动的专门条款，体育运动完全是自治性的。德国的体育运动的行政管理涉及三个层次——联邦、州、市。在联邦范围内，对体育运动负责的部门是内政部，而对体育运动具有初始管辖权的大多数政府机构都是州一级的部门。《德国基本法》对联邦、州、市三级政府部门管理体育运动的权限划分问题做出了明确的规定，而对体育协会的管辖权则相对较少，包括体育科研建筑的构造、体育学术研究以及作为军事组织一部分的体育公司的形式等。此外，其暗含的权利还包括组建国家体育运动队参加国际比赛等。

二是体育合同相关法律规定。

德国体育的赞助合同是最近才出现的一种合同形式，在《德国民法典》中并没有专门提及，有关的法律问题适用竞争法、版权法以及传媒法的有关规定。在德国根据《德国民法典》第581条规定，转让电视转播权的合同是一种租赁合同的形式，至于观众与体育比赛之间的合同是一种包括劳务、租金以及提供服务的混合合同。

三是体育知识产权的保护。

技术秘密是体育无形资产中的重要构成部分，体育产业中存在着大量的技术秘密，这些技术秘密的应用是推动体育事业发展及获得体育经济效益的重要条件。

体育知识产权包括管理、训练技术，特别是竞技体育的发展，体育经济性团体或非经济性组织的成功运作或经营，都需要从事特定的管理。

四是体育与传媒的法律规定。

在欧盟范围内，体育与传媒之间的关系，主要依据1989年的《欧共体电视指令》的规定来处理，解决新闻媒体因为体育比赛的报道而引起的法律冲突主要是适用德国国内立法以及1996年的《州电视转播协议》。国内立法主要是涉及竞争和卡特尔的法律，譬如《不公平竞争法》第1条禁止以市场营销为目的从事不道德和不合法的竞争行为。《反卡特尔法》第1条规定体育协会与电视转播者之间为寻求不公平的竞争优势所进行的共谋合作行为是非法的，第19~20条规定在市场竞争中占据主要地位的电视台应受该条规定的反歧视条款的约束。1996年《州电视转播协议》从宪法和其他法律的角度对体育与传媒之间的关系作了规定，至于对体育比赛的名称和标志的保护依据的是《商标法》的第5条第3款和第3条第1款的规定，除了国家立法对体育与传媒之间的关系进行调整外，各种各样的独立传媒机构制定的有关规则也对这种关系进行了规定。

五是运动员转会相关法律规定。

德国宪法中有几条关于保障运动员和体育协会享有免受政府和民间团体干涉的基本自由的规定，譬如保障人身自由（第12条第1款）的规定，职业运动员从事体育活动并把其作为一种职业的自由得到了保护。此外，第10条第1款规定保障了职业运动员免受其他民间团体的干涉，此类问题通常是与运动员参加体育比赛的权利相关的。

9. 体育计算机学

随着现代计算机科学技术的飞速发展，计算机技术在体育领域中的应用也越来越普及，其在运动训练、体育管理、运动竞赛、体育教学和科学研究等方面所起的作用也越来越受到人们的青睐。

（1）发展过程

20世纪80年代初，联邦德国美因兹大学计算机科学系在佩尔教授领导下成立了体育计算机应用研究工作室。30多年来，在佩尔及其同事们的共同努力下，体育计算机应用在德国得到了很大的发展。1989年4月在德国美因兹大学首次举办了“运动与计算机科学”的研讨会，1995年9月德国体育科学联合会成立了“体育计算机应用”分会，从1997年第1届国际“运动与计算机科学”大会在德国科隆召开至今已举行了5届，并成立了国际体育计算机应用协会（IACSS）和出版电子期刊（IJCSS）。它标志着“体育计算机应用”已经成为体育科学体系中的一个新的学科分支。

（2）德国“体育计算机应用”研究现状

1990年至2001年由德国联邦体育科学研究所资助出版了9本历届“运动与计算机科学”学术报告会的论文专集《运动与计算机科学》，共收录了145篇论文，涉及10个不同的研究领域。其中与计算机辅助训练相关的论文最多，主要用于各种运动项目的技、战术训练计算机辅助录像系统、计算机辅助竞技诊断系统和计算机辅助的比赛观察、分析等。其次是体育计算机应用基础理论的文章，主要是对体育科研中的模型、数学建模、模拟技术、模糊数学等理论问题进行了深入的探讨。另外，有关“体育计算机应用”课程教学、计算机在运动生物力学研究中的应用和比赛分析软件开发也有一定的数量。论文专集集中反映了德国计算机在体育领域中应用的发展过程和研究水平。

1997年及2002年由佩尔等人编写的《计算机在体育中的应用》和《体育科学中的建模》出版，他们的理论在德国、奥地利和中国等国家的体育计算机应用领域有着十分重要的影响，例如，佩尔2008年在南京理工大学作了《基于认知机理的模式识别理论与关键技术研究》的学术报告。《计算机在体育中的应用》一书主要阐述了体育算机应用的发展和目标、当前研究的领域（包括建模、模拟、数据分析方法、数据库专家系统、演示等）以及它们在体育运动实践中的应用。《体育科学中的建模》集中介绍了计算机科学技术中的建模、体育自然科学中的建模和体育行为科学中的建模理论与实践方面问题。

10. 场地器材学

成立于1971年的德国体育与休闲器械标准委员会，2007年决定其工作重点由产品标准化向服务标准化转移。已启动的服务标准化项目有：夏季滑雪道产品标准与服务标准相结合、运动场检查员资质标准、冒险活动安全系统、健美中心产品标准与服务标准相结合、攀岩运动产品与服务标准相结合和游泳池产品标准与服务标准相结合。拟启动项目还有野营场地、登山者行为规则等。

11. 运动心理学

德国对于运动心理学有组织的系统研究可以追溯到1969年，当时成立了德国运动心理学学会，首任会长为菲格，目前已发展成为拥有约380名会员的学术团体，会长每两年选举一次，而今为敏斯特大学的斯特劳斯教授。学会一般每年召开年会，从1971年至今已举行46届。学会每年出版4期影响因子达0.296的国际刊物《运动心理学杂志》。

就德国运动心理学学会的研究现状而言，主要反映在下列几点：

（1）从研究领域来看，由早期的研究运动员心理选材、心理技能训练和心理咨询工作的竞技运动领域，不断地扩展到研究体育锻炼的动机和体育锻炼与心理健康的关系的大众健身领域，以及如何有效地掌握运动技能和通过学校体育课和课外体育活动培养学生良好的人格品质的体育教育领域。但是竞技运动领域的研究仍然是主流，而对体育教育领域的研究相对薄弱。

（2）从研究热点来看，运动动机、运动情绪、心理技能、自我运动认知等方面的研究一直是德国运动心理学界研究的主要内容。流畅状态及心理疲劳受到了较好的关注，并在某些方面形成了系列研究。

（3）从研究方法来看，实验法仍是研究的首选，仍是运动心理学研究的主流。量表问卷的研究也是势头不减，说明了以量化为主要形式的实证研究在德国运动心理学研究中占有举足轻重的地位。

（4）从研究的功能来看，干预性和控制性研究受到重视。科学研究常常从描述与预测功能发展到解释与控制功能，这也是科学成熟的表现之一。干预性和控制性研究受到重视，说明德国运动心理学的研究日渐成熟。

（四）德国参加和举办世界大赛

统一后的德国参加了1990年后的历届奥运会和足球世界杯等世界大赛，他们在冬季项目上，在赛车、自行车项目上和在影响较大的球类集体项目如足球、手球和曲棍球等项目上，均处于世界领先的地位。

1. 参加奥运会

1990年德国完成统一，从1992年开始，德国又以一个统一的国家出现在五环旗下。

（1）夏季奥运会

足球、曲棍球、排球、手球、拳击、乒乓球、击剑、马术、赛艇、皮划艇、田径、游泳等是德国比较受欢迎的运动，同时也是德国奥运军团的夺金项目。

1992年，德国派出了多达463人的参赛阵容参加巴塞罗那奥运会，共获得33金、21银和28铜，共计82枚奖牌，排在金牌榜和奖牌榜第3位。德国代表团最突出的成绩是女子个人马术盛装舞步，由乌普霍弗、维尔特和巴尔肯赫尔包揽了前3名，同时还获得该项目的团体冠军。有趣的是，德国队夺得本届男子曲棍球金牌，连续三届参赛的德国队队员安德里亚·科勒是他家族第三代获得奥运会曲棍球奖牌，之前的1984年和1988年他还获得2枚银牌。他的祖父在1936年柏林奥运会上获得银牌，而他的父亲是1972年奥运会的金牌获得者。另外，他的妹妹在2004年雅典奥运会上获金牌，2012年还有幸成为伦敦奥运会德国代表团的旗手；2008年北京奥运会上，他的弟弟又获金牌，至今科勒家族在近80年里12次出现在奥运赛场上，为德国赢得了4金3银，可以说是世界上最成功的曲棍球世家。

1996年亚特兰大奥运会上德国有465位运动员参加26个大项的比赛，获得20金、18银和27铜，共计65枚奖牌，保住了金牌榜第3的位置。德国代表团成绩最突出的仍然是马术运动员，其中维尔特获女子盛装舞步个人及团体金牌，科尔霍夫获男子障碍赛个人及团体金牌，就连代表团中最年长的56岁的巴尔肯霍尔也获得了男子盛装舞步团体金牌。

2000年悉尼奥运会，德国军团有422人参赛，由于个别优势项目发挥不好，其他项目进步不快，从1972年以来一直位居奥运会金牌榜前三名的德国此次成绩下降明显，以13金、17银、26铜，共计56枚奖牌的成绩仅位居金牌榜第5位。德国代表团成绩最突出的是皮划艇队，获得4枚奖牌。就个人而言，被誉为“德国马术之父”的鲁德格·比尔鲍姆在参加的6届奥运会中获得了第4枚金牌，更重要的是，他同时还是著名的训练师，拥有自己的马场，如今参加奥运会的德国马术选手中，许多都是他的学生。他曾于2005年担任中国马术队的教练，亲自指导了许多中国马术运动员。

2000年悉尼奥运会开幕式上德国代表团入场

2004年，德国派出了453人参加雅典奥运会，以13金、16银、20铜，共计49枚奖牌的成绩仅位居金牌榜第6位。赛艇队为大赢家，获4金、1银、1铜；女子曲棍球队夺得的金牌是德国人在本届奥运会上最大的惊喜。值得一提的还有射击选手苏曼，他获得25米气手枪速射金牌，从1988年至2012年，他参加了7届奥运会，共获3金2银，成绩在历届德国奥运代表团中虽不是最佳，但2012年50岁时还能参加奥运会，真是少见的奥运“常青树”。

2008年北京奥运会，德国派出463人参加了26个大项的赛事。德国共获16

金、10银、15铜，总共41枚奖牌位居金牌榜第5位。其中赛艇队成绩最佳，共获3金、2银、3铜；其次为马术队3金、1银、1铜，特别是马术盛装舞步团体荣获了奥运6连冠，再次确立了德国人在马术项目上的霸主地位；另外，女子游泳运动员斯德芬包揽50米及100米自由泳金牌，与获得个人与团体全能赛的马术运动员并列德国本届金牌王。特别感人的是，举重运动员施泰纳在夺金一刻亲吻亡妻的相片，成为路透社所选出的10大赛事焦点之一。

2012年伦敦奥运会，德国有392名运动员参加23个大项的比赛，共获11金、19银、14铜，总共44枚奖牌位居金牌榜第6位。其中赛艇队成绩最为突出，共获3金、2银、3铜；其次为马术队2金、1银、1铜，尤其容克的男子个人全能冠军含金量较高，他还获得团体全能冠军，是此届德国金牌王；第三为皮划艇队2金、1银；德国男子曲棍球队继北京奥运会再次蝉联冠军；男子沙滩排球由布林克和勒克曼获得第1名，这不仅是德国，也是欧洲获得的该项目第一个冠军；哈尔廷的男子铁饼金牌是德国田径场上的唯一一枚金牌，同时也打破了德国自2000年悉尼奥运会后田径的金牌荒。德国另1枚金牌由维尔特和霍格尔在女子自行车团体追逐赛中获得。

施泰纳在领奖台上高举亡妻的相片和金牌

（2）冬季奥运会

冬季奥运会是德国人在奥运会上争金夺银的主战场，在有舵雪橇、无舵雪橇、冬季两项、越野滑雪、高山滑雪、跳台滑雪和速度滑冰等项目上具有世界一流水平。德国在1998至2006年的冬季奥运会上获得奖牌榜“三连冠”。在2012年的首届冬季青奥会上也获金牌及奖牌榜第1名。

尼曼在比赛中

1992年，法国阿尔贝维尔冬奥会上，德国111名运动员参赛，共获10金、10银、6铜，总共26枚奖牌位居金牌榜及奖牌榜第1位。最为骄人的战绩是速滑队赢得了10枚金牌中的5枚，其中女子5000米由德国选手尼曼、瓦尼克和裴西施泰包揽了前3名。

1994年，挪威利勒哈默尔冬奥会上，德国112名运动员参赛，共获9金、7银、8铜，总共24枚奖牌位居金牌榜第3位及奖牌榜第2位。德国代表团成绩最优秀的是瓦斯麦尔和崴斯夫洛克，他们在高山滑雪和跳台滑雪中分获2枚金牌。

1998年，日本长野冬奥会上，德国125名运动员参赛，共获12金、9银、8铜，总共29枚奖牌位居金牌榜及奖牌榜第1位。无舵雪橇的哈克尔、皮拉赫、克劳斯与贝伦特包揽了本届所设的男、女单人及男子双人三个项目的全部金牌，其中哈克尔实现男子单人无舵雪橇“三连冠”，成绩显赫，他从1988年至2006年共参加6届冬奥会，也是不多见的。

2002年，美国盐湖城冬奥会上，德国157名运动员参赛，共获12金、16银、8铜，总共36枚奖牌位居金牌榜第2位及奖牌榜第1位。男子双人和四人有舵雪橇金牌分别被郎耿、赭马曼，郎格儿、科恩、库斯科和厄巴赫收入囊中。女子单人无舵雪橇由奥托、尼德呼白和克劳斯哈尔包揽了前3名。裴西施泰在女子速滑中赢得3000米及5000米两项冠军，如果加上她在其他几届冬奥会的奖牌，共获5金、2银、2铜，是至今德国最优秀的冬季运动员。另外，亨克尔姐妹分别在越野滑雪接力、冬季两项接力和个人15公里不同项目上收获金牌。而威廉在冬季两项中获2金1银，是德国代表团中本届获奖牌最多的运动员。

裴西施泰在女子速滑比赛中

2006年，意大利都灵冬奥会上，德国162名运动员参赛，共获11金、12银、6铜，总共29枚奖牌位居金牌榜及奖牌榜第1位。德国运动员格雷斯在冬季两项20公里个人赛中赢得本届冬季奥运的首枚金牌，同时也拉开了德国代表团的夺金序幕。首先是冬季两项，德国共夺得5金、4银、2铜共11枚奖牌，成为该项目的大赢家。其次是无舵雪橇，由奥托、克劳斯哈尔和赫弗勒包办了女子单人赛的金、银、铜牌。其后是有舵雪橇，成功夺得本届冬季奥运中所有的有舵雪橇3个小项金牌，其中郎格儿和库斯科获男双冠军，他俩加上弗裴和普赭又赢得四人赛的金牌，姬莉雅丝和斯切内德海赢得女双金牌。最后是速滑，裴西施泰除获得5000米个人银牌外，还与队友弗利申格等一起夺得女子团体追逐赛的金牌，成为德国第一个在连续5届冬奥会中夺得奖牌的选手。

2010年，加拿大温哥华冬奥会上，德国152名运动员参赛，共获10金、13银、7铜，总共30枚奖牌位居金牌榜及奖牌榜第2位。特别值得一提的是无舵雪橇男子个人赛，年仅20岁的德国运动员摘下金牌，成为历届冬奥会最年轻的雪橇金牌得主。另外，德国代表团中成绩最好的是冬季两项女子运动员洛伊勒，她获得2枚金牌和1枚银牌。

2014年，俄罗斯索契冬奥会上，德国153名运动员参赛，共获8金、6银、5铜，总共19枚奖牌位居金牌榜及奖牌榜第6位，跌至1990年统一以来的最低点。但无舵雪橇仍保持绝对优势，囊括了4个项目全部金牌和1枚银牌，获奖运动员分别是洛赫蝉联男子单人赛，盖莅贝尔克及赫弗勒获女单冠、亚军，阿尔特和温德尔获男双冠军，三个项目的冠军运动员组成的德国队再获团体接力金牌。

2. 参加足球世界杯

足球是德国第一运动，德国足协（DFB）是全国最有实力和市场的单项协会，拥有17万余个球队，会员680万人，其中青少年200多万。1990年统一后，德国参加了至今的历届男子和女子足球世界杯，男子在2014年第4次捧起大力神杯，女子2003和2007年连拿两届世界杯冠军，德国成为了第一个也是目前唯一一个获得过男足和女足世界杯的国家。另外，德国主办了2006年男子世界杯足球赛和2011年女子世界杯足球赛。

（1）男子足球

第15届世界杯足球赛于1994年6月18日至7月17日在美国举行。

卫冕冠军德国队因马特乌斯等骨干队员状态下滑，在1/4决赛被保加利亚淘汰，仅获得第5名。

第16届世界杯足球赛于1998年6月11日至7月12日在法国举行。

德国队虽然两年前在英格兰获得欧洲杯冠军，但令人遗憾的是，1990年那群为联邦德国队第三次夺得世界杯的老臣们依然大部分留队，德国队老迈的弱点终于在与克罗地亚的1/4决赛中暴露无遗，德国战车以0：3惨败，被挡在四强之外，仅获得第7名。德国队再次倒在四强之外，但马特乌斯却在37岁高龄创造了世界杯出场次数最多的纪录——25场。

第17届世界杯足球赛于2002年5月31日—6月30日在韩国和日本举行。本届是首次在亚洲举行的世界杯，也是首次由两个国家共同举办的世界杯。

韩日世界杯，以卡恩、巴拉克和克洛泽为中轴的德国队披荆斩棘，一路过关斩将进入决赛，但处于新老交替阶段的德国队在失去中场核心巴拉克（停赛）的情况下，面对拥有罗纳尔多等巨星的巴西稍显力不从心，最终屈居亚军。卡恩则凭借之前优异的表现当选赛事金球奖、雅辛奖双料殊荣，成为门将位置夺得世界杯金球奖的第一人。巴拉克成为助攻王，克洛泽获得银靴奖。三人均入选本届最佳阵容。首次参加世界杯的克洛泽创造了世界杯历史上的一项纪录：首位能在一届世界杯上攻进5个头球的球员，一举超越20世纪50年代的匈牙利“上帝之头”柯奇士加冕头球王。

第18届世界杯足球赛于2006年6月9日—7月10日在德国举行。本届比赛是德国继1974年之后举行的第二次世界杯。

德国队在主场参加世界杯，正值巅峰的克洛泽以5球2助攻的神勇表现几乎凭借一己之力率领球队挺进半决赛，他以10场10球平均打进1球仅需用时78分钟惊为天人的效率将个人世界杯进球排名提升到历史前10位！虽然被意大利队遗憾地挡在了决赛之外，但季军的成绩也足以令国人满意。克洛泽获得金靴奖，波多尔斯基获得最佳新人奖。克洛泽、巴拉克、拉姆、莱曼入选本届最佳阵容。

第19届世界杯足球赛于6月11日—7月12日在南非的9个城市的10座球场举行，这是世界杯足球赛首次在非洲地区举行。

德国队两胜一负从小组出线，并在1/8决赛英德大战中4：1击溃对方，挺进8强。1/4决赛中继续高唱凯歌，4：0横扫阿根廷，其中球队精神领袖传奇前锋克洛泽在这两场淘汰赛连续攻入3球，个人世界杯进球数达到14个，从而一举超越贝利和方丹，与前辈盖德·穆勒并列世界杯历史总射手榜第二位。在半决赛中，德国在老道的斗牛士面前0：1小负，被挡在了决赛之外。之后，德国3：2战胜乌拉圭，成为世界杯历史上第一支蝉联季军的球队。托马斯·穆勒获得金靴奖及最佳新人奖。穆勒、拉姆和施魏因施泰格入选本届最佳阵容。

第20届世界杯足球赛于6月12日—7月13日在南美洲国家巴西境内12座城市中的12座球场内举行。这是继1950年之后世界杯第二次在巴西举行。

德国队两胜一平从小组出线，并在1/8决赛中以2：1击溃阿尔及利亚，挺进8强。1/4比赛中以1：0打败法国。

7月9日，世界杯首场半决赛在贝洛奥里藏特米内罗球场展开较量，德国7：1大胜巴西。穆勒打进个人本届第5球。此后德国7分钟内连进4球，克洛泽以16球超过罗纳尔多，创造世界杯进球新纪录。克罗斯梅开二度，赫迪拉1传1射。德国成为世界杯史上首支前半小时打进5球的球队。下半时，替补许尔勒再添两球，奥斯卡打进安慰球。德国成为首支世界杯半决赛打进7球的球队。

7月13日决赛，替补上场的格策凭借113分钟的一粒绝杀进球帮助德国队击败梅西领衔的阿根廷，第四次捧起大力神杯。同时还打破了一个魔咒：此前，只要是在美洲大陆上举办的世界杯，最终夺冠的都是南美球队，而今天，日耳曼战车代表欧洲改写了这一历史。

门将诺伊尔不但帮德国队捧起了大力神杯，而且还以4场比赛不失球荣膺本届赛事的金手套奖。诺伊尔、穆勒、拉姆、胡梅尔斯和克罗斯5人入选国际足联选出的本届11人最佳阵容，几乎占了半壁江山。德国队主帅勒夫获最佳教练员奖。

（2）女子足球

20世纪90年代是世界女子足球运动快速发展的阶段，1991年国际足联正式举办第1届世界女子足球锦标赛，5年后，国际奥委会把女子足球列为第26届奥运会正式比赛项目，到2012年女子足球已成功举办了6届世界锦标赛和5届奥运会比赛，女子足球运动全面进入世界竞技舞台。

1991年11月16日至30日，第1届女足世界杯在中国广州正式举行，参赛队伍共有12支，A组的中国队、挪威队与丹麦队，B组的美国队和瑞典队，C组的德国队、意大利队和中国台北队小组出线。四分之一决赛上，德国队通过加时赛，淘汰丹麦队；半决赛中，美国队5：3大胜德国队。德国国家女子足球队以殿军的成绩告别首届女足世界杯。

1995年6月6日至18日，第2届女足世界杯在瑞典举行，12支世界上最优秀的劲旅，除争夺世界杯本身的成绩外，还力争参加1996年亚特兰大奥运会女足比赛的入场券。在小组赛中德国队虽然输给了瑞典队，不过她们6：1大胜日本，另一场比赛则2：0击败了巴西队，也获得了晋级资格。在1/4比赛中德国队在击败了英格兰队之后获得了一个四强席位。在半决赛中德国队1：0击败了中国队，杀入决赛。决赛中德国队以0：2负于挪威队屈居亚军。

1999年6月19日至7月10日，第3届女足世界杯在美国举行，16支队伍的320名世界上最优秀的女足运动员汇聚美国，赛事的规模达到了一个新的高度，但德国队战绩不佳，仅获第8名。

2003年9月16日至10月12日，第4届女足世界杯在美国举行，16支队伍激战赛场，德国队一路过关斩将，最后在决赛中经过加时赛2：1击败瑞典队，德国成为了第一个也是目前唯一一个同时获得过男足和女足世界杯的国家。德国队前锋普林茨在本届赛事中打进7球，包揽了金球奖和金靴奖2个奖项，她的队友梅内尔特则获得了银靴奖和铜球奖。

2007年9月10日至30日，第5届女足世界杯在中国成都、武汉、上海、天津和杭州举行，本届女足世界杯一共打进111个进球，进球之多堪称历史之最，德国和巴西这一老一新的女足统治者表现出惊人的战斗力，巴西一共打进16个球，德国在打入21球的情况下竟然一球未失，这也创造了女足世界杯上的另外一个奇迹，同时，德国女足守门员纳蒂恩·安格雷尔也打破意大利男足门将曾加在1990年世界杯足球赛所创造的连续517分钟不失球的纪录，这一纪录被改写为540分钟，连续6场比赛一球未失。她们在首场比赛中11：0击败阿根廷队的比分也创造了女足世界杯的历史分差纪录。此外，德国队成为了第一支成功卫冕女足世界杯的球队。在女足世界杯中，创造多项纪录的普林茨无人可出其右：代表国家队出战214场进128球，总计参加5次世界杯打入14球，2003年和2007年率队连拿两届世界杯冠军，3次世界足球小姐，8次德国足球小姐，4次德甲最佳射手，5次欧洲杯冠军，3次女足冠军杯冠军，9次德甲冠军，10次德国杯冠军。普林茨于2011年8月13日正式宣布退役。

2011年6月26日至7月17日，第6届女足世界杯在德国柏林、德累斯顿、沃尔夫斯堡、波鸿、勒沃库森、门兴格拉德巴赫、辛斯海姆、奥格斯堡和法兰克福9个城市举行。

在6月27日的揭幕战中，东道主德国队凭借上半时加雷弗雷克斯和达姆巴比的两粒入球，以2：1力克加拿大，取得本届杯赛的开门红。包括德国总理默克尔、国际足联主席布拉特、德国足协主席茨旺齐格在内的多位知名人士到场助阵，柏林奥林匹克球场涌进了7万余名观众。

德国队小组出线后，在1/4决赛中被日本以1：0淘汰，无缘四强。

总的来看，德国女子足球队成绩优秀，除在世界杯上获2届冠军、1届亚军外，还获3次奥运会季军（2000年、2004年和2008年）及8次欧洲杯冠军（1989年、1991年、1995年、1997年、2001年、2005年、2009年和2013年）。在国际足联的排名榜上，从2003年至2007年连续5年雄居霸主地位。

3. 参加赛车大赛

提到德国的第一运动，很多人会想到足球。特别是德国足球队2014年第4次夺得大力神杯，更让人们对德国足球刮目相看。实际上，从参与人数、项目历史乃至社会影响力等方面，赛车都堪称与足球比肩的德国第一运动。

就项目历史而言，梅赛德斯奔驰除了是世界上最老的车厂之外，从很早以前它就已经参与赛车比赛。为了考验汽车的稳定性，世界上第一个汽车运动赛事于1894年7月22日举办，地点从巴黎到鲁昂，全长126公里。有21位车手参赛，最终15位车手完成比赛。其中有9辆赛车搭载着由现代汽车工业的先驱者之一戴姆勒设计的引擎，奔驰的赛车也是其中之一，最终前4辆完成比赛的赛车均由戴姆勒设计的引擎所驱动。在1994年当梅赛德斯奔驰开始与迈凯轮成为一级方程式赛车合作伙伴时，这个位于斯图加特的车厂也欢度其第一次投入赛车事业的100周年庆。至2014年，梅赛德斯奔驰的赛车运动史已达120年之久。值得一提的是，梅赛德斯奔驰是诸多汽车厂家里唯一同时参加德国房车大师赛和F1这两项最有影响力的顶级赛事的厂商。

（1）德国赛车运动概括

德国被誉为“汽车王国”，8200万德国人拥有5000万辆汽车。德国很多大企业也有“赛车情结”。奔驰、奥迪、宝马、大众等车商每年对赛车的投入少则数千万欧元，多则数亿欧元。这些车商还派出顶尖工程师和机械师，对口负责比赛的研发工作。宝马和奔驰处在赛车运动领先的制造商之中，此外，保时捷车队已经赢得过16次勒芒24小时耐力赛的冠军，奥迪车队则赢得过9次冠军。

就赛事而言，创立于1984年的德国房车大师赛是举世公认的“最高级别房车大赛”，同时也是欧洲最受欢迎的房车系列赛。参赛厂家最初仅有奔驰和奥迪两家，现在宝马和奥宝加入其中。德国房车大师赛每年赛季一共设有10个分站比赛，其中6站在德国境内举行，另设有4个海外分站。期间，来自不同国家8个车队的约20名车手参与角逐，获得最高分数的车手，便成为全年总冠军。

除了在F1和德国房车大师赛赛场上赫赫有名的梅赛德斯奔驰车队外，在低一级的赛车比赛中，宝马、大众、奥迪等德国汽车集团也拥有自己的车队，低级别车手的数量也更多。庞大的车队背景自然培育出上千万的赛车迷。每当有F1赛事举行，德国最大私立电视台RTL就会进行直播，各种赛车节目更是层出不穷。德国各大媒体都设有F1专栏，此外，全国还有数十种赛车专业杂志。很多外国赛车记者选择常驻德国，德语甚至成为这些记者必须掌握的工作语言。

《环球时报》记者调查发现，德国赛车在世界上的强大优势背后，构建有和足球产业一样严密的培训机制。德国各个城市不仅设有数百家赛车俱乐部，还有许多制作赛车模型的玩具厂。德国孩子一出生，获得的礼物往往是一辆迷你赛车。此外，常有三四岁的娃娃被家长送去进行卡丁车培训。德国柏林赛车培训教练托马斯说，德国几乎所有孩子都会开卡丁车，比会踢足球的孩子还多。赛车培训的费用并不比足球贵。托马斯还表示，F1赛场就像赛车界的“大学”，而卡丁车赛场则如同“幼儿园”，几乎是所有F1车手的必经之路。例如，“车王”舒马赫4岁第一次坐上卡丁车，人小得不得不在驾驶座上垫个枕头才够得着油门，但舒马赫就此迷上卡丁车。“小车王”维特尔更是早在两岁就开上儿童卡丁车，在自家后院自由奔驰。车手在卡丁车赛场取得一定成绩后，可以进入各个级别的比赛，比如德国大师房车赛、耐力赛、卡车赛、拉力锦标赛等。升入高级别比赛的选手，更容易获得汽车公司的赞助。

德国人迷上赛车主要是因为德国在赛车领域拥有很多出色的细节优势，有硬件的，也有软件方面的。赛车文化的普及离不开德国各级政府支持，提供场地和资金资助是常事。在他们看来，这也是一种城市宣传。

德国赛车在硬件上的超前体现在5条最高级别的赛道上，它们是1927年建成的萨克森赛道和纽博格林赛道、1932年建成的霍根海姆赛道、1997年建成的洛丽斯赛道及2000年建成的劳热茨赛道，其中被誉为“世界上最安全、最现代”的纽博格林赛道和霍根海姆赛道可举行F1赛事。不少高档跑车的厂商把在纽博格林赛道上测试性能当作炫耀的资本，“纽博格林圈速”已成为衡量汽车性能的标志。只要没有大型赛事，纽博格林赛道每逢周一都对外开放，称为“公众日”。普通市民的私家车只要通过赛道的检验，都可以“上道”尽情飞驰。新赛道的体验价大约是20分钟35欧元，旧赛道则是每圈20欧元。

被称为“绿色地狱”的纽博格林赛道从2009年起还配有一个1.5万平方米的游乐园——“赛车工厂”。赛车迷可以在那里学到各种赛车知识，还可观看赛车主题电影，甚至驾驶自己的汽车在赛道上一试身手。霍根海姆赛道则长年举办道路安全培训、汽车工业试车及顶级驾驶体验等活动。很多外国的青少年选手慕名而来进行实战训练，带火了赛道周边的星级酒店和青年旅馆。

特别值得一提的是，德国拥有近1.3万公里的高速公路网络，在高速路上飞驰是不限速的。交通管理机构的调查显示，德国人在高速公路上行驶的速度平均每小时高达150公里，时速超过250公里的也大有人在。难怪很多外国人大呼，“德国司机人人是赛车手”。最近，德国反对党提出高速公路限速每小时120公里的提案，认为这样有利于环保。该议案立即遭到包括总理默克尔在内的大多数人的强烈反对。毕竟，对德国百姓来说，在高速公路上飙车已成为日常生活的一部分。

（2）德国著名F1车手

德国是世界上赛车运动领先的国家之一，德国盛产F1车手，第二次世界大战后德国最优秀的车手特瑞普斯早在1961年就赢得了意大利站冠军，这是德国人在F1的第一场胜利。后来又诞生了“车王”舒马赫、“小车王”维特尔和“小舒马赫”等。据德国《图片报》报道，被称为世界最快司机的F1现役车手有20余名，其中德国人占到4席，他们是罗斯博格、海菲尔德、格洛克和苏蒂尔。其他小有名气的车手有霍肯博格等。

在德国众多的优秀赛车手中，荣获7次年度车手总冠军（1994年、1995年、2000年、2001年、2002年、2003年、2004年）、创造并保持了无数F1记录的舒马赫无疑是F1历史上最成功的车手，是一位名字可以与F1赛车划等号的赛车手，有人甚至认为，F1里，除了舒马赫，没有人是不可或缺的。那么，“车王”是怎样炼成的呢?

由于父亲经营小型卡丁车场，使得舒马赫能够很早就接触赛车，虽然他在16年F1职业生涯内共获得过7次世界冠军，并刷新无数次一级方程式赛车世界纪录，但他的赛车生涯并不是起步于F1赛事，而是卡丁车赛。舒马赫从1983年开始参加卡丁车比赛，从1984年开始夺得德国少年卡丁车冠军之后，先后在1985年至1988年获得德国青年卡丁车冠军，欧洲卡丁车决赛冠军等殊荣。1989年参加了德国F3赛事，次年夺得了这项赛事的冠军。

1991年，舒马赫代表乔丹车队首次参加了F1赛事，之后便开始书写其辉煌的F1赛事征程。在为贝纳通车队夺得1994年和1995年两届世界冠军之后，舒马赫转投当时成绩并不出色的法拉利车队，并开始了他的辉煌时期，2000年至2004年荣获五连冠。2006年退役，2009年宣布复出，2010年开始，舒马赫代表奔驰车队开始征战F1大奖赛，在2012赛季欧洲大奖赛上获得第三，终于让人们看到了昔日车王登上领奖台时的风采。同年底正式退役。2013年12月29日，舒马赫在法国阿尔卑斯山区滑雪时发生事故，头部撞到岩石，严重受创陷入昏迷，目前仍在康复之中。

用下列几项数据足以说明舒马赫的奇迹：250次参加国际汽车大奖赛，91次获得大奖赛的胜利，154次登上领奖台，68次夺得杆位，赢得1369个锦标积分，7次成为一级方程式赛车世界冠军。他是赛车运动史上最成功的车手，是永恒的世界冠军。

4. 参加网球四大联赛

网球在德国也是最受大众喜爱的体育项目之一，德国网协拥有近200万会员。20世纪八九十年代，德国网球是任何人都不敢小视的力量，因为日耳曼人拥有贝克尔和格拉芙这一对金童玉女。然而随着两位巨星的退役，德国网球逐渐衰落，男子网球尚有施蒂希、哈斯和科赫尔斯奇雷伯等人苦苦支撑，女子网坛则是难觅格拉芙的接班人。幸运的是，德国女网选手，歌恩菲特、佩特科维奇、科贝尔、格尔格斯、利斯基和巴瑟尔等都在年龄与技术上拥有巨大的潜力。

（1）米夏埃尔·施蒂希

施蒂希出生在德国北部汉堡附近的皮勒堡县，6岁开始练球，1988年转为职业选手。1990年在美国孟菲斯（Memphis）首夺ATP单打冠军。1991年在温网决赛中击败同胞名将贝克尔，夺得个人唯一一座男子单打大满贯。1992年温网，施蒂希与美国名将约翰·马克安诺合作，夺得男子双打冠军，同年巴塞罗那奥运会，与同胞贝克尔合作，夺得男子双打金牌。当年美国公开赛，获得男子单打亚军。1993年，年终赛决赛击败美国名将皮特·桑普拉斯夺得冠军。另外，他还代表德国参加戴维斯杯与霍普曼杯，两项赛事都为德国获得胜利。1994年，美国网球公开赛，施蒂希第二次进入大满贯决赛，但是不敌名将安德烈·阿加西，仅获亚军。1996年，法国网球公开赛，他再一次进入大满贯决赛，结果负于俄罗斯名将耶夫格尼·卡费尔尼科夫获亚军，同年，他在比利时安特卫普夺得运动生涯最后一个ATP单打冠军。1997年，德国哈雷网球赛，施蒂希夺得ATP双打最后一座冠军，同年，温布顿网球锦标赛未能进入四强，随后宣布退役。施蒂希职业生涯一共获得18个单打冠军，10个双打冠军，在1993年达到其运动生涯最高点排名世界第2。退役之后，他组织艾滋病基金会，也偶尔兼任BBC网球评论员。

（2）汤米·哈斯

哈斯的父亲曾是柔道场上的欧洲冠军，家境优越的他从小便以打网球作为消遣。良好的天赋加上后期的训练，使其一度被看作贝克尔之后最有前途的德国网球运动员，有“新金童”之称。1996年首次参加职业比赛，作为外卡球员打入印地安那不勒斯公开赛的四分之一决赛。1997年，首次参加大满贯，在美网中进入了第三轮。1999年，获得大满贯最大突破，进入澳网四强，美网也进入了16强，在孟菲斯获得自己的首个ATP巡回赛冠军。2000年，年仅22岁的他在悉尼奥运会上夺得单打银牌。2002年，他第2次打进澳网四强，在法网与美网中也进入16强，在罗马大师赛后杀进决赛。那一年，他的世界排名上升至第2位。然而时运不济，后因伤停赛16个月。2004年哈斯复出，没有世界排名一切从零开始，在巡回赛休斯敦、洛杉矶中获得冠军，在印第安维尔斯打进了16强，美网首次进入8强，让德国网球重获希望，他的年终世界排名又达到了第17位，并当选为ATP年终“回归之星”。2007年哈斯重回巅峰状态，澳网第3次进入四强，在孟菲斯网球赛中第3次夺得了桂冠，他还创造了47局没给对手破发点的新纪录，世界排名也重新回到了前10位。2009年温网中，历史性的闯入男单四强，给失望已久的德国球迷带来了不小的安慰。2012年，哈斯收获其职业生涯500胜，成为现役选手中除了罗杰·费德勒（871）、拉菲尔·纳达尔（583）和莱顿·休伊特（566）后完成这一里程碑的第四人。哈斯至今已获职业生涯14个单打冠军，1个双打冠军，2014年8月25日ATP男单最新排名为35位。

（3）萨比尼·利斯基

作为波兰后裔的利斯基出生于德国特罗斯多夫，父亲是一位网球教练，7岁时开始练球，2006年成为职业选手。2008年的澳网，利斯基第一次出现在大满贯的赛场上。2009年勇夺WTA查尔斯顿站冠军，在温网首次跻身大满贯八强，特别是在同年的顶级巡回赛家庭生活圈杯夺冠，是利斯基职业生涯的首个冠军，随着这个冠军收入囊中，各种称赞纷至沓来，她更是直接被诸多专家冠以“格拉芙二世”的名头，当月出版的德国网球杂志选择利斯基为封面人物，标题是“德国新NO.1 ”。2011年在伯明翰和达拉斯两夺冠军，在温网首次打入单打半决赛，双打获亚军，排名上升到职业生涯最高的第15位，同年获得2011赛季WTA“年度复出奖”。2013年获温网女单亚军，2014年进入温网女单8强，同年9月15日WTA最新排名为第23位。

（4）安杰利克·科贝尔

科贝尔1988年出生于德国不莱梅，年仅3岁就开始打网球。2001年开始参加青少年组赛事。2003年转入职业赛场，ITF生涯表现优异，在波兰、英国、加拿大、土耳其、捷克和西班牙夺得11个冠军，并涵盖不同的场地类型。2007年被召入联合会杯德国队，5月首次打入世界前100名。2010年她在波哥大首次打入WTA巡回赛亚军。澳网和温网打入第3轮，创造了她当时在大满贯中的最好成绩。2011年科贝尔打进美网四强。2012年带着两个冠军（巴黎室内赛、丹麦公开赛）和打进温网女单半决赛的成绩，她成为德国一姐，并首次杀入前10。2014 年9月15日最新排名为第8。伴随着进一步的信心及在更高级别赛事中更稳定的表现，科贝尔依然能够在德国女网扮演重要角色。

（5）安德烈娅·佩特科维奇

佩特科维奇出生于波黑图兹拉市， 6岁时开始练习网球，2006年转入职业网坛，在这之前，她已夺得4项ITF巡回赛冠军。2007年，她成为德国联合会杯的成员之一，同年的法网是她参加的职业生涯第一个大满贯赛事。2009年，佩特科维奇夺下职业生涯第一个WTA单打冠军并未失一盘。2011年，她一路杀进澳网八强震惊世人，也成为了2006年在法网打进8强的格罗恩菲尔德之后首位晋级大满贯八强的德国人，让德国女子网球终于又一次站上了大舞台。在接下来的赛季里佩特科维奇延续了出色的状态，先后在法网和美网打进了八强，当赛季只有她一个人能够在三项大满贯中同时打进四分之一决赛。最终她以世界第10的年终排名结束了辉煌的2011赛季。至今她已获得1个WTA冠军，8个ITF冠军，2014年单打世界最新排名为17位。

（6）茱莉亚·格尔格斯

格尔格斯出生于德国石勒苏益格-荷尔斯泰因州的巴特奥尔德斯洛，6岁开始打球，2005年成为职业球手，直到2008年为止，主要参加ITF巡回赛。2009年后逐渐参加四大网球联赛，并在奥地利加斯泰因女子网球赛中夺冠，首获WTA单打冠军。2011赛季，格尔格斯开始踏上阳光大道，她在红土赛季强势爆发，在斯图加特大奖赛上夺冠。在2012年法网，她的最快发球速度达每小时205公里，这个速度排在2012赛季女子发球时速排行榜的第一位，超越威廉姆斯姐妹成为暴力发球的新代表。在2013澳网1/8决赛首盘比赛中，她和李娜为球迷上演了极其精彩的对攻大战，这几乎代表了当今女子网坛进攻的最高水准。格尔格斯历史最高单打世界排名为第15位。毫无疑问，格尔格斯是当今世界女子网坛的优秀选手之一。

5. 参加环法自行车赛

德国是一个自行车王国，目前拥有近7000万辆自行车，接近“人手一车”的程度。德国自行车运动也相当普及，而且竞技水平较高。在场地自行车项目上，德国优秀运动员主要有2012年伦敦奥运会女子团体争先赛金牌得主威尔特和沃格尔，2008年北京奥运会男子自行车计分赛的银牌获得者克卢格和男子团体竞速赛和团体追逐赛铜牌得主恩德斯等；在公路自行车方面，尤其是参加环法自行车赛成绩最突出的是下面两位。

（1）扬·乌尔里希

乌尔里希出生于德国罗斯托克，自幼喜爱自行车运动，多次荣获前民主德国青少年冠军。1995年开始职业自行车生涯，1996年开始参加环法自行车赛，获得亚军；1997年夺冠，成为首位赢得环法自行车赛的德国人，当时他23岁，也是赢得环法自行车赛最年轻的选手。至今为止他也是唯一获得这个赛事冠军的德国人。之后他于1998年、2000年、2001年和2003年又4次获亚军，2004年获第4名，2005年获得了第3名，共参加了8次环法大赛，夺得7次赛段冠军，18天穿上黄色领骑衫。此外，他还获得过公路自行车业余世界冠军、两次计时赛世界冠军和2000年悉尼奥运会公路自行车冠军和计时赛亚军。获得这些成就后乌尔里希成为第一个在世界自行车排名榜中列第一的德国人，并成为当时德国最受欢迎的运动员，同时也是20世纪90年代和21世纪初世界上最成功的自行车运动员之一。2006年，乌尔里希一直身陷兴奋剂丑闻，并且最终被迫退出了环法大赛。2007年2月26日宣布退役。

（2）托尼·马丁

马丁出生于德国科特布斯，14岁时开始在自行车俱乐部接受正规训练，2003年获德国青年计时赛冠军，被称为计时赛专家。2005年进入职业联赛，2007年踏上环法赛道，2011年和2013年分获1个赛段冠军，2014年已获两个赛段冠军。另外，马丁还夺得2011年世界锦标赛男子精英计时赛冠军、首届环北京职业公路自行车赛个人总冠军；2012年环比利时自行车赛个人总冠军、世界锦标赛男子精英计时赛冠军、第2届环北京职业公路自行车赛个人总冠军和伦敦奥运会公路自行车男子个人计时赛银牌。

第五节　当代德国体育产业

德国的体育产业是在伴随第二次世界大战后经济重建的过程中发展起来的，在20世纪70年代进入经济高速增长之后的平稳时期，德国的体育产业开始大规模兴起。体育产业作为一国经济发展到一定阶段的新的经济增长点，德国体育产业的崛起正是这种发展过程的典型经验事实之一。

从德国体育产业的发展情况可以发现，经济的发展和国民生活水平的提高是德国体育产业发展的重要物质基础，国民对健康娱乐的追求、体育参与意识的增强、体育所蕴藏的巨大商机等则是德国体育产业不断发展壮大的重要需求支撑，而城市化、工业化、体育人口快速增长和市场经济的发展则为体育产业提供了快速发展的产业空间和基本的制度条件。当今德国，体育产业因其具有成本低、污染少、周期短、娱乐性强、产业关联度高、辐射范围广的优势，从而在德国已成为提高生活质量、扩大就业、提升产业结构级别、满足广大居民投资与消费需求、促进关联产业发展和有效配置资源的主要产业之一。奥斯纳布鲁克大学麦耶教授的一项研究表明，在德国体育产业领域有54万余名员工，与信贷行业的员工数量持平，一年的营业额约为265亿欧元，体育产业是危机最小的行业之一，对自己的地位充满自信。

许多经济学家预测21世纪将是“体育经济”的时代。在这个趋势下，体育对经济发展的作用已不仅仅局限于反作用，而是直接作用于经济，成为经济的一部分。体育产业作为综合实力的重要标志，不仅仅体现在对经济增长的作用上，而且还体现在它在满足居民体育需求的同时，为创建精神文明提供动力、智力支持，为社会的安定、协调与进步发挥着积极的促进作用。

根据欧盟发布的统计报告，2008年德国体育产业总产值占GDP的1.99%。据专家分析，目前德国体育市场的价值为233亿美元（约266亿欧元）。其中，36亿美元来自非营利性组织，如俱乐部和协会；40亿美元来自政府拨款（与体育有关的税收收入约为27亿美元）；体育市场蛋糕中最大的一块是与体育有关的商业市场，高达157亿美元。从娱乐体育到各种职业俱乐部，体育对德国经济的影响正在日益增大。可以说，体育产业在德国是名副其实的“朝阳产业”和“无烟产业”。德国是体育产业的先发之地之一，也是当今全球体育产业最活跃、最发达的国家之一。

一、德国体育产业组织

德国体育产业组织分为三类：第一类是由政府出资的体育产业组织即政府体育产业组织；第二类是以共同的体育爱好为基础的自发形成的社区体育产业组织；第三类是高度商业化运作并追求利润最大化的私人体育产业组织。

二、德国体育产业政策

德国奥体联在通过体育产业统计系统掌握了本国体育产业的总体规模、产值情况、生产成本、效益、资产等基本情况之后，向德国国会提交报告，争取相关政策促进体育产业的发展。体育产业在拉动国民经济增长，尤其是解决就业促进社会安定等方面的作用得到了政府的充分关注，使得德国积极通过减免税收、发行体育彩票、免费提供土地使用权等多种政策，积极促进体育产业的发展。

德国体育产业政策与德国的体育政策、体育税收和体育经费密切相关。

第一，体育政策方面：德国奥体联是体育界的权威机构，制定体育政策法规，向成员组织提供一定的财政支持，推动德国体育的发展。

第二，体育税收方面：德国政府鼓励成立“商业性的体育企业”即营利性的私人体育健身俱乐部，政府通过“向俱乐部提供援助法”减轻其税收负担。

第三，体育经费方面：德国国家体育拨款中，地方政府的拨款为98%，中央政府的拨款为2%，私人部门经费中的居民个人经费占95%，私人公司的经费占5%。其中，居民个人经费的62%用于获得体育健身服务，38%用于购买体育用品。

三、德国体育产业结构

德国体育产业主要由体育用品业、健身娱乐业、职业体育产业、体育赞助业、体育会展业、体育经纪业、体育博彩业和体育媒体业等构成，呈现出多层次、多角度、全面发展的态势。

（一）体育用品业

体育用品业在德国体育产业中占有最重要的地位，是德国体育产业中的支柱产业，2000年有16亿美元来自体育用品销售，其中足球占了将近50%的份额。2005年德国体育用品市场额达82.5亿美元，近几年，体育用品市场销售稳步增长，进口总量达36.5亿美元。德国既是欧洲领先的体育用品生产国（2005年体育产品价值达63亿美元），也是重要的体育器材进口国。25%的体育产品对外出口，同时，德国也大量进口国外体育器材产品。2005年，德国进口体育产品器材价值36.5亿美元，其中90%来自美国、中国、奥地利、意大利、法国和其他国家。即使德国现在处于经济衰退期，2008年的体育器材进口量也增加了1～2个百分点。

专家们认为，在德国体育器材中，轮滑、户外运动、足球、健身、高尔夫、自行车、网球、滑雪板、趣味运动、滑板、滑雪、慢跑、篮球、沙滩运动、羽毛球和手球等相关运动器材在近期内将成为发展最快的体育器材。

体育服装是德国体育用品的重要组成部分，根据一项对2万名德国消费者的调查显示，2005年德国消费者在体育服装上的消费超过29亿美元，其中德国体育服装销售商占了大约80%的市场份额。

提及德国体育用品业，当然不能不说几乎垄断了世界体育用品市场的阿迪达斯（Adidas）公司和普马（Puma）公司，顺便也介绍一下新兴的雅科（JAKO）公司。

1. 阿迪达斯

阿迪达斯是德国运动用品制造商，阿迪达斯有限公司的成员公司。

1920年，阿道夫·达斯勒与哥哥鲁道夫·达斯勒开始在纽伦堡附近的黑措根奥拉赫生产鞋类产品，1924年，创立“达斯勒兄弟制鞋厂”。20世纪30年代中期，公司成长为具有近百名员工、有30余种款式的全球运动鞋领导品牌。第二次世界大战后，公司复业，有47名员工，并以帆布与美军燃油槽提炼出橡胶，制成战后第一款运动鞋。后来两兄弟意见不和，分道扬镳，哥哥另起炉灶，在离原厂几百米外另建厂区，并于1948年10月1日以Puma名字登记；弟弟于1949年8月18日用自己昵称（Adi）加上姓氏（Dassler）的头三个字母以Adidas AG名字注册。两人从此成为竞争对手。

从一开始，阿迪达斯就以产品创新为发展动力。阿道夫·达斯勒是许多技术突破的开拓者，共获得超过700项的专利。在阿迪达斯，诞生了世界上第一双冰鞋，第一双多钉扣鞋，第一双胶铸足球钉鞋……特别是阿迪达斯的旋入型鞋钉是个非常革命性的概念，人们甚至认为它为联邦德国足球队1954年获得世界杯立下了汗马功劳。

目前，阿迪达斯体育用品分为三个系列，分别为：运动表现系列（三条纹标志）、运动传统系列（三叶草标志）、运动时尚系列（球状内含三条纹标志）。阿迪达斯经典广告语：“没有不可能”（Impossible is nothing）。2011年3月，斥资1.6亿欧元启用全新口号——全倾全力（adidas is all in）。

阿迪达斯公司的产品和市场占有率代表了德国体育用品业的整体水平。2003年该公司的全球市场销售额达到77.77亿美元，税前利润达到5.43亿美元，纯利润达到3.22亿美元，这3项指标仅次于美国的耐克公司，居全球同类公司的第2位。

该企业品牌在世界品牌实验室编制的2006年度《世界品牌500强》排行榜中名列第67。2012年，阿迪达斯成功入选全球可持续发展百强企业。

阿迪达斯体育用品，一个近百年历史的运动品牌，自从20世纪20年代诞生，始终以“领跑者”的姿态伫立于世界体育用品的品牌阵营，且不断享受着接踵而来的成功喜悦。也就是这样一个优秀的运动品牌不仅为世界体育事业做出杰出贡献，同时在它的创新与引导下，世界体育产业经济及体育用品行业发展才呈现出更多的精彩。

2. 普马

1948年，普马成立于德国黑措根奥拉赫，PUMA 意为美洲狮，是德国一家以生产鞋与运动服为主的大型跨国公司，创始人为鲁道夫·达斯勒。

1986年，公司由原来的两个公司变为股份有限公司，加入慕尼黑与法兰克福的证券交易所。1990年后普马曾经一度在营销和销量上远远落在耐克、锐步和阿迪达斯等运动服装巨头后面。当时，普马被看作是落伍的品牌，百货公司纷纷将售价仅20马克的普马运动鞋放到了廉价货柜上，1993年普马到了破产的边缘，此时前美国橄榄球运动员、30岁的蔡茨临危受命，被任命为PUMA总裁和董事会主席，开始大胆创新，生意逐渐好转，从而迈出了长期发展计划坚实的一步。2003年公司的资产达到12亿欧元，2006年公司利润2.63亿欧元。2007年起，法国著名国际上市公司开云集团占有其86%的股份，普马实际上成为了该集团的一个体育品牌，当年有9204名员工，产品主要涉及田径、足球、高尔夫、帆船乃至赛车领域，产品销至80余个国家，年销售额23.7亿欧元。2013年，公司有10982员工，年营业额约30亿欧元，是继耐克和阿迪达斯之后的世界第3大体育用品公司。

3. 雅科

后起之秀雅科是一家德国团队运动服饰生产商，由鲁迪·斯普吕格尔在1989年创立，总部设在巴登——符腾堡州的穆尔芬根。其名称源自流经当地的两条河流雅格斯特河及科赫尔河。雅科服饰所涉及的体育团队包括足球、手球、篮球、排球和冰球等运动，产品也陆续销往奥地利、瑞士（自1996年起）、比利时、荷兰、法国及东欧、北欧（自1998年起）和美国（自2004年起）。2009年，公司有160名员工，营业额6060万欧元，净利润3260万欧元。而2011年，公司营业额

6850万欧元，净利润4670万欧元。

（二）健身娱乐业

健身娱乐业在德国是仅次于体育用品业的另一个体育支柱产业，２０世纪９０年代以来，以营利为目的的私人俱乐部在德国迅速发展，德国人称之为“商业性的体育企业”。这些私人俱乐部主要包括健身中心、健美训练房和体育学校等，收费标准一般比公益型俱乐部要高5倍。德国的妇女和老年人特别喜欢参加这些“体育企业”组织的活动。据统计，参加公益型俱乐部活动的男性大约占60%，女性占40%；而在商业型俱乐部里参加活动的男性只有25%，女性则高达75%。目前德国约有9.1万个体育俱乐部，遍及城乡各地，满足了国民对体育健身娱乐的消费需求。

健身娱乐可以说无处不在，家庭运动健身也是一种时尚。这里，体育用品有了广阔的市场，一些体育健身保健器材已经悄悄地走进千家万户，如跳舞机、跑步机、哑铃等，这些器材把“家庭健身房”带入新的时代。在户外，德国的环境也适宜锻炼，无论在莱茵河畔、柏林帝国大厦之前或者是黑森林中的乡间小道上，都能见到慢跑健身的人。很多德国人虽然在大城市工作，但在周边的幽静小城居住，地广人稀非常适宜锻炼。在很多中小城市，政府出资建设简易足球和篮球场。德国每个州都有相关的制度，规定地区人均拥有健身器械和运动场的最低使用单位，保证每名公民都有足够的设施来锻炼，这也大大激发了德国人的健身热情和体育产业界的投资及生产热情。

德国有法律规定，一些健身器材在几年之内要强制更新，保障了新研制出来的健身器材总能及时投入使用，而且器材都非常新。在健身时，也能体现出德国人严谨的一面：无论参加什么运动，无论水平如何，德国人的运动装备都是最专业的。徒步走要有手杖，骑自行车要穿紧身裤、戴头盔和护膝等。健身时，随便着装会被视为不雅的举止。

德国运动健身房协会确定，2007年全德国境内有约5950处健身场馆，一共有约525万会员在这些场馆中进行训练，全德国平均每10万个居民有约7.1个健身场馆。整个健身行业的销售平均值为约30亿欧元（2007年数据），这些数据表明，健身行业是一个不可低估的市场，这个市场具有重要的经济意义。

（三）职业体育产业

德国的职业体育产业也非常发达。在所有的职业体育产业中，赛车、足球和网球是市场化和商业化程度最高的项目。

德国是世界上最重要的汽车制造大国之一，商业的目的和个人的偏好使其国民具有赛车的传统与热情，德国众多的赛车俱乐部不仅极大地满足了人们对赛车运动的需求，同时也使德国在世界职业赛车运动中居于重要的一席。

德国足球甲级联赛是欧洲 5 大联赛之一，尽管其影响不如“英超”和“意甲”，但每个赛季对德国各州市经济的直接和间接拉动作用却是相当可观的。特别是在德国举行的2006年男子世界杯足球赛和2011年女子世界杯足球赛，对德国体育基础设施、体育旅游、体育广告、体育赞助等体育产业的促进作用更是不容低估。

德国网球产业运作商业化程度也相当高，职业球员的培养、职业赛事的组织、业余网球的开展，都是商业化的运作。商业化运作的主体是企业，企业投资网球的目标是追求利益最大化，这对网球产业的发展产生了强大的驱动力。

（四）体育赞助业

体育赞助业在德国也异常活跃，据统计，1996年德国体育赞助的总金额高达16.48亿美元，位居欧洲第1和世界第3。2000年在德国对主要运动会和体育俱乐部进行的与商标相关的赞助就高达11亿美元，数额仅次于美国（52亿美元）和日本（22亿美元），居世界第3位。另据德新社统计称，德甲的18家俱乐部2009—2010赛季的球衣赞助总额已经达1.3亿欧元，德甲球衣赞助费用连年创出新高，2007—2008赛季是1.227亿欧元，2008—2009赛季则是1.2965亿欧元，增长的趋势非常明显。

德国许多公司均以不同形式参与体育赞助，如阿迪达斯、普马、西门子、大众、奔驰、宝马和汉莎航空等都是世界体育市场的重要赞助商。

1. 阿迪达斯的体育赞助

阿迪达斯对体育的赞助涉及重大赛事、公益性体育活动、著名运动员、运动队和体育俱乐部等。其中阿迪达斯对奥运会的赞助值得大书特书。

阿迪达斯非常重视奥运舞台，始终不遗余力地支持奥运，以不断创新的产品帮助运动员创造佳绩，为奥运会的发展作出了巨大贡献，奥运会反过来给阿迪达斯巨大回报，二者实现了双赢。

1928年阿姆斯特丹，阿迪达斯的运动鞋首次出现在奥运会的赛场上。

1932年德国运动员阿瑟·乔纳什在洛杉矶奥运会100米跑中夺得铜牌，成为第1位穿着阿迪达斯运动鞋赢取奖牌的运动员。

1936年柏林奥运会上最成功的选手杰西·欧文斯足蹬由阿迪达斯为他特制的运动鞋夺得4枚奥运金牌。

1952年阿迪达斯是赫尔辛基奥运会上最受追捧的运动鞋品牌。可移动鞋钉的田径鞋首次出现在奥运会上。

1956年墨尔本奥运会上大部分获得奖牌的选手穿的是阿迪达斯运动鞋。

1960年罗马奥运会上，75%的田径运动员穿着阿迪达斯运动鞋参赛。

1964年阿迪达斯发布了有史以来最轻的田径鞋。东京奥运会上，80%的运动员穿着阿迪达斯运动鞋参赛。

1968年阿迪达斯同样主宰了墨西哥城奥运会，85%的选手穿着阿迪达斯运动鞋参加了田径比赛。例如，迪克·福斯贝里凭借全新的背越式跳高技术越过2.24米，获得金牌。阿迪达斯成为世界上首家生产聚亚安脂注塑、多嵌钉鞋底的公司。

1972年慕尼黑奥运会是阿迪达斯历史上又一个值得纪念的里程碑。阿迪达斯首次成为奥运会官方供应商，在所有夺取奖牌的奥运选手中，有78%穿着阿迪达斯运动鞋。

1976年蒙特利尔奥运会上83%的选手选择阿迪达斯装备。身着阿迪达斯运动服的罗马利亚选手纳迪亚·科马内奇获得体操史上的第1个满分——10分。

1980年莫斯科奥运会上，超过 80%的参赛选手穿着阿迪达斯装备。

1984年在参加洛杉矶奥运会的140个代表团中有124个选择了阿迪达斯的产品。穿着阿迪达斯产品的运动员共夺得了259枚奖牌，其中81枚金牌、82枚银牌和96枚铜牌。

1988年在汉城奥运会上，有120个参赛国代表团选用了阿迪达斯装备，76%的金牌获得者信赖“三条纹”。使用阿迪达斯装备的运动员总共赢得了365枚奖牌，包含124枚金牌、114枚银牌和128枚铜牌。

1996年亚特兰大33个奥运代表团、超过6000名运动员选择阿迪达斯产品。阿迪达斯为全部26个奥运项目中的21项提供运动装备。

2000年悉尼奥运会上，阿迪达斯再次以奥运品牌形象出现。在“能量维护”的概念基础上，阿迪达斯针对游泳、田径、自行车、击剑、举重和摔跤6个项目开发了一系列革命性产品。其中最令人难以忘怀的是阿迪达斯的连体泳衣，澳大利亚17 岁的天才少年伊恩·索普穿着这套泳衣赢得3枚金牌，创造了4项世界纪录，从而成为悉尼奥运的明星人物。

2002年盐湖城冬奥会上超过 50%的选手穿着三叶草标志的产品参加比赛，并赢得了将近200枚奖牌。

2004年作为雅典2004年奥运会的官方供应商，阿迪达斯为包括奥委会、志愿者、官员在内的所有奥运会工作组人员提供超过140万件装备；为22个国家奥委会提供装备，总计有超过4000名的运动员穿着阿迪达斯装备参加比赛；还为总共28个奥运项目中的26项提供比赛装备。穿着阿迪达斯产品的奥运选手共摘得147枚金牌、28枚银牌和148枚铜牌。

2008年阿迪达斯作为中国奥委会的合作伙伴，为北京2008年奥运会、残疾人奥运会的所有工作人员和技术官员提供装备，而且中国体育代表团都身着阿迪达斯装备。

2012年的伦敦夏奥会和2014年的索契冬奥会上，阿迪达斯的体育用品和运动器材也随处可见。

总之，奥运赛场上没有一个品牌像阿迪达斯这样，在如此多的运动项目上、与如此众多的运动员、在如此长的时间里产生了如此紧密的关系。

2. 普马的体育赞助

1948年以来， 普马一直与全球著名的运动员和运动队保持紧密合作，为他们设计提供专业运动装备。普马的体育赞助主要涉及足球、网球、田径、高尔夫、帆船及赛车等领域。

1948年普马公司正式成立，第一双足球鞋PUMA ATOM诞生。

1958年在瑞典世界杯上，巴西和瑞典穿着普马足球靴争夺冠军。

1962年巴西队不仅再次夺冠，球王贝利同时赢得世界杯最佳球员，同样都是穿着普马的球鞋。

1968年普马赞助意大利队在罗马欧洲杯上夺冠。

1970年在墨西哥城球王贝利率队为巴西夺得第三座世界杯，这次他和队友穿着的仍然是普马球鞋。

1974年荷兰足坛“教父”克鲁伊夫穿着普马球靴在德国世界杯上率队夺得亚军，并获得最佳球员称号。

1982年球王马拉多纳穿着普马战靴在世界杯上首次亮相。

1984年纳芙拉蒂诺娃穿着普马运动装备获得其职业生涯9个温网冠军中的第5个。

1985年贝克尔与他的普马运动鞋和网球拍一道赢得了温布尔顿网球赛。

1986年足球巨星马拉多纳穿着普马的球鞋，把大力神杯捧回了阿根廷。

1998年普马进军好莱坞，投资体育电影《少林足球》等，同年赞助了小威廉姆斯，并成为温网官方赞助商。

2000年普马进军方程式赛车领域，成为法拉利、宝马、红牛1队和红牛2队等车队的官方正式赞助商。

2005年普马签约舒马赫。同年普马成为意大利国家足球队官方赞助商。

2006年普马赞助德国世界杯的意大利足球队夺得冠军。德国世界杯期间普马共赞助12支队伍，并为其提供比赛服装。

目前，被普马赞助最为人熟悉的是牙买加飞人博尔特。

此外，普马还赞助不少足球队，普马为他们量身定做了球衣，其中著名足球俱乐部有阿森纳、纽卡斯尔联、波尔多、多特蒙德、斯图加特、巴勒莫及西班牙人等。普马亦为多个国家足球队制作球衣，例如，意大利、捷克、瑞士、乌拉圭、智利及科特迪瓦等。

普马亦赞助了许多足球运动员，其中以蒂埃里·亨利、阿奎罗、埃托奥、托马什·罗西基、马尔科·罗伊斯、巴卡雷·萨尼亚、亚亚·图雷、布冯、奥利弗·吉鲁、巴洛特利、基耶利尼、米克尔·阿特塔及法布雷加斯等人最为著名。

3. 西门子的体育赞助

西门子股份公司是全球电子电气工程领域的领先企业，创立于1847年，主要业务集中在工业、能源、基础设施与医疗领域。在体育赞助方面，西门子是F1

麦克拉伦车队主赞助商之一，也是众多世界著名足球俱乐部的赞助商，其中包括西班牙的皇家马德里、德国的拜仁慕尼黑、意大利的AC米兰和英格兰的利物浦。西门子公司还积极支持中国的体育事业，它是2003年甲A联赛和2004年中超联赛的主赞助商，同时也是中国队的主赞助商。2005年，西门子公司为表达热心体育教育事业的良好愿望，设立了“北京体育大学‘西门子奖学金’”，旨在激励北京体育大学师生弘扬“更快、更高、更强”的奥林匹克精神，勤奋学习、努力工作，从而为奥林匹克运动和体育事业的发展，特别是北京2008年奥运会做出更大的贡献。

4. 大众汽车的体育赞助

大众汽车集团，成立于1938年，总部位于德国沃尔夫斯堡，是世界四大汽车生产商之一，也是世界10强企业之一，据美国《财富》杂志2014年发布的最新世界500强企业排行榜，大众汽车集团排名第8。

大众汽车与体育的渊源由来已久。大众汽车的体育营销，走的就是有效利用热点赛事的路线，通过广告、公关、促销和消费者活动的整合营销传播，将品牌文化和企业理念很好地融入体育的内涵，有效地传达给目标消费者。

大众汽车支持体育不仅是一项商务活动，也是一种社会责任，正如大众汽车集团现任董事长文德恩博士所说的那样，赞助体育运动是我们推动社会良好发展的责任之一。

像多数汽车企业一样，大众汽车最关注的赛事主要有三大类：一是竞技性体育大赛，比如奥运会、世界杯与洲际杯等，以全面提升企业品牌的社会地位；二是汽车竞技类赛事，如F1大赛、拉力赛、德国房车赛和大众汽车系列杯赛（大众汽车动力方程式王者杯、大众汽车方程式车赛、大众汽车高尔夫杯赛）等，以展示品牌的技术实力；三是高档休闲运动赛事，如高尔夫和网球等，以体现品牌的文化内涵。就大众汽车体育赞助项目而言，主要有赛车、足球、乒乓球、高尔夫球、网球、滑冰、自行车。

1966年，大众汽车赞助举办V方程式赛车（“V”代表大众汽车）。日后的许多一级方程式世界冠军均出自V方程式，如奥地利的林特和劳达、芬兰的罗森伯格和巴西的皮奎特等。

1976年，大众汽车历史上首次投资举办了单车型杯赛尚酷杯，德国一级方程式著名赛车手温克霍克的职业生涯便由此项杯赛开始。

1987年，大众汽车赞助举办单车型杯赛波罗杯，其前身为路波杯赛，它是一项组织得非常优秀的入门赛车比赛，并给德国房车赛和F1等赛事输送了大量的优秀人才。

1992年，上海大众汽车公司斥资聘请了德国人施拉普纳担任中国足球队的首位“洋”教练，并在此后多年始终支持中国国家足球队的建设。

1996年，中国首次举办的汽车拉力赛——“恒运杯”汽车拉力赛在河南举行，这次比赛全部采用大众旗下的捷达车作为比赛车辆。经过比赛的严酷考验，捷达赛车顺利完成任务。“恒运杯”之后，大众汽车理出一条赛事营销的新思路，从此成为中国汽车厂家投资汽车赛事的领头羊。

2001年，大众汽车开始全额赞助德甲沃尔夫斯堡足球队。

2002年，大众汽车冠名赞助沃尔夫斯堡足球场，大众汽车球场揭幕。

2003年，大众汽车赞助亚太地区和德国乒乓球运动。

2004年6月10日，大众汽车集团（中国）正式成为2008年北京奥运会汽车合作伙伴，大众汽车为北京2008年奥运会、北京2008年残疾人奥运会、北京奥组委、中国奥委会、2006年冬奥会和2008年奥运会中国体育代表团在资金、车辆及相关服务方面提供赞助与支持，同时还为北京奥运会火炬接力提供服务用车。

2005年，大众汽车为第3届“北京2008”奥林匹克文化节和2005年中国乒乓球公开赛提供了赞助。从2005年起，大众汽车成为中国国家乒乓球队的官方赞助商，队服上大众汽车的标志将伴随英姿飒爽的运动员们展现在全世界观众面前。

2006年，作为赛事官方汽车赞助商，大众汽车赞助支持澳大利亚PGA锦标赛（即职业高尔夫球员协会）。

在2006年2月举办的意大利都灵冬奥会上，大众汽车作为都灵冬奥会中国体育代表团汽车合作伙伴，力助参加都灵冬奥会的中国代表团取得佳绩。同年，一汽大众赞助了在南京举行的“2006中国杯世界花样滑冰大奖赛”。大众汽车在北京赞助建立了“大众汽车国际乒乓球培训中心”。

2007年，上海大众斯柯达成为了“中国国家自行车队主赞助商”和“中国自行车运动协会战略合作伙伴”，并连续多年为亚洲顶级的“环青海湖国际公路自行车赛”提供赞助。

2008年，大众汽车成为北京奥运会独家汽车赞助商，汽车公司作为奥运会唯一官方汽车合作伙伴，这无论是在大众汽车历史上还是奥运历史上，都是第一次。除了付出数以亿计的赞助费用，大众汽车提供了旗下几乎所有品牌的5000多辆轿车，为来自全球的奥运官员、运动员和新闻媒体提供交通服务。奥运开幕前的境内圣火传递，大众汽车提供了近千辆汽车予以支持。同年，大众汽车集团在全球共销售新车630万辆，可以说，通过赞助奥运会，大众夺得了汽车营销的金牌。

2009年，为支持和推动中国汽车运动的发展，大众汽车投资将尚酷杯首次引入中国，并相继在上海（2站）、北京和广东肇庆成功举办了4场分站赛，在中国乃至整个东盟地区赢得了极高的关注。同年，奥迪品牌100周年诞辰，奥迪公司开始投资举办“奥迪杯”足球邀请赛，首届“奥迪杯”云集了拜仁、曼联、AC米兰及博卡青年四大足坛豪门，该赛事以后每两年举办一届。

2012年，巴西超新星内马尔和意大利罗马俱乐部喜获德国大众汽车赞助。

2013年7月7日，第12届环青海湖国际公路自行车赛再启征程。作为赛事长期战略合作伙伴的上海大众斯柯达品牌与环湖赛再度牵手，这也是上海大众斯柯达第6次倾情支持大赛的举行。

2014年，巴西世界杯所有的32支球队都有世界知名品牌进行赞助，其中受到14家汽车品牌企业赞助的球队共有23支，而大众汽车一家赞助了8支球队（巴西、荷兰、法国、瑞士、厄瓜多尔、阿根廷、波黑、俄罗斯），其中巴西、荷兰和阿根廷打进世界杯四强。

除上述外，德国还有许多公司是体育的赞助商，例如宝马是2012年伦敦奥运会和2014年索契冬奥会的主要汽车赞助商，奔驰是德国奥体联的四大赞助商之一，而彼得堡啤酒、德国电信、商业银行、安联保险、汉莎航空、妮维雅和雷维电力等都是德国足协的主要赞助商。

（五）体育会展业

德国体育博览会名目繁多，四季皆有。例如德国雪上运动及装备展会、德国运动服装展会、德国冬季体育用品展会、德国自行车运动展会、德国慕尼黑时尚户外运动用品展会、德国慕尼黑运动服装展会和德国慕尼黑国际体育用品及运动时装贸易博览会（简称德国慕尼黑体博会）等，其中，具有代表性的是德国慕尼黑体博会。

德国慕尼黑体博会始于1970年，是在慕尼黑啤酒节期间的体育小商品小卖场基础上发展起来的，至今已经走过了44年的历史，其发展分为三阶段：一是1970年至1979年，每年只在春季举办一届；二是1979年至1998年，每年举办夏季和秋季展两届；三是1998年在慕尼黑新展览中心开始的冬季展与夏季展。如今体博会的展馆面积已达18余万平方米，可容纳8万位观众及2200家参展商，而且其规模仍在不断扩展中。

经过40多年的的发展，德国慕尼黑体博会已经成长为全球十大贸易博览会之一。其展览涵盖了体育用品市场的所有重要部分。慕尼黑一直是东西欧体育用品的贸易中心，辐射影响着超过4亿的最终消费者。如今，对于包括体育用品厂商、品牌、零售商、经销商、设计师、媒体及运动员在内的国际体育用品界，德国慕尼黑体博会已经成为最重要的贸易展会及交流平台，它也是世界最大的综合型体育用品及运动时装贸易博览会。

在过去的40多年时间里，作为全球运动行业的领导者，德国慕尼黑体博会全面覆盖运动行业的各个领域，包括体育用品、运动员鞋类与时装，还涉及上述领域的最新发展趋势。经过多年的磨合，主办单位将以客户需求为主导的展会概念、特殊群体及其他有效的辅助活动结合在一起，逐渐形成了一个非常独特的氛围，为参与者提供了丰富的沟通机会。作为唯一一个涉及多个领域的展览会，还为参与者提供了交叉渗透与交叉销售的机会，还可引导参与者挖掘新的领域和发展趋势。同时，由于与行业建立了密切的合作关系，还可以准确把握市场需求，为来自世界各国的体育界业内人士提供最好的展示机会和商业沟通平台。

在全球范围内，德国慕尼黑体博会代表了体育用品展的最高水平。其特点是，展商国际化程度高，国际品牌企业多，展会管理专业化水平高，贸易功能强。2012年举办的第72届德国慕尼黑体博会共吸引来自100多个国家的8万多名专业观众，展商共计2344家，65%的观众和83%的展商都来自德国以外，使体博会再次达到了高度国际化。

（六）体育经纪业

德国体育产业之所以高度发达，一个很重要的原因就是该国拥有世界上较大规模的体育经纪业。早在1922年就出现过赛马经纪人，而今数以千计的体育经纪人穿梭在体育明星、职业队、联盟、媒体和企业之间，以他们高素质的专业化服务不断地创造着球员价值和市场需求，并使各类体育企业按照商业化原则规范运作。

在德国体育产业结构中，体育经纪业也是空前发展，德国的体育经纪业主要由私人特别是从职业体育圈退役后的一些体育名流所从事，德国经纪人（球探）经常在世界各地活动，例如，我们所熟悉的中国足球运动员杨晨、谢飞、张效瑞、邵佳一等登陆德甲和德乙，就是由曾任中国国家足球队主教练的德国人施拉普纳经纪的。

从德国体育产业发展情况看，德国体育经纪业的发展程度是德国体育产业发展程度的标志。因为，一方面只有各类体育企业多起来，才会产生对体育中介机构和体育经纪人的实际需求；另一方面体育中介机构的成长和体育经纪人高质量的专业化服务，又在创造体育消费需求、拓展体育消费市场及规范体育企业组织架构和经营管理水平等方面起到了至关重要的作用。所以，体育经纪业不仅是德国体育产业的重要组成部分，而且是确保德国体育产业健康、有序、快速发展的“润滑剂”和“助推器”。

（七）体育博彩业

德国彩票有着悠久的历史，早在1614年汉堡就出现了德国本土上的第一次大规模博彩活动，1771布伦瑞克侯爵卡尔一世提倡数字彩票，民众踊跃参加。后因赌风盛行，世风日下，屡招禁止，如卡尔一世之子菲尔迪兰特于1786年废除了赌博彩票。1847年7月5日普鲁士也曾颁布对外来彩票的禁令，但允许本国有经营执照的公司发行彩票。1882年4月29日还禁止过购买赛马赌票。1902年在司法部的禁止游戏名单里，赌博彩票也在其中。但德国博彩业从未真正消失，即使在纳粹时期仍有10家彩票公司营业。

现代意义上的德国彩票从1946年后开始正常发展，并有了比较完整的彩票立法。1948年成立足球彩票发行公司，巴伐利亚州开始卖足球彩票，1953年柏林出现90选5乐透彩，1955年在汉堡进行了乐透彩票49选6 的首次开奖，同年，由汉堡、柏林、北威州及石勒苏益格—荷尔斯泰因州成立德国乐透集团，此后该彩票在不莱梅、萨尔、下萨克森、黑森、柏林等州市盛行起来，1974年，足球彩票发行公司与德国乐透集团合并成德国彩票联合体。在同一时期原民主德国地区除流行体育节彩票49选6 外，还有45选5、90选5和35选5等彩票品种。巴伐利亚州、北威州和不莱梅等州市从1967年至1974年还为慕尼黑奥运会和德国世界杯集资专门发行了奥林匹克和世界杯幸运彩票，其中作为一种附加彩票的奥林匹克彩票（每注10芬尼，设5马克和50马克两个奖级，在6位数中分别为后3位数及后4位数与开奖号符合）共集资2.52亿马克，占慕尼黑奥运会约20亿马克预算经费的13%，贡献仅次于出售奥林匹克纪念币的集资。1990年后，各地各类彩票由德国彩票联合体运营。彩票联合体是一个由16个州彩票公司以合作伙伴关系组成的联合体，在全德国范围内运营。16个成员中，每个州的彩票公司都扮演着不同的角色，并轮值负责彩票联合体的运营（如2014年为萨尔州负责，州彩票业的主管机关为州内务部和州体联），为期3年。

2004年，德国彩票联合体年营业额高达84亿欧元。

从2008年1月1日起，购买彩票必须使用彩票卡。这是一种实名卡，主要用于防止18岁以下的人购买彩票。办理彩票卡可以用于包括乐透、快乐及奥德赛特等在内的许多彩票，可以存储个人的常选号码，也可以跟银行账户关联，到达规定额度的中奖奖金会直接汇到你的银行账户，从而防止遗忘或弃奖。不到规定额度的获奖奖金，可以去彩票点直接领取，如果在规定时间内没有领取，也将会转到你的银行账户，但要收取部分手续费。至于“规定额度”和“规定时间”，各个州都不同。

2011年12月15日，德国16个联邦州中的15个签署了一项新的博彩法案，即《关于在德国赌博的州际条约》，发放了20张体育博彩牌照，征收5%的博彩税。石勒苏益格-荷尔斯泰因州是唯一一个没有同意新博彩法案的州，他们有自己州的博彩方案，持有博彩牌照可以开展所有博彩业务，但需要把博彩收入的20%上交给州政府。2012年6月底，德国新博彩法案正式通过，从2012年7月1日起正式实施。这样，国外的体育博彩公司也能够在德国开展业务，分享50亿欧元的德国体育博彩市场，但在线赌场等仍然被禁止。

德国是联邦制国家，由16个自治州组成，各州有各州独立的法律，彩票也是一样。州彩票由州彩票组织负责发行，全德国只有巴伐利亚州的彩票组织隶属于州政府，其余各州都由州政府授权的私人企业负责发行。德国本土国营博彩公司最大的是奥德赛特，在德国全境有2.5万个投注站，雇用了大约 5 万名人员。该公司2005年的营业额高达5.8亿欧元。2006年，奥德赛特成为了足球世界杯有史以来第一家来自博彩业的赞助商，实现了博彩业在世界杯上的突破。奥德赛特平时主要经营德甲联赛的博彩。此外，德国的私营博彩公司也有像宝盈和体育竞猜（与英国的威廉希尔和立博·希尔顿被称为博彩公司中的欧洲三大巨头，他们拥有全世界80%以上的影响力）等几家大公司，其投注站也遍布德国境内。各博彩网站和销售点通过与这些彩票公司签订合同形式，取得网站运营和零售商资格。投注及兑奖一般在当地州市进行，但为使彩票能开出巨奖以吸引大众，德国16个州的彩票收入中奖金部分又全部集中到一起，全国统一开奖。

从性格上来说，德国人并不是特别好赌，但好休闲娱乐，大多数参与投注的德国人都是把博彩当作平时沉闷生活的调剂性娱乐。他们除了在德国买彩券，也在奥地利或是英国买彩券赌运气，以运动比赛结果下注的彩票，如环法自行车大赛或是足球比赛，都能吸引不少赌客参与。据2007年的一项问卷调查，53%德国的国民时常购买彩票。

目前，从德国博彩网站上及销售点可以投注的主要彩票品种有乐透彩、分级乐透彩、超级欧元乐透彩、奥德赛特彩、足球彩、赛马彩、快乐彩、幸运彩、百万欧元彩和欧元杰克彩等。虽然有的彩票并非狭义的直接以体育比赛为媒体的品种，但其上缴的税金作为公益金后仍间接地服务于体育，所以也可视为广义的体育彩票。

这些彩票有国营的，也有私营的。如私人的足球博彩公司都是在政府有关部门进行了资格审核，然后登记注册了的。相对于国家经营的博彩机构而言，他们的优势在于他们的经营范围涵盖了几乎整个世界范围内的足球赛事，而官方的足球彩票投注机构主要只对欧洲大陆的足球赛事和诸如丰田杯、南美解放者杯决赛阶段的比赛接受投注。私人的足球博彩公司不仅接受彩民对于这些赛事的投注，而且接受对马耳他、塞浦路斯这样欧洲小国足球联赛的投注，甚至接受包括日本联赛这种一般德国球迷知之甚少的联赛的投注。

1. 乐透彩

1955年，联邦德国彩票公司的彼特·维安德和罗塔·拉默尔斯发明了世界上第一个现代乐透彩票型游戏，最初德国的彩票只允许德国公民在德国境内官方认可的彩站或者零售点购买。但随着网络技术的发展，现在已经可以利用网络在全世界范围内购买乐透49选6。只要年满18周岁，就可以参与到精彩不断的德国彩票中来。

德国乐透彩票由国家设立于16个联邦州的彩票公司联合发行，采取同样的游戏规则全国统一操作。乐透彩是德国各邦重要的财政来源之一，每年购买德国乐透彩票赌运气的人约有2000万，占德国总人口1/4，其总投资金额约在200亿欧元。据德国有关彩票管理法规，彩票销售额的50%用作奖金返还，15%用作经营成本，16%作为固定的彩票税，其余上缴州财政，通常州政府会从中拨出一部分来赞助体育或文化活动。

2. 分级乐透彩

分级乐透彩有南德分级乐透和北德分级乐透两种：前者指由南方巴登-符腾堡州、拜恩州、黑森州、莱茵河法耳茨地区、萨克森州和图灵根州共同发行的彩票，总部在慕尼黑市；后者为由北方柏林市、勃兰登堡州、不莱梅市、汉堡市、梅克伦堡—前波莫瑞州、下萨克森州、北莱因—威斯特法伦州、萨尔州、萨克森—安哈特州、石勒苏益格—荷尔斯泰因州联合发行的彩票，总部设在汉堡市。

两种分级乐透既有共同点也有不同处。其共同之处是下注号码都是从0000000到2500000的7位数，也就是说一共有250万个下注号码（0000000=2500000）。不同处是前者是以十分之一为单位计算其部分下注的；而后者则是以十六分之一为单位计算的。

分级乐透的中奖概率很高，平均持有一个下注号码的中奖概率为54%，持有两个号码的中奖概率为80%，持有四个号码的中奖概率即为96%。由于高中奖概率，而且所享受的服务也比较全面周到，所以尽管分级乐透的价格要比乐透要稍高一些，德国人还是乐此不疲的加入分级乐透玩家的行列。

3. 超级欧元乐透彩

德国于2008年11月1日开始了一项新的彩票项目，名叫超级欧元乐透。该彩票每周五开奖一次，奖金最低1000万欧元，最高1亿欧元，与现行的乐透49选6头奖奖金100万欧元的起点相比颇具竞争力。新彩票采取了多国联合的方式发行，分别在德国、瑞典、挪威、意大利、荷兰、丹麦、芬兰、冰岛和爱沙尼亚等9个国家出售。除拥有相对高的中奖率和绝对高的奖金之外，超级欧元乐透的单注费用也较高，每注为2欧元，而目前的49选6单注金额仅为1欧元。

4. 奥德赛特彩

奥德赛特彩由德国最大的公立体育博彩公司奥德赛特于1999年首先在巴伐利亚州发行，当时品种为组合竞猜，次年便风靡全德。2002年推出顶级竞猜，在全德流行10余年。2013年发行更为先进、安全、科学的追加竞猜和密集竞猜，并逐渐取代了前两种体育彩票，成为当下最流行的德国彩票之一。

5. 足球彩

德国各彩票发行机构都发行竞猜型体育彩票，以足球彩票为主。因为足球是德国最受公众瞩目的体育赛事之一，而且国家足球联赛，包括欧洲冠军联赛在一年内不间断式地进行，参与的球队数量及影响力为其他运动所不及，所以称为体育博彩行业中最受到关注及投入大量资金的运动。

德国足球彩票在1948年始于巴伐利亚州，次年便流行于全德国。在其发展过程中，足球彩票的品种、预测场次和奖金等级等均不断变化更新。

例如，1949年起发行的预测结果足球彩票，这种彩票对每周11场总共258场比赛进行预测，如果某场比赛取消，由随机抽签确定结果。基本投注金额1马克，每周开奖1次。每张投注单可进行10种投注，1表示主队胜，0表示平，2表示客队胜。设3个奖级，返奖率 50%，最低奖金2马克，中奖投注单有效期5周。仅1992年，该彩票集资额约达50万欧元。1956年起对每周12场比赛进行预测。1959年每周预测13场比赛，设6个奖级，1961年起变为4个奖级。1967年起又回到每周预测12场比赛。1969年起重归每周预测11场比赛。2004年至今为每周预测13场比赛。

又如，1962年开始发行的预测平球足球彩票，这种彩票对每周36场比赛预测6场平球。如果某场比赛取消，由随机抽签确定结果。基本投注金额1马克，每周开奖1次。每张投注单可投注数量12种，返奖率50%，分4个奖级，最低奖金2马克，中奖投注单有效期5周。仅1992年，该彩票集资额约达60万欧元。1964年起每周39场比赛预测6场平球，分5个奖级。1975年起至今，每周45场比赛预测6场进球最多的平球。但在1996年至1998年曾出现过每周45场预测进球最多的6场比赛的情况。预测平球足球彩投注单有效期可选择1~5周。

目前，上述两种足球彩票的官方正式名称为预测13场结果足球彩和预测6场平球足球彩，分别对13场和45场比赛结果进行预测，如果某场比赛取消，由随机抽签确定结果。

6. 赛马彩

赛马彩顾名思义是德国博彩集团为赛马运动发行的一种专门彩票，于1971年3月20日在著名的格尔仁克尔辛–霍尔斯特赛马场首次运营，1974年后联邦其他州也参与其中。德国赛马彩取名赛马五重奏，即在16位选手中竞猜前5名，后来也有18选3和15选2等游戏。20世纪90年代后，由于经营赛马彩成本高、回报低、彩民不够踊跃和其他彩票的激烈竞争，许多州逐渐退出赛马博彩市场，如1996年1月1日巴登—符滕堡州就不再发行赛马彩。2003年9月27日，巴伐利亚州、北威州和汉堡等发行了最后一次赛马彩。至今已10余年，未见赛马彩在德国出现。

7. 快乐彩

快乐彩票（KENO，也译为基诺游戏）玩法起源于中国，这种游戏由中国移民于19世纪晚期引入美国。起初，人们用80个汉字来玩基诺游戏，而在美国这些汉字则由80个阿拉伯数字所代替。KENO名字源于拉丁文和法语的词根，大意是选中5个就有可以获奖。20世纪初 KENO传入德国后变为1~70的数字游戏。

现在德国发行的快乐彩，已经成为一种流行的大众数字游戏。游戏采用组合式玩法，天天开奖，投注者可以从1至70个号码中任意选择2至10个号码进行投注，该玩法表示为10/20/70。一组2至10个号码的组合称为一注。每注金额1欧元。开奖时，随机摇出20个数字作为开奖号码，根据选中号码的个数获得不同等级的奖金，通常选中数字越多，奖金越高。

8. 幸运彩

幸运彩诞生于1967年，当时它作为乐透彩和足球彩的附加彩票，仅需10芬尼就可以下1注，目的是为举办慕尼黑奥运会集资，成为德国最早的奥运募捐彩票。但是运营3年后，效果不明显，离急需大量资金的奥运会要求甚远，所以联邦德国奥委会决定联合彩票公司，增加单独发行幸运彩，加快为慕尼黑和基尔两个主要举办城市的集资速度。1970年，在时任联邦德国奥委会主席道姆等的努力下，独立的幸运彩问世，每张售价5马克，奖金从20马克至50万马克不等，在媒体的大力宣传下，彩民兴然购买，当年就取得可喜的成绩，并决定将彩票发行到1972年。此时，联邦德国足协也发现幸运彩是集资的好办法之一，所以幸运彩在1972年慕尼黑奥运会后继续为1974年的德国世界杯又集资了数百万马克，为联邦德国队捧得大力神杯做出了特殊的贡献。据1975年统计，幸运彩为这两大赛事共集资2.5亿马克，被誉为促进体育运动的伟大彩票。1976年起，由德国博彩公司继续发行幸运彩，并规定营利的50%归联邦德国体育联合会，另外50%用于其他社会公益活动。1987年，幸运彩推出名为“第2份工资”的促销计划，大奖可以获得每月3000马克的额外收入。1990年，为纪念幸运彩发行20周年，大奖提高到每月6000马克，其余奖项也翻倍。1991年起，德国纪念碑保护基金会也从幸运彩获得部分资助。1993年，又提高到每月8000马克。1995年，大奖每月高达1万马克，而且终身享受。2000年德国成为欧元国后，幸运彩每张定价5欧元，不含各州及代售点的手续费。从2003年起，大奖每月7000欧元，2005年提高到每月7500欧元。至2010年幸运彩在40年里共集资15亿欧元，其中6.1亿赞助给体育，4.9亿分给老人福利院，3.5亿用于保护纪念碑，另外1.2亿捐献给了其他社会公益事业，显然，德国体育是幸运彩的最大受益者。2012年开始，彩民在网上也可以安全舒适地购买幸运彩。2013年起，德国一台每周六的19点57分为幸运彩的开奖时间，同年，幸运彩做出更加吸引人的大奖计划，即每月7500欧元仅为最低奖金，适合于18周岁的获奖者，并规定年龄越大，奖金越高，例如，40岁的获奖者每月奖金为7898欧元，50岁为8256欧元，而60岁的获奖者每月奖金为9440欧元，等等，不但为终生享受，如果获奖者逝世时这210万欧元总奖金逐月发放后还有余额，余额部分甚至可以作为遗产由后代继承。遗憾的是，至今无人获此大奖，官方公布的概率为500万分之一，实际上也许更难。但德国彩民知难而上，购买幸运彩激情不减，相应的是幸运彩又大获全胜，在2013年盈利6000万欧元，全部捐献给了德国奥体联、德国纪念碑保护基金会、德国老人福利基金会和各州文体、环保、教会等社会组织。至2014年幸运彩在40余年里集资已逾16亿欧元，成为许多体育组织、慈善机构及文物保护单位等的重要资金来源之一，促成了许多公益项目的顺利实施，被誉为行善的彩票。就德国体育而言，幸运彩既赞助竞技体育、也支持大众体育，具体到运动员参赛、体育场馆建设和群众休闲健身等方方面面。

9. 百万欧元彩

百万欧元彩票开始于2004年2月13日，目前在德国、法国、英国、西班牙、比利时、卢森堡、瑞士、葡萄牙、爱尔兰和奥地利等欧洲国家进行销售，每周二和周五21点30分在巴黎开奖两次。

百万欧元彩票采取50选5加11选2的组合玩法，奖项共分13个等级。

各奖项由高至低奖金所占总奖金比例分别为32% 、4.8%、1.6%、0.8%、0.7%、 0.7%、0.5%、2.2%、2.3%、3.7%、6.5%、17.6%、和18.0%。

百万欧元彩每注售价2.35欧元，下注金额为1~10欧元。彩民可以选择单周（周二或/和周五）或多周（如2周、4周、8周和52周）投注。

10. 欧元杰克彩

欧元杰克彩开始于2012年，目前在芬兰、德国、丹麦、意大利、荷兰、斯洛维亚、爱萨尼亚、西班牙、挪威、瑞典、冰岛、拉脱维亚、立陶宛、和克罗地亚等14个欧洲国家进行销售，每周五21点在芬兰赫尔辛基开奖。

欧元杰克彩采取50选5加8选2的组合玩法，奖项共分12个等级，中奖者可以获得6.2万至9000万欧元不等的奖金。

欧元杰克彩每注售价2.35欧元，下注金额为1~10欧元。彩民可以选择单周或多周投注。

上面分析介绍了德国目前最流行和效益最好的10种体育彩票，基本能反映德国体育博彩业的历史与现状。总结而言，德国体育博彩业的繁荣大概有以下两个方面的原因：其一是德国体育运动与体育产业整体的迅速发展，培育了庞大的体育爱好者队伍，他们往往成为了体育博彩市场的主体投注者；其二是德国体育博彩业本身具有集聚资金的强大功能，因此德国政府也积极鼓励其发展，以充裕政府体育经费的来源。就德国发行体育彩票的意义而言，主要是起到了广泛宣传体育，培养国民奉献意识的作用；能够在短期内筹集体育发展资金，减轻国家财政负担；有助于大众休闲健身和优秀运动员在世界大赛上取得好成绩；有利于扩大社会就业。

（八）体育传媒业

体育传媒产业是与体育产业、传媒产业密切结合，彼此不可分离的新兴产业。实质上，它属于传媒行业，只不过是专门利用体育有关赛事等获取利益。近几年德国体育传媒产业中，不少媒体纷纷涌入，利用体育赛事的转播权交易等方式进入了这个令人关注的新兴产业。

德国传媒产业十分发达，媒体种类繁多。德国公共媒体主要有电视（德国1台、德国2台、天空付费体育台、体育1台和欧洲体育台等）、日报（《图片报》《时代》《南德意志报》《法兰克福汇报》《世界报》等）、网络（德国奥体联网站、德国足协网站等）、体育报刊（《踢球者》《体育图片》《体育画报》《国际体育》《体育生活》等）、广播（德国之声、德意志电波等）和体育书籍。德国各媒体合作密切，这种合作，包括新媒体和传统媒体，如手机短信和互联网等之间的合作，还有传统媒体如电视台体育频道、体育杂志、体育报纸、体育书刊等之间的合作，它们之间取长补短，对不断加快体育信息的网络化传播，对搭建新的发展平台有积极作用。德国国内主要的各大日报每天都有整版的体育消息，在星期六和星期日国家电视台进行每周体育消息的综合报道，还邀请著名运动员同电视观众见面并表演。全国共有112种专门报道体育的杂志。据调查，德国人接触各类媒体体育信息的情况为：电视（76%）、日报（45%）、网络（30%）、体育报刊（22%）、收音机（20%）、体育书籍（11%）。

限于篇幅，下面重点分析介绍德国体育报刊的历程与现状，特别以发行量之和高达整个专业体育报刊发行量的86.3%的《踢球者》和《体育图片》为例。

体育报刊是体育媒体中最古老的媒介形态。德国体育报刊具有悠久的历史和较大的影响力，是最能代表西方发达国家体育报刊发展水平的市场之一。

在德语报刊分类中，出版频率为每周两期或三期的公开印刷物归属于杂志或期刊类，而不属于报纸类。按照这种划分，德国体育报刊的起源要追溯到19世纪中期。1842年7月13日，德国产生了第一份体育平面媒体——《综合体育报》。随后，又有1846年的《体育者》、1856年的《德意志体育报》和1885年的第一份德语《体育画报》周刊等问世。“一战”期间，德国专业性体育报刊数量很少，体育信息的传播集中在大众传媒对体育的报道。“一战”后，体育报刊重新零零星星地出现。1920年到 1933年，体育报刊由 159种增加到 300种，其中最重要的是于1920年开始发行的《踢球者》。纳粹党上台后，德国体育报刊在短期内减少了 239种，而到 1944年德国市场上没有一种体育报刊。“二战”后德国国家经济的全面复苏和繁荣极大地刺激了体育报刊市场的成长，体育报刊数量几乎“呈线性”、不间断地上扬，直到20世纪80年代末，体育报刊总数比以前翻了 3倍。这一时期德国体育报刊的定位基本上是综合性大众体育报刊，包括1988年创刊的《体育图片报》周刊。从20世纪80年代末以来，德国体育报刊开始进入跌宕起伏期，市场不断重新洗牌、调整和转型。《棒极了》《为快乐健身》等综合性体育报刊一跃成为德国体育报刊的强势体育平面媒体。市场上影响力较大的综合性大众体育报刊还有《踢球者》《体育画报》《国际体育》《体育生活》和《体育图片报》周刊。在综合性大众体育报刊呈现蓬勃发展态势的同时，德国体育报刊的专业化程度也开始加强。这些体育报刊根据受众需要，以某一项体育项目为体育报刊的报道内容。单一体育项目的专业性体育报刊数量开始有了大幅度的增长，如《滑雪》《游泳》《马术》《田径》《登山》和《潜水》等相继出现。另外，体育日报和区域性体育报刊也大量发行，如2004年起曼海姆地区发行的《曼海姆体育信使》和2006年起柏林地区出版的体育日报《体育》等。近几年，德国体育报刊市场平均数量基本维持在 900多种。德国体育报刊多种经营的潜力体现在通过“卖品牌”内容资源发展衍生产品。常见方式有：重印或合订本、特刊或增刊、图书和光盘、数据库、网站、客户名单、品牌授权等。

此外，德国体育报刊会利用长期积累的资源建立资源数据库和客户资料数据库，为消费者提供数据库检索与使用，这是德国体育报刊近年来资源开发的优势和营利渠道之一，也将是未来发展的方向。

1.《踢球者》

1920年 7月 14日《踢球者》在康斯坦斯正式创刊，1925年起编辑部所在地为纽伦堡，最初是不定期刊物，1926年10月1日后为周刊。因历史的原因，期刊曾数次更名。例如，1943年改为《足球》，1944年停刊。第二次世界大战后复刊，但盟军规定辖区内所有的旧报刊都要废止，因此《踢球者》的刊名不能再沿用了，1946年成立的奥林匹亚出版社将其改名为《体育》，1948年又变为《体育杂志》，1951年，《踢球者》的原刊名又可以重新使用，编辑部决定在短期内同时出版《踢球者》和《体育杂志》两本刊物。1968年 10月 7日，奥林匹亚出版社将两刊名合并 ，统一称为《踢球者—体育杂志》出版，但习惯上人们还是愿意叫它《踢球者》。所以，此后的《踢球者》分为周一版和周四版，是两份互为补充的刊物。其中周一版80至96页，售价2.60欧元，平均销量约为20万份；周四版48页，售价2.00欧元，平均发行量约为18万份。

1981年至1986年，为吸引青少年顾客，还特别发行过《青少年踢球者》。

1989年，《踢球者》成为欧洲体育杂志联盟的创始成员之一。

网络既是体育报刊重要的内容发布渠道，也是多种经营的一种产品。1997年，奥林匹亚出版社开始经营《踢球者》网站（www. kicker. de）。除推出直接将《踢球者》印刷原貌转到网上的付费电子版以发展订户外，还包括与电子版内容不同的赛事报道和资讯信息，如免费提供高质量和及时的赛事分析、赛事评论、网友论坛、聊天、网络广告，以及为广告客户量身定做的广告服务等形式。同年《踢球者》还创设网页管理者游戏，主要刊登与足球博彩有关的内容，通过网页提供网上竞猜来为彩民服务。管理者游戏为每个爱好者收集、提供他们最喜欢的球队信息，彩民则根据球员成绩和射门、进球数进行竞猜。目前，每年约有13万人通过该网页对当前赛程进行竞猜登记。

2000年11月，《踢球者》开通手机 WAP功能，对受众售卖关于德甲、德乙和地区联赛信息，成为德国第一个能通过手机发布渠道预订信息的体育端口。此举使《踢球者》所在的奥林匹亚出版社在与电视、网络、综合日报体育版，以及其他体育报刊的竞争中脱颖而出 ，真正成为市场领先者。

2002年的韩日世界杯，随着中国队首次入围决赛圈，《踢球者》以世界杯特刊形式首次进入中国市场，15万册在短短一个多星期内抢购一空。这种良好市场反映激励了《踢球者》的跨国经营计划。

2006年3月22日《踢球者》中文版——《精彩足球/踢球者》正式在中国发行。《踢球者》利用德国电视台、德国大使馆等媒体和机构，对中文版进入中国进行了一系列营销策划。然而，由于德国本部缺乏对中国体育报刊市场和中国文化的深刻了解、调研，以及合作方案不完善，导致中文刊运行不到3个月即陷入危机。2006年世界杯期间《踢球者》转而与中国《足球》报结为合作伙伴。

2012年8月14日起，开始在网络上以2.39欧元的零售价出版《踢球者》电子日报。

目前，《踢球者》期发量为22万份，读者群约233万，官网访问量每月为121万人次，页面浏览量每月更是高达8596万次。杂志以足球为主，其他运动项目也有所涉及。其官方网站更是凭借着强大的搜索引擎及丰富的资料性而受人欢迎。该刊风格严谨，正面报道德国足球，强调第一手采访的权威性及数据性，多位德国足球名人都在杂志上开设专栏。《踢球者》与德国足协和德甲、德乙俱乐部均保持着密切的联系，奖励德甲最佳射手的“小钢炮”就是由《踢球者》颁发。《踢球者》借助于专业、权威的内容报道和拥有30多年历史的刊+报这种形式，获取和积累了大量市场资源，在90余年品牌建设的基础上，吸引了近50万稳定受众群，订阅用户近9万，德甲特刊为1百万册，《踢球者》品牌和内容的成功使它形成以发行收入为主、广告为辅的营利模式。它是德国最具权威的足球杂志，被贝肯鲍尔誉为 “足球圣经 ”。在长期以来激烈的市场竞争中，《踢球者》始终扮演着德国体育报刊市场领先者的角色， 已经成长为全球体育报刊领域的国际品牌。

2.《体育图片报》

1988年2月24日《体育图片报》创刊，首任主编是科斯特，由阿克塞尔施普林格股份公司出版，每周三发行，其总部设于汉堡，在慕尼黑也有编辑办事处。印刷则由普利诺维斯在纽伦堡的工厂负责。

《体育图片报》采取的市场进入策略是差异化竞争 ，其经营者根据市场分析，确定该周刊的定位可以是一份报纸形式的、但内容是时新、彩版、注重深度报道和全面报道的杂志。它以每周发行约50万份的数量成为欧洲发行量最大的体育杂志。

对创刊于1988年的《体育图片报》来说，它没有竞争对手《踢球者》拥有的市场先入优势，但它所在的集团——施普林格集团雄厚的财力、多种经营之间的联动优势及集团巨大的品牌影响力令竞争对手难以望其项背。这正是《体育图片报》快速成长的重要原因之一。多次试刊后，《体育图片报》开始放弃依靠发行赢利的渠道，而采用低于成本价格销售，以扩大发行量，降低单位成本，同时吸引更多广告。近30年来，以图片和深度报道为内容特色的《体育图片报》在经营中的最大特点是以价格低廉取胜，其印刷精美，质量上乘，但零售价只有1.20欧元，远低于它的生产成本，多年来《体育图片报》几乎一直处于赢利上升的阶段。这种典型的报纸销售策略在媒介经济学的依据正是规模经济——随着销售量增多，体育报刊单位成本的价格会因为总体数量的增加而下降。《体育图片报》在施普林格集团的巨大财力支持下，坚持采用低价策略迅速占领市场。《体育图片报》目前零售量为50万份，还有约5.2万位订户。

《体育图片报》每遇赛季都会出版相应的特刊和书籍、光盘等衍生产品。1998年起发行《德甲特刊》，2004年又发行了《欧洲杯特刊》和《F1特刊》，《体育图片报》在2006年生产和销售的特刊有：《2006世界杯特刊》《球迷报告》《赛车》《德国足球联赛特刊（2006/2007）》和《欧洲杯特刊》。2010年发行《德甲手球特刊》和《德甲篮球特刊》等。这些衍生产品是整合多年来《体育图片报》所积累的大量资源而成，它们在生产成本上除纸张、光盘、人员等必需生产资料外，基本不会有其他成本增加。但是，这些经整合而成的特刊由于具有同题信息高度集中的特点，很受读者欢迎。从媒介经营管理角度来讲，赛事作为事件营销，本身就是吸引受众眼球的重要营销方式，因此，专业体育报刊特刊不仅广告价格高，而且在广告量上也会有大幅度地上升。2006年《体育图片报》的5种特刊，平均每期有5个整版广告，1个跨版广告，其他版面中，文本与广告之比约为37：63。《体育图片报》对特刊实行捆绑销售。如在2006年出版发行的5种特刊中，如果消费者一次性购买2种特刊，可享受3%优惠；购买3种特刊可享受5%的折扣；4种折扣为7.5%；5种折扣为10%。因此，德国体育报刊特刊无论是发行还是广告都获利丰厚，成为重要赢利渠道。

附录1

德国体育大事年表

约30万年前 日耳曼人祖先尼安德特人用弓箭、长矛、流星索等狩猎。
公元前1800年 北日耳曼人已有滑雪、滑冰等习俗。
公元前800年 日耳曼人用他们的战斧入侵罗马帝国。
公元前113年 日耳曼骑兵入侵高卢南部和意大利北部。
公元前102年 条顿人的一位部落首领可跳跃数匹战马。
公元前51年 恺撒《高卢战记》记载了日耳曼人的游泳、马术、投掷等。
公元9年 条顿森林大战中，令人生畏的日耳曼人使用双刃长剑和战斧等兵器赢得了德意志的立国之战。
16年 日耳曼人武装横渡多瑙河。
98年 塔西陀的《日耳曼尼亚志》提及日耳曼人的保健、游泳、骑术及剑舞等。
357年 哥特人平时使用的弓箭成为战斗武器。
496年 法兰克人使用投石器作战。
800年 卡尔大帝热爱狩猎、游泳等，特别擅长骑马，史称“第一位骑士”。
842年 美茵兹等地出现比武活动，德国骑士制度开始形成。
868年 德国亚琛卡尔射箭协会成立。
870年 德国文献中提及蒙眼游戏（捉迷藏）。
919年 亨利一世举行首届骑士比武大会，他被称为规则化骑士 比武的鼻祖。
930年 史诗《瓦尔塔里乌斯》记载了一位西哥特国王的战斗经历。
982年 奥托二世在一次战斗中战败后通过武装横渡自救。
1042年 德国根特市击剑协会成立。
1050年 德国最早小说《鲁德利浦》记载了一位巴伐利亚骑士的冒险经历。
1054年 《骑士之镜》中记载了九柱戏游戏。
1064年 德国各地开始为射箭王颁奖。
1096年 法兰克骑士在第一次十字军东侵中见到马球，并将其带回欧洲。
1100年 德国敏斯特市射箭兄弟会成立。

1119年 在德国哥廷根市举行的第9届骑士比武大会上，除一般的骑士比武外，还有跑步，跳跃，投石和摔跤等项目。
1125年 第一部德文英雄史诗《亚里山大之歌》中记载多种球戏活动。
1127年 奥托一世举办骑士比武大会。
1152年 德国骑士制度在弗雷德里西一世当政期间达到繁荣的顶点。
1170年 德国出现女子骑马活动。
1177年 16位骑士丧生于萨克森的一次骑士比武大会上。
1184年 美茵兹皇家骑士比武大会吸引了含两位王子在内的7万余名骑士参赛。
1190年 德意志骑士团成立。
1196年 在维尔茨堡的一次骑士比武大会上，566名骑士参加赛马。
1200年 《尼伯龙根之歌》记载有跑步、跳远、摔跤等体育活动。
1227年 骑士术的含义第一次等同于战斗游戏。
1240年 60位骑士丧生于诺依斯的一次骑士比武大会上。
1245年 民间诗人罗伊塔尔在其作品中提及男女玩的球戏、游戏、舞蹈和农民式的骑士比武。
1270年 骑士比武大会的优胜者甚至得到一位女人作为奖品。
1285年 杜伊斯多夫射箭协会成立。
1287年 法兰克福修建了数十座公共浴室。
1300年 《海德堡大歌集》描写了民众和骑士的狩猎、棋戏及比武活动。
1303年 克洛斯特新堡火枪射击协会成立。
1304年 克普腾射箭协会成立。
1306年 巴门卑尔根射箭协会成立。
1309年 巴登莱西哈尔射箭协会成立。
1313年 莱恩巴赫射箭协会成立。
1316年 杜伊斯多夫射箭协会成立。
1320年 科隆大教堂管风琴柜上描绘有摔跤的场景。
1340年 多特蒙特射箭协会成立。
1349年 纽伦堡举行美须赛跑活动。
1367年 德国在法兰克福首次举行大规模的射箭比赛。
1389年 德国击剑师利西特奥尔发表最早的《剑术手稿》，他被誉为德国式剑术的创始人。
1400年 慕尼黑创建马术学校，其马术场设有9000座位的观众席。
1406年 慕尼黑射弩协会成立。
1412年 莱比锡大学生被禁止随身携带弓弩和剑等武器，违者罚款。
1415年 海德堡大学生被禁止参加击剑活动。

1418年 克莱斯海姆的学校规章中要求学生参加射箭和游戏活动。

1430年 法兰克福首次举行火药枪射击比赛。

1434年 贵族与市民一起参加纽伦堡的骑士比武大会。

1436年 慕尼黑首次举行赛马。

1443年 塔尔赫福的击剑和摔跤手稿首次编辑成册。

1460年 福莱堡大学生被禁止参加击剑、投石和摔跤活动。

1467年 德国首次举行国际象棋赛。

1477年 图林根射箭节上出现博彩活动。

1479年 瑞士人在纽伦堡市开办击剑学校，之后德国击剑运动蓬勃发展。

1480年 德国贵族不允许城市平民参加骑士比武大会。

1493年 马克西廉一世欲复兴骑士比武大会，德国各地再现不少骑士比武协会。

1498年 莱比锡出现第1次火枪射击比赛。

1507年 匿名作者的《摔跤》出版，该书被视为正式出版的最早德文体育专著。

1512年 法兰克福举行最后一次骑士比武大会。德国版画家丢勒为一部书画插图，其中有许多摔跤和击剑的场景。

1517年 德国马丁·路德发动宗教改革。他主张基督徒保持身体健康，把音乐、体操列入学校教程，反对苦修，客观上促进了欧洲近代体育的形成。

1519年 “最后的骑士”马克西廉一世逝世，标志德国骑士比武走向衰落。

1523年 在茨维考的学校章程中，首次规定周三下午为体育活动时间，可参加游泳、跑步、跳跃、摔跤、击剑和游戏等活动。

1524年 德国16世纪著名的民众诗人、工匠歌手萨克斯在其《诗全集》中提及骑士比武、拔河、射箭及其他体育游戏。

1529年 路德教牧师布根哈根在汉堡开办第一所拉丁语学校，允许学生参加体育活动。

1530年 吕克斯勒的《德意志骑士比武源流考》出版。

1538年 威曼的《游泳术》出版，被视为第一部游泳教材。

1539年 奥斯瓦特的《摔跤术》出版。

1541年 8名男子因裸泳在法兰克福被投进监狱4周。

1549年 乌尔姆市在莱茵河上首次举行船上斗杆比赛。

1575年 费夏特翻译拉伯雷的《大胆妈妈与她的孩子们》，其中提及约300种体育练习和游戏。德国在阿尔萨斯建成第一所骑士学院，次年该学院建了1个球馆。

1587年 斯图门的《持球体育游戏》出版。

1589年 德国图林根市成立了一所骑士学院，骑马、击剑等成为教学内容。

1607年 乌克马克中学的学校规章中规定学校要配备游戏场。

1661年 帕森的《击剑、摔跤及木马大全》出版。
1695年 富兰克在哈勒创建教育学院，学生须有体育活动。
1719年 赫夫曼的《身体运动指南》出版。
1735年 汉诺威开办德国第一家驯马场。
1741年 普鲁士国王给予柏林击剑者特权。
1774年 巴塞多在德骚创办博爱学校。大文豪歌德在法兰克福钟爱滑冰并与诗人克罗普斯朵科讨论滑冰运动。法兰克福修建第一座游泳池。
1780年 “德骚五项”诞生。
1783年 斯朵克发明手掷冰壶游戏。德国首个热气球升空。
1784年 萨尔兹曼在哥达创立雪妮芬塔尔博爱学院，其《体育余论及学校通告》出版。
1785年 古茨姆茨在雪妮芬塔尔博爱学院任体育教师。
1786年 歌德在意大利首次看到拳球运动。
1788年 维特在德骚博爱学校作关于滑冰的报告。普鲁士国王建成德国纯种马驯养场，为德国日后辉煌的马术运动打下了一定基础。
1793年 古茨姆茨的《青年体操》出版，创立德式体操。
1794年 维特的《体育百科全书》第1卷《体育史》出版。
1795年 维特的《体育百科全书》第2卷《体育项目》出版。
1796年 古茨姆茨的《游戏》出版。
1798年 古茨姆茨的《游泳自学教材》出版。
1803年 德国第一次热气球载人空中飞行在柏林举行。
1806年 杨的《高地德语词汇扩充》出版。
1807年 德国第一位女子热气球飞行员莱西赫和丈夫在柏林表演。
1810年 德国第一个体操组织成立。杨的《德意志国民性》出版，杨与学生在柏林郊外森林踏青，并举行体操活动。按英国赛马规则的德国大型赛马首次在慕尼黑举行。
1811年 杨在柏林建成德国第一座体操场。莱西赫首次在柏林表演德国女子单人热气球飞行。德国滑翔翼发明者贝尔伯林格在乌尔姆表演飞行。
1813年 自行车先驱巴隆·德莱斯在卡尔斯鲁尔进行第一次试车。
1814年 普鲁士举行第一个体操日（运动会）。
1816年 杨与爱塞林合著的《德意志体操术和体操场建设》出版。德国最早的正式体操协会——汉堡体操协会成立。
1817年 古茨姆茨的《体操术问答》出版。体操者和大学生举行瓦德堡集会。德国游泳运动之父——费尔在柏林创办第一家游泳学校，标志着德国游泳运动的诞生，他还是公认的蛙泳的发明者。斯图加特体操场建成。

1818年 关于杨氏体操优劣的不勒施劳体操之争爆发。维特的《体育百科全书》第3卷出版。德国人德莱斯在蹬地车上设计了一个方向控制系统，这辆车被世界公认为第一辆真正的自行车。

1819年 桑德事件发生。禁止体操活动的《卡尔斯巴德决定》颁布。杨被捕入狱。

1820年 普鲁士政府颁布《体操禁令》，规定关闭体操场。海军少尉拉丝首次征服德国2963米的最高峰——楚格峰。纸牌游戏斯卡特在图林根的阿尔腾堡被发明。

1822年 德国首个赛马协会在多波朗成立。德国官方首次赛马在梅克伦堡举行。德国最古老的九柱戏俱乐部在斯达德成立。

1824年 笏德尔的《滑冰》出版，并赠送一本给歌德。

1823年 1825年 图林根原体操场领导福克尔在伦敦建成体操场。汉堡1816体操协会招聘第一位击剑师。

1826年 福禄贝尔的《人性教育》出版，主张游戏的重要性。

1827年 马斯曼在慕尼黑创立体操师范学院。

1829年 柏林成立赛马委员会，举行赛马活动，德国赛马运动拉开序幕。德国首次公路自行车赛在慕尼黑举行。

1831年 勒沃哈特在不莱梅开办一家女子体操训练所。

1836年 韦伯兄弟发表《人走步器官的运动力学》。罗林仁发表《论学校的健康保护》。德国首个划船俱乐部——汉堡划船俱乐部成立。

1837年 柏林成立第一家游泳协会。

1839年 福禄贝尔在布兰肯堡首创幼儿园。汉堡举行首次地区性划船比赛。

1840年 施皮斯的《体操理论》第1卷出版。汉堡第1届划船锦标赛举行。

1841年 德国第1届跨地区的体操节在法兰克福举行。德国西南 部成立男子体操协会和举行体操比赛。

1842年 普鲁士《体操禁令》解除，学校实施体操课。施皮斯发表《关于在全体国民体育中体操活动分类的思考》。德国首份体育报发行。

1843年 科隆体操协会成立。杨发明体操格言（4 F）。

1844年 普鲁士政府令各级学校实施体育。体操节上首设投石和摔跤比赛。德国首届划船锦标赛在汉堡举行。

1846年 来自德国32个城市，35家体操协会的1200余名体操者参加了在海尔布隆举行的跨地区体操节，费尔仁制作出含体操格言的德国体操标志也在此届体操节上正式亮相。德国第一份体操杂志《体操者》在德累斯顿创刊。

1847年 罗特施泰因创建普鲁士中央体操学校。巴伐利亚州举行首次赛马。

1848年 施皮斯在达尔蒙达特建室内体操馆。德国柏林、德累斯顿和法兰克福的体操者参加了1848年欧洲革命。杨当选为德意志国民议会会员。哈瑙体操会议导致德国体操运动出现分裂。美国的第一家德式体操协会在辛辛那提成立。

1849年 德国海尔布隆和哈瑙的体操者在巴登参加了革命斗争。

1850年 普鲁士通过《协会法》监督体操协会活动。莱比锡等地出现工人体育俱乐部。萨克森体操教师培训所在德累斯顿创建。德国首次帆船比赛在汉堡举行。

1851年 社会主义者体操联盟在纽约成立。首届世界国际象棋赛在伦敦举行，德国安德森夺冠。德国滑雪教师协会成立。

1852年 库尔迪斯在柏林体育科学学会上发表关于奥林匹亚的演说。

1853年 罗特施泰因发表《论由瑞典体操发展而来的体操》。

1854年 格奥尔格在埃斯林根创刊《埃斯林根体操报》

1855年 施雷贝尔出版《室内医疗体操》。德国首家帆船俱乐部在科里斯堡成立。

1856年 《德意志体操报》在莱比锡发行。安格尔施泰因在柏林创建“女子体操学院”。德国首家射弩协会在纽伦堡成立。

1858年 不莱梅举行首次赛马。

1860年 德意志令小学男生必修体操。全德体操协会委员会在哥达成立。由格奥尔格和卡伦克贝发起的第1届德国体操节在科堡举行。普鲁士发生“双杠之争”。

1861年 德意志射箭联合会成立，它是德国首家体育联合会。第2届德国体操节在柏林举行。第1届德国体操教师大会在柏林举行。英国的第一家德式体操协会在伦敦成立。

1862年 皇家体操教师学院在斯图加特成立。汉诺威击剑俱乐部成立。

1863年 第3届德国体操节在莱比锡举行，跳高首次成为体操节比赛项目。德国首次举行板球比赛。

1865年 朗格的《身体练习》和黑尔斯的《全部体操事业》出版。北美德式体操联盟成立。

1867年 德国划船运动员首次在巴黎参加国际比赛。主要报到赛马运动的体育专业杂志《体育》在柏林发行。普鲁士皇家骑术学校在汉诺威创建。

1868年 德意志体操联盟成立，由格奥尔格任主席，哥兹任秘书长。

1869年 德意志登山协会成立。毛尔在卡尔斯鲁厄创建巴登州体操学院。

1870年 世界首个自行车俱乐部在汉堡成立。法兰克福举行首次划船比赛，其中赛艇也是项目之一。汉堡赛马周首次出现赌马。

1872年 维伯在慕尼黑创建巴伐利亚州体操学院。在布伦瑞克出现由旅居此地的英国人组织的“赛跑节”。

1873年 德国首次在马格德堡的赛马上出现马术的盛装舞步。

1874年 英式足球由科赫和赫尔曼在布伦瑞克引入德国，科赫把所有足球的专业术语从英文译成德文，并于次年撰写了第1本德文的《足球游戏规则》。

1875年 库尔迪斯率德国考古队开始了长达6年的发掘奥林匹亚遗址工作。北德划船俱乐部创立划船基金会。

1876年 柏林首家划船协会成立。斯佩特利成为第一位走65米高，320米长的钢丝穿越北美洲尼亚加拉大瀑布的女人。

1877年 德国国际象棋协会成立。德国在巴特霍姆堡建成第一块网球场，并举行了首次网球比赛。德国在汉诺威举行首次橄榄球比赛。

1878年 柏林尼普顿（尼普顿为罗马神话中的海神）游泳协会成立，是德国最早的游泳俱乐部。德国首家足球俱乐部在汉诺威成立，该俱乐部同时也开展橄榄球运动。

1879年 旅居汉诺威的英国人举行冠名为 “赛跑节”的运动会，这是德国首次近代意义上的运动会。

1880年 第5届德国体操节在法兰克福举行。不莱梅和法兰克福足球俱乐部成立。汉堡举行首届田径运动会。柏林中学开展足球和板球运动。

1881年 哈特维希发表《我们感到担忧的问题——关于在国民和学校中进行身心体育的问题的提案》。德国首家网球协会在巴登巴登成立。利用“冰王”林德博士于1873年发明的制冰机，法兰克福600平方米的冰场投入使用。柏林马术障碍赛俱乐部成立。德国《自行车运动》月刊创刊。德国在柏林举行首次场地自行车赛。哈特维希发表《我们到底患了何种疾病？》，引发德国游戏运动。

1882年 普鲁士文化部长葛斯勒的《游戏训令》颁布。首届“基尔周”帆船赛举行。首届德国杯单人划艇赛在法兰克福举行，冠军为威尔特,该赛事为德国正式的全国性首次竞技运动会，因此，威尔特也同时成为德国的第一位全国冠军。

1883年 德国划船协会成立。首届德国杯游泳锦标赛举行。《水上运动》杂志在柏林创刊。德国首届滑雪赛举行。奔驰在曼海姆建汽车厂。

1884年 德国自行车协会在莱比锡成立。由戴姆勒发明的摩托车首次试车。德国现代摔跤运动创始人阿普斯在纽约的第1届世界职业摔跤大赛中夺冠，成为德国体育史上的首位世界冠军。德国首座网球场在南巴登建成，并举行首届德国网球大赛。

1885年 第6届德国体操节在德累斯顿举行。德国九柱戏联盟成立。

1886年 德国游泳协会在柏林成立。德国杯游泳锦标赛中首设跳水项目。第1届德国斯卡特集会在阿尔滕堡举行。

1887年 克劳奥斯赫发表《体育的物理学》。汉堡体育协会成立。

1888年 柏林成立聋哑人体育俱乐部。柏林1888年日尔曼足球俱乐部成立，它是德国最早的足球俱乐部。维博在慕尼黑体育协会中增设女子部。德国帆船协会成立。汉堡首次举行国际田径运动会。

1889年 奥地利体操协会脱离德意志体操联盟。德国科学家麦尔和普特色勒登上非洲6010米的最高峰乞力马扎罗山。莱比锡体操协会在慕尼黑举办的德国体操节上首次进行了足球比赛。

1890年 德国滑冰协会成立。柏林学校工作会议决定促进学生每天的体操时间。德国足球运动员协会（德国足协前身）问世。

1891年 汉堡举行首届欧洲男子花样滑冰冠军赛。民间及青年游戏总会成立。德国田径协会成立。德国首份以户外竞技体育为主要报道内容的杂志《游戏与体育》在柏林创刊。《德国球戏报》创刊。德国首届滑冰赛（包含速滑和花样滑）在慕尼黑举行。德国在柏林首次举行跨栏比赛。

1892年 《汉堡体育报》创刊。首届欧洲自行车锦标赛在柏林举行。德国首次在黑森林举行滑雪器械展。

1893年 德意志工人体操联盟在伯勒尔成立。首届工人体操日举行。首份《工人体操报》发行。德国体育教师协会成立。德国首次在柏林举行的欧洲速滑赛上使用电子计时。德国在柏林的一场足球赛上首次使用足球球门网，目的是保护球迷的安全。德国首个女子游泳协会在卡罗滕堡成立。德国首条自行车木质赛道在吕贝克建成。德国首次在柏林举行女子自行车赛。德国首份冰雪运动杂志《冰鞋运动》在慕尼黑创刊。

1894年 体育、游戏及体操联盟成立。奔驰公司参加首次世界赛车。

1895年 《寿世编》和《寿身小补》被相继译成德文在德国出版。德国参加的首届奥运会筹备委员会在柏林四季酒店成立。《体育图画》在柏林创刊。《自行车世界》创刊。德国首次在柏林举办大型体育博览会。德国女子首次在柏林参加划船赛。德国首批高尔夫球协会分别在柏林和不莱梅成立。

1896年 工人自行车协会——“团结”成立。德国首次举行室内赛道自行车比赛。汉堡高尔夫球俱乐部成立。德国成为首届奥运会13个参赛国之一，排奖牌榜第3位。

1897年 “候鸟”运动和青年运动在德国兴起。德国首次在柏林举行正式的冰球赛。德国汽车运动协会成立。

1898年 德国田径运动工作组成立（德国田协前身）。德国首个马球俱乐部在汉堡成立。德国在柏林举行首次汽车大赛，共有13位车手参赛。德国首次在柏林举行高校田径赛。德国首次在莱比锡举行马拉松赛。第9届德国体操节在汉堡举行，参加人数达26400人，撑竿跳高和举重成为新项目。德国在汉堡举行首次曲棍球比赛。首个犹太人体育协会在柏林成立。

1899年 德国汽车俱乐部在柏林成立。工人游泳联盟成立。德国的斯卡特协会在阿尔滕堡正式成立。

1900年 德国足球协会在莱比锡的“玛利亚公园旅馆”成立。费迪南德·胡佩博士为首任主席。拜仁足球俱乐部成立。柏林《晨报》首次发行体育附刊。德国在汉堡举行首次国际曲棍球比赛。德国钓鱼协会成立。

1901年 德国首个女子划船俱乐部在弗里德里希哈根成立。戴姆勒将其发明的第1部汽车以其12岁女儿的名字命名为“梅赛德斯”，并于同年出现在赛场上。德裔美国人魏斯可普驾驶其设计的飞机飞行2.5公里，他是后来航空运动的创始人之一。

1902年 德国网球协会成立。德国航空运动协会成立。柏林乒乓球协会成立。德国首次在柏林举行摩托艇比赛。奈史密斯的13条篮球规则被译成德文。

1903年 德国第1届全国足球锦标赛举行。莱比锡足球俱乐部队夺得了第一个被官方承认的德国足球锦标赛冠军。德国首个拳击俱乐部在柏林成立。德国摩托车协会成立。德国与奥地利在维也纳的一场网球赛成为德国网球的首次国际比赛。杨氏纪念馆在弗莱堡建成。犹太人体操协会成立。

1904年 德意志帝国奥运会申办委员会成立。邓肯在柏林开办第一家韵律体操学校。柏林首次举行女子赛跑。《柏林汇报》首次刊发整版体育信息。德国高校划船协会成立。

1905年 德国滑雪协会成立。《柏林周三报》首次发行体育附刊。德国首次出版体育年鉴。德国制定首部赛马博彩规则，确定总销售额除去税款和管理费外，其余全部作为返还金。

1906年 德国工人运动员协会成立。德国首次举行曲棍球锦标赛。德国网球锦标赛中首次出现混双比赛。

1907年 德国高尔夫球协会成立。

1908年 德国首次举办室内运动会。费尔曼制定世界上第一部登山运动指南。因柏林拳击赛出现运动员死亡事故，柏林警察局局长禁止拳击运动。德国国家男子足球队在巴塞尔对阵瑞士队，是为其首场国际比赛。德国足球队与英国及奥地利足球队首次交锋。德国航空运动诞生。德国首次在柏林举行冰球比赛。

1909年 柏林获得第6届奥运会举办权。德国曲棍球协会在波恩成立。

1910年 柏林体育馆开馆。德国体育新闻协会成立。德国足球裁判员首次出现在国际赛场上。德国轮滑协会成立。

1911年 青年德意志联盟成立。德国击剑协会成立。德国拳击协会成立。德国业余台球协会成立。德国雪橇协会成立。普鲁士颁布青年培养训令。德国体育卫生展览在德累斯顿举办。达尔克洛泽在德累斯顿开办韵律体操和健身学校。

1912年 世界第1届运动医学大会在德国召开。德国“运动医学联盟”和“体育医学振兴委员会” 成立。工人体育总会成立。第5届奥运会在斯德哥尔摩举行，德国足球队以16：0战胜俄国队，其中弗克斯独进10球，至今为德国人在单场国际比赛中的最高纪录。

1913年 《德国体育奖章》开始颁发。第12届德国体操节在莱比锡举行。德国重竞技协会成立。德国生命救援协会成立。德国首届森林跑锦标赛在柏林举行。德国热气球在空中飞行87小时，创世界纪录。德国关于女生体操的第1份教学计划颁布。

1914年 德国赛艇协会在汉堡成立。

1916年 原定在柏林举行的第6届奥运会因第一次世界大战取消。德意志帝国政府颁布《德意志帝国游戏场及体育义务法》。

1917年 德意志帝国体育委员会成立，迪姆任秘书长，该会要求增加学生体育课课时。海舍制定第一条手球规则，后由“手球之父”瑟棱茨进一步修改完善。德国首次举行女子手球比赛。

1918年 德国女子划船协会成立。德国体育教师协会成立。普鲁士颁布学校男生体操令，特别强调军事体操。

1919年 德意志体育协会成立。德意志工人体操联盟更名为德意志工人体操与体育联盟。勒瓦尔特任德意志帝国体育委员会主席。首届德意志帝国青年运动会举行。体育图片出版社成立。德国举行首届重量级拳击锦标赛。

1920年 柏林体育大学创办。德意志工人体操与体育联盟学校在莱比锡创办。德意志帝国学校大会要求增加每天学生体育活动时间。《踢球者》创刊。德国滑翔运动诞生。德意志青年力量成立。德国柔道协会成立。柏林首次举行邮递员自行车赛。

1921年 首届德意志艺术体操锦标赛在莱比锡举行。德国举行首届体育舞蹈大赛。德国在柏林首次发行体育日报《体育报》和《自行车图片报》。德国与瑞士的田径对抗赛为德国田径史的首场国际大赛。

1922年 首届德意志帝国运动会和首届体育展览会在柏林举行。首届德意志帝国工人运动会在莱比锡举行。首届德国冬季运动会举行。波德的《表现体操》出版。德国首次出现赛马经纪人。德国首家空手道俱乐部在法兰克福成立。

1923年 第13届德国体操节在慕尼黑举行。德国体操协会宣布与竞技体育实现“彻底的决裂”。德国摩托车运动联盟在哈勒成立。

1924年 德国未被允许参加第1届沙莫尼冬季奥运会和第8届巴黎夏季奥运会。勒瓦尔特和鲁培尔梯当选为国际奥委会委员。德国运动医生联盟成立。体育专业杂志《田径》在柏林创刊。迪姆以《体育与收音机》为题作德国第一次广播体育报告。阿迪达斯建厂。德国第一次体育现场广播直播在汉堡的划船赛中实现。

1925年 德国体操联盟成立。德国体操协会宣布脱离德意志帝国体育委员会。首届德国高校运动会在马尔堡举行。首届国际工人奥运会在法兰克福举行。德国与奥地利举行第一次国际手球比赛，标志着现代手球运动的诞生。柏林广播电台首次播放广播体操。德国乒乓球协会成立。

1926年 第一次大战后德国运动员首次重新参加国际比赛——国际田径锦标赛。德意志帝国体育促进委员会成立。德国体操协会重新加入德意志帝国体育委员会。第2届德意志帝国运动会在科隆举行。体育与健康大型博览会在杜伊斯堡开幕。德国乒协主席勒曼促成国际乒联成立，并出任首位主席。德国铁路体协成立。费尔科特成为第一位横渡英吉利海峡的德国人。

1927年 德国体育新闻协会成立。德意志企业体育联盟成立。世界自行车锦标赛在科隆和爱博尔特举行。德国第一次足球现场直播诞生。德国足协首次在全德推行青少年足球比赛日。

1928年 第2届冬季奥运会和第9届夏季奥运会分别在圣莫里茨和阿姆斯特丹举行。在第9届奥运会上美德法分居前三。1928年采用由国际奥委会德国委员勒瓦尔特提出的圣火传递仪式和首次举行了奥运会的艺术比赛。工人体操运动分裂为社会民主党和共产党两个发展方向。第14届德国体操节在科隆举行。《体育快报》杂志创刊。

1929年 施密特的《运动生理学》出版。女子体育研讨会在柏林举行。第2届德意志帝国工人运动会在纽伦堡举行。齐柏林飞艇完成了首次载客环球飞行的壮举，实现了人类环球飞行的梦想。

1930年 红色体育国际战斗队成立。施梅林加冕德国乃至欧洲体育史上首位重量级世界拳王。

1931年 柏林获得第11届夏季奥运会举办权。德国工人体育右翼党派成立“哈尔茨堡前线”，左翼党派成立“爱色内前线”，第2届国际工人奥运会在维也纳举行。奥瑟门首获温网女单冠军。

1932年 柏林体育大学停办。帝国青年军体部成立。

1933年 工人体育组织被解散。市民体操与运动协会脱离德意志帝国体育委员会。洛因多尔福被选为德意志体育联盟首任主席。卡梅尔成为“第三帝国”体育领袖。第15届德国体操节在斯图加特举行，希特勒讲话。

1934年 德意志帝国体育联盟成立。体育青年协会受希特勒青年团管辖。

1935年 德意志帝国教育部体育司成立。首届帝国冲锋队和党卫军运动会举行。德意志体育联盟解散。美国发生抵制柏林奥运会示威活动。体育杂志《起点与终点》在慕尼黑创刊。

1936年 第4届冬季奥运会和第11届夏季奥运会分别在德国加米施—帕滕基兴和柏林举行。火炬接力传递正式启用。德意志帝国体育学院在柏林创立。

1937年 《男子学校体育方针》颁布。莱辛劳替换勒瓦特成为国际奥委会委员。克朗次三获女子滑雪世界冠军。维克茨成为第一位越过2米的德国跳高运动员。

1938年 德意志体操及体育运动会在布雷斯劳举行。德意志帝国体育联盟更名为国家社会主义帝国体育联盟，由国社党直接管辖。德国首获室内及室外手球世界杯冠军。

1939年 首届德国女子划船锦标赛举行。哈比西在罗马创400米世界纪录。德国首次对足球赛进行电视直播。

1940年 《战斗游戏集体培训规章》颁布。

1941年 《女子学校体育方针》颁布。

1942年 体育报发行受到严格控制。德国参加国际体育赛事大幅削减。

1943年 德国被禁止参加国际体育比赛。布莱特迈尔在卡梅尔逝世后成为“第三帝国”体育领袖。

1944年 哈尔特成为“第三帝国”最后一位体育领袖。

1945年 根据盟军第23号令解散德国以前所有体育协会。

1946年 区县级体育协会逐渐重建或新建，各占领区的运动会也时有举行。

1947年 德国参加1948年伦敦奥运会委员会成立。德国科隆体育大学成立，首任校长为卡尔·迪姆。

1948年 第14届夏季奥运会在伦敦举行，未邀请德国、日本和苏联。第二次世界大战后德国首届体操节在法兰克福举行。民主德国体育委员会成立。

1949年 联邦德国奥委会成立。联邦德国足协成立。联邦德国篮协成立。民主德国企业体育联合会成立。民主德国职业足球联赛开始。

1950年 联邦德国体育联盟成立，首任主席为道墨。联邦德国体操联盟成立。民主德国莱比锡体育大学建校。国际奥委会投票同意联邦德国和日本参加1952年奥运会。

1951年 国际奥委会在维也纳会议上承认联邦德国奥委会。德国奥林匹克学会成立。民主德国奥委会成立。

1952年 第6届冬季奥运会和第15届夏季奥运会分别在奥斯陆和赫尔辛基举行。联邦德国应邀参赛，而民主德国未参加。民主德国部长会议体育运动国务秘书局成立。民主德国体育运动委员会成立。民主德国军体协会成立。民主德国首所少儿体校成立。体操家杨逝世100周年纪念活动在民主德国的弗赖堡举行。联邦德国体育联盟与民主德国各体育机构决裂（直到1957年）。

1953年 联邦德国体育教师协会成立。联邦德国体操节在汉堡举行。联邦德国体育联盟对兴奋剂做出第一份解释。联邦德国羽毛球协会成立。

1954年 联邦德国首获男子足球世界杯。民主德国《国家体育规划》颁布实施。

1955年 国际奥委会在巴黎会议上承认民主德国奥委会，并决定由两个德国联合组队参加墨尔本奥运会

1956年 德国联队参加了第7届冬季奥运会和第16届夏季奥运会。联邦德国《促进学校体育的建议》颁布。民主德国部长会议颁布《民主德国体育持续发展决定》。民主德国体育研究所在莱比锡体育大学成立。

1957年 民主德国体操与体育联盟成立。

1958年 联邦德国体育教师协会首届大会举行，主题为“游戏”。联邦德国体操节在慕尼黑举行。

1959年 联邦德国奥林匹克协会提出促进体育场馆建设的“黄金计划”的构想。联邦德国体育联盟决定开辟发展体育的“第二条道路”（大众体育）。民主德国第3届体育节在莱比锡举行。

1960年 德国联队参加了第8届冬季奥运会和第17届夏季奥运会。联邦德国体操联盟实施“体育为人人”计划。民主德国体操与体育联盟规定在国外参赛的运动员必须穿戴有民主德国国徽的运动服。

1961年 两个德国的体育交往中断。联邦德国奥委会“提高运动质量委员会”制定了发展体育的首个“黄金计划”（1961—1975）。联邦德国空手道联盟成立。民主德国第4届教育大会专题研讨改善体育课的问题。

1962年 联邦德国体育教师联盟成立。

1963年 联邦德国体操节在黑森举行。联邦德国足球甲级联赛建立。

1964年 德国联队参加了第9届冬季奥运会和第18届夏季奥运会。联邦德国首个竞技体育训练中心成立。国际田联承认民主德国田协。

1965年 民主德国奥委会获国际奥委会的独立合法席位，从此可单独参加奥运会。

1966年 联邦德国体育联盟颁布《德国体育宪章》。慕尼黑获1972年夏季奥运会的举办权。民主德国首届少儿斯巴达克运动会在东柏林举行。持民主德国国旗和国徽的民主德国代表团首次在第8届欧洲田径锦标赛上亮相。

1967年 联邦德国体育援助基金会成立，首任主席为著名企业家和马术运动员内克曼。联邦德国议会首次就体育展开大辩论。德国首个体育学教授席位授予图林根大学的格鲁培教授。拜仁慕尼黑队首获欧洲冠军。

1968年 体育写入民主德国的新宪法中。两个德国分别独立组队参加了第10届冬季奥运动会和第19届夏季奥运会。国际蹦床联合会在联邦德国成立。德国体操节在柏林举行。

1969年 联邦德国《星星》图片杂志介绍“青少年为奥运而锻炼”活动。民主德国实施部分奥运优势项目的促进计划。

1970年 两个德国的体育交往开始复苏。联邦德国体育科学研究所成立。联邦德国体育联盟倡议“通过体育强身健体”活动。联邦德国政府颁发首份《体育发展报告》。民主德国成立国家体育运动委员会。慕尼黑体育用品博览会开展。

1971年 联邦德国《体育科学》杂志创刊。德甲贿赂事件曝光。

1972年 第11届冬季奥运会和第20届夏季奥运会分别在札幌和慕尼黑举行。“慕尼黑惨案”发生。奥运会第一次启用裁判员宣誓的仪式。吉祥物首次出现在奥运会上。德国创建世界上第一个奥运会反兴奋剂实验室。联邦德国首获欧洲杯足球冠军。体育成为联邦德国高中的必修课程。联邦德国《学校体育行动纲要》颁布。

1973年 联邦德国体操节在斯图加特举行。布伦瑞克队成为德甲首个在足球衫上打广告的球队。联邦德国政府颁发第2份《体育发展报告》。第10届世界大学生和青年友好运动会在东柏林举行。

1974年 联邦德国在本土获男子足球世界杯冠军。联邦德国与民主德国签署《体育交往备忘录》。威尔当选联邦德国体育联盟主席。

1976年 联邦德国体育科学学会成立。

1977年 民主德国阿克曼成为首名跳过2米的女子跳高运动员。

1978年 联邦德国体操节在汉诺威举行。

1980年 第13届冬季奥运会和第22届夏季奥运会分别在普莱西德湖和莫斯科举行。民主德国参加了这两届奥运会，均获奖牌榜第二位。而联邦德国参加了本届冬奥会，抵制了莫斯科夏奥会。

1981年 国际奥委会第11届全会在德国巴登—巴登召开，最终解决了长期困扰奥运会的业余运动员问题。

1982年 联邦德国葛罗师获世界游泳冠军。

1983年 联邦德国体操节在法兰克福举行。联邦德国体育联盟发起“体育与健康”活动。

1984年 第14届冬季奥运会和第23届夏季奥运会分别在萨拉热窝和洛杉矶举行。民主德国抵制了本届夏奥会，联邦德国获总分第3名。联邦德国体育联盟颁布其《环保原则》。民主德国参加在莫斯科举行的首届友好运动会。

1985年 贝克尔成为首获温布尔登网球赛男子冠军的德国人。联邦德国颁布《学校体育第二个行动纲要》。

1986年 哈森当选为联邦德国体育联盟主席。第1届国际大众体育大会在法兰克福举行。

1987年 联邦德国体育联盟在柏林召开以“21世纪的体育”为主题的大会。联邦德国体操节在柏林举行。联邦德国体育联盟会员人数超过两千万。国际奥委会同意网球职业运动员可以参加奥运会。

1988年 第15届冬季奥运会和第24届夏季奥运会分别在加尔特里和汉城举行。两个德国分别独立组队参加了这两届奥运会。联邦德国男子首获网球戴维斯杯冠军。格拉夫获得四大满贯赛事的冠军及汉城奥运网球项目的金牌。《体育图片报》创刊。

1989年 贝克尔和格拉夫分获温布尔登网球赛男女单打冠军。

1990年 德国第3次获男子足球世界杯冠军。联邦德国体育联盟及其下属体育协会着手规划两德统一后的体育工作。德国政府开始实施《德国东部黄金计划》。

1991年 莱比锡体育大学停办。民主德国体育工作者协会解散。

1992年 《振兴东部体育促进计划》实施。第16届冬奥会和第25届夏奥会分别在阿尔贝维尔和巴塞罗那举行，统一后的德国以一个代表团参加了这两届奥运会。

1993年 德国奥林匹克学院在柏林创办。柏林申办2000年夏奥会未果。塞莱斯与格拉夫在汉堡比赛时遇刺受伤。

1994年 第17届冬奥会在利勒哈默尔举行，德国获奖牌榜第3名。舒马赫首获赛车一级方程式冠军。里希特赫芬当选德国体联新任主席。

1996年 第26届夏季奥运会在亚特兰大举行，德国获奖牌榜第3名。

1997年 乌利希成为第一位获环法自行车赛冠军的德国人。

1998年 第18届冬奥会在长野举行，德国获奖牌榜第1名。

2000年 第27届夏奥会在悉尼举行，德国获奖牌榜第5名。

2002年 第19届冬奥会在盐湖城举行，德国获奖牌榜第1名。

2003年 德国体育联盟办公地由柏林迁往科隆。莱比锡申办2012年夏奥会未果。

德国女足首夺世界杯。

2004年 第28届夏季奥运会在希腊首都雅典举行，德国排金牌榜第6名。德国奥林匹克学院由柏林迁往法兰克福。

2006年 德国奥委会与德国体育联盟合并为德国奥体联，首任主席是巴赫。第18届男子世界杯足球赛在德国举行，德国队获季军。第20届冬奥会在都灵举行，德国获奖牌榜第1名。

2007年 德国电视一台和德国电视二台因兴奋剂事件拒绝转播环法自行车赛。德国女足成功卫冕世界杯。

2008年 第29届夏季奥运会在北京举行，德国排金牌榜第5名。

2009年 第12届世界田径锦标赛在柏林举行。

2010年 第19届男子世界杯足球赛在南非举行，德国队获季军。第21届冬奥会在温哥华举行，德国排金牌榜第2名。科隆举办世界同性恋运动会。

2011年 德国首次举办女足世界杯。

2012年 第30届夏季奥运会在伦敦举行，德国排金牌榜第6名。德国华人体育科学学会成立。

2013年 托马斯·巴赫当选第9任国际奥委会主席，任期8年，他是历史上首位当选国际奥委会主席的奥运冠军。赫尔曼任德国奥体联主席。

2014年 德国国家男子足球队第4次夺得世界杯。第22届冬奥会在索契举行，德国排金牌榜第6名。

附录 2

德国历届夏季奥运会奖牌统计表

届次	金牌	银牌	铜牌	总数
1	6	5	2	13
2	4	2	2	8
3	4	4	5	13
4	3	5	5	13
5	5	13	7	25
9	10	7	14	31
10	3	12	5	20
11	33	26	30	89
15	0	7	17	24
16	6	13	7	26
17	12	19	11	42
18	10	22	18	50
19（民主德国）	9	9	7	25
19（联邦德国）	5	11	10	26
20（民主德国）	20	23	23	66
20（联邦德国）	13	11	16	40
21（民主德国）	40	25	25	90
21（联邦德国）	10	12	17	39
22（民主德国）	47	37	42	126
23（联邦德国）	17	19	23	59
24（民主德国）	37	35	30	102
24（联邦德国）	11	14	15	40
25	33	21	28	82
26	20	18	27	65
27	13	17	26	56
28	13	16	20	49
29	16	10	15	41
30	11	19	14	44
31	17	10	15	42

附录3

德国历届冬季奥运会奖牌统计表

届次	金牌	银牌	铜牌	总数
2	0	0	1	1
3	0	0	2	2
4	3	3	0	6
6（联邦德国）	3	2	2	7
7	1	0	1	2
8	4	3	1	8
9	3	3	3	9
10（联邦德国）	2	2	3	7
10（民主德国）	1	2	2	5
11（联邦德国）	3	1	1	5
11（民主德国）	4	3	7	14
12（联邦德国）	2	5	3	10
12（民主德国）	7	5	7	19
13（联邦德国）	0	2	3	5
13（民主德国）	9	7	7	23
14（联邦德国）	2	1	1	4
14（民主德国）	9	9	6	24
15（联邦德国）	2	4	2	8
15（民主德国）	9	10	6	25
16	10	10	6	26
17	9	7	8	24
18	12	9	8	29
19	12	16	8	36
20	11	12	6	29
21	10	13	7	30
22	8	6	5	19

注：第1届、第5届未参加

附录 4

德国体育组织机构一览表

一、德国奥体联及各州体育联盟

1. 德国奥林匹克体育联合会
   Deutscher Olympischer Sportbund， www.dosb.de
2. 巴伐利亚州体育联盟
   Bayerischer Landes-Sportverband, www.blsv.de
3. 汉堡体育联盟
   Hamburger Sportbund, www.hamburger-sportbund.de
4. 柏林体育联盟
   Landessportbund Berlin, www.lsb-berlin.net
5. 勃兰登堡州体育联盟
   Landessportbund Brandenburg,www.lsb-brandenburg.de
6. 不莱梅体育联盟
   Landessportbund Bremen, www.lsb-bremen.de
7. 黑森州体育联盟
   Landessportbund Hessen, www.sport-in-hessen.de
8. 梅克伦堡-前波莫瑞体育联盟
   Landessportbund Mecklenburg-Vorpommern, www.lsb-mv.de
9. 下萨克森州体育联盟
   Landessportbund Niedersachsen, www.lsb-niedersachsen.de
10. 北莱茵-威斯特法伦州体育联盟
    Landessportbund Nordrhein-Westfalen,
    www.wir-im-sport.de
11. 莱茵兰-法耳茨州体育联盟
    Landessportbund Rheinland-Pfalz,www.lsb-rlp.de
12. 萨克森州体育联盟
    Landessportbund Sachsen, www.sport-fuer-sachsen.de
13. 萨克森-安哈特州体育联盟
    Landessportbund Sachsen-Anhalt,
    www.lsb-sachsen-anhalt.de

14. 图林根州体育联盟

Landessportbund Th ü ringen, www.thueringen-sport.de

15. 巴登-符腾堡州体育联盟

Landessportverband Baden-W ü rttemberg, www.lsvbw.de

16. 萨尔州体育联盟

Landessportverband f ü r das Saarland, www.lsvs.de

17. 石勒苏益格-荷尔斯泰因州体育联盟

Landessportverband Schleswig-Holstein,

www.lsv-sh.de

二、63个大体育协会

1. 德国美式橄榄球协会

American Football Verband Deutschland，www.afvd.de

2. 德国雪橇滑雪协会

Bob-und Schlittenverband f ü r Deutschland，www.bsd-portal.de

3. 德国自行车协会

Bund Deutscher Radfahrer，www.rad-net.de

4. 德国举重协会

Bundesverband Deutscher Gewichtheber，www.bvdg-online.de

5. 德国大力士协会

Bundesverband Deutscher Kraftdreikämpfer，www.bvdk.de

6. 德国台球协会

Deutsche Billard-Union，www.billard-union.de

7. 德国飞镖协会

Deutscher Dart-Verband，www.ddv-online.com

8. 德国滑冰协会

Deutsche Eislauf-Union，www.eislauf-union.de

9. 德国竞技速滑协会

Deutsche Eisschnelllauf-Gemeinschaft，www.desg.de

10. 德国生命救援协会

Deutsche Lebens-Rettungs-Gesellschaft，www.dlrg.de

11. 德国马术协会

Deutsche Reiterliche Vereinigung，www.pferd-aktuell.de

12. 德国跆拳道协会

Deutsche Taekwondo Union，www.dtu.de

13. 德国铁人三项协会

Deutsche Triathlon-Union，www.dtu-info.de

14. 德国航空运动协会

Deutscher Aero Club，www.daec.de

15. 德国登山协会

Deutscher Alpenverein，www.alpenverein.de

16. 德国羽毛球协会

Deutscher Badminton-Verband，www.badminton.de

17. 德国棒垒球协会

Deutscher Baseball und Softball Verband e.V.，www.baseball-softball.de

18. 德国篮球协会

Deutscher Basketball Bund，www.basketball-bund.de

19. 德国残疾人体育协会

Deutscher Behindertensportverband，www.dbs-npc.de

20. 德国地滚球协会

Deutscher Boccia-Boule- und P é tanque-Verband，www.petanque-dpv.de

21. 德国拳击协会

Deutscher Boxsport-Verband，www.boxen.com

22. 德国冰壶协会

Deutscher Curling Verband，www.curling-dcv.de

23. 德国飞镖协会

Deutscher Dart-Verband，www.ddv-online.com

24. 德国冰球协会

Deutscher Eishockey-Bund，www.deb-online.de

25. 德国冰上地滚球协会

Deutscher Eisstock-Verband，www.eisstock-verband.de

26. 德国击剑协会

Deutscher Fechter-Bund，www.fechten.org

27. 德国足球协会

Deutscher Fußball-Bund，www.dfb.de

28. 德国聋人体育协会

Deutscher Gehörlosen-Sportverband，www.dg-sv.de

29. 德国高尔夫球协会

Deutscher Golf Verband，www.golf.de

30. 德国手球协会

Deutscher Handball-Bund，www.dhb.de

31. 德国曲棍球协会

Deutscher Hockey-Bund，www.deutscher-hockey-bund.de

32. 德国柔术协会

Deutscher Ju-Jutsu Verband，www.ju-jutsu.de

33. 德国柔道协会

Deutscher Judo-Bund，www.judobund.de

34. 德国皮划艇协会

Deutscher Kanu-Verband，www.kanu.de

35. 德国空手道协会

Deutscher Karate Verband，www.karate-dkv.de

36. 德国九柱戏与保龄球协会

Deutscher Kegler- und Bowlingbund，www.dkb-online.de

37. 德国田径协会

Deutscher Leichtathletik-Verband，www.leichtathletik.de

38. 德国微型高尔夫球协会

Deutscher Minigolfsport Verband，www.minigolfsport.de

39. 德国赛车协会

Deutscher Motor Sport-Bund，www.dmsb.de

40. 德国赛艇协会

Deutscher Motoryachtverband，www.dmyv.de

41. 德国拔河协会

Deutscher Rasenkraftsport- und Tauzieh-Verband，www.drtv.de

42. 德国摔跤协会

Deutscher Ringer-Bund，www.ringen.de

43. 德国轮滑协会

Deutscher Rollsport- und Inline Verband，www.driv.de

44. 德国划船协会

Deutscher Ruderverband，www.rudern.de

45. 德国橄榄球协会

Deutscher Rugby-Verband，www.rugby.de

46. 德国象棋协会

Deutscher Schachbund，www.schachbund.de

47. 德国游泳协会

Deutscher Schwimm-Verband， www.dsv.de

48. 德国射击协会

Deutscher Sch ü tzenbund， www.schuetzenbund.de

49. 德国帆板协会

Deutscher Segler-Verband， www.dsv.org

50. 德国雪犁协会

Deutscher Skibob-Verband， www.skibob.org

51. 德国滑雪协会

Deutscher Skiverband, www.ski-online.de

52. 德国技巧协会

Deutscher Sportakrobatik-Bund， www.sportakrobatik.de

53. 德国壁球协会

Deutscher Squash Verband， www.dsqv.de

54. 德国体育舞蹈协会

Deutscher Tanzsportverband， www.tanzsport.de

55. 德国网球协会

Deutscher Tennis Bund， www.dtb-tennis.de

56. 德国乒乓球协会

Deutscher Tischtennis-Bund， www.vdtt.de

57. 德国体操协会

Deutscher Turner-Bund， www.dtb-online.de

58. 德国现代五项运动协会

Deutscher Verband f ü r Modernen F ü nfkampf, www.dvmf.de

59. 德国排球协会

Deutscher Volleyball-Verband， www.volleyball-verband.de

60. 德国滑水协会

Deutscher Wasserski- und Wakeboardverband， www.wasserski-wakeboard.de

61. 德国滑板滑雪协会

Snowboard Verband Deutschland， www.ski-online.de

62. 德国体育钓鱼协会

Verband Deutscher Sportfischer， www.vdsf.de

63. 德国体育潜水协会

Verband Deutscher Sporttaucher， www.vdst.de

三、20个带有特殊任务的体育协会

1. 德国高校体育协会

Allgemeiner Deutscher Hochschulsportverband，www.adh.de

2. 德国职业学校体育协会

Bundesverband staatl. anerk. Berufsfachschulen f ü r Gymnastik und Sport，www.gymnastikfachschulen.de

3. 德国基督教青年体育协会

CVJM-Gesamtverband in Deutschland－CVJM（Christlicher Verein Junger Menschen）-Sport，www.cvjm.de

4. 德国运动医学及运动创伤预防协会

Deutsche Gesellschaft f ü r Sportmedizin und Prävention， www.dgsp.de

5. 德国奥林匹克学会

Deutsche Olympische Gesellschaft，www.office（at）dog-bewegt.de

6. 德国体育科学协会

Deutsche Vereinigung f ü r Sportwissenschaft，www.sportwissenschaft.de

7. 德国合气道协会

Deutscher Aikido-Bund，www.aikido-bund.de

8. 德国企业体育协会

Deutscher Betriebssportverband，www.hdako.de/dbsv

9. 德国体育教师协会

Deutscher Sportlehrerverband， www.dslv.de

10. 德国冰雪运动培训协会

Deutscher Verband f ü r das Skilehrwesen-Interski Deutschland，www.dvs-interskideutschland.de

11. 德国裸体运动爱好者体育协会

Deutscher Verband f ü r Freikörperkultur，www.dfk.org

12. 德国警察体育管理委员会

Deutsches Polizeisportkuratorium，www.dpsk.de

13. 德国体育青年协会

DJK-Sportverband，www.djk.de

14. 德国体育与科学工会体育委员会

Gewerkschaft Erziehung und Wissenschaft -Sportkommission，www.gew.de

15. 德国克莱普自然养生协会

Kneipp–Bund，www.kneippbund.de

16. 德国犹太人体操和运动协会

Makkabi Deutschland（J ü discher Turn–Sportverbandin Deutschland），www.makkabi.de

17. 德国青年“团结”协会

Rad–und Kraftfahrerbund “Solidarität” Deutschland 1896，www.rkb-solidaritaet.de

18. 德国特奥体育协会

Special Olympics Deutschland, www.specialolympics.de

19. 德国滑雪运动安全保障基金会

Stiftung Sicherheit im Skisport，www.fds（at）ski–online.de

20. 德国铁道体育协会

Verband Deutscher Eisenbahner–Sportvereine，www.vdes.org

主要参考文献

一、著作类

[1] 任海，等. 国外大众体育 [M]. 北京：北京体育大学出版社，2003.
[2] 郝勤. 体育史 [M]. 北京：人民体育出版社，2006.
[3] 鲍明晓. 中国体育产业发展报告 [M]. 北京：人民体育出版社，2006.
[4] 杨桦. 全民健身理论与实践 [M]. 北京：北京体育大学出版社，2006.
[5] 谭华. 体育史 [M]. 北京：高等教育出版社，2009.
[6] 张可创，李其龙. 德国基础体育 [M]. 广州：广东体育出版社，2005.
[7] 李明. 体育产业学导论 [M]. 北京：北京体育大学出版社，2005.
[8] 张人杰. 中外体育比较史纲 [M]. 济南：山东体育出版社，1997.
[9] 周西宽. 体育基本理论教程 [M]. 北京：人民体育出版社，2004.
[10] 熊斗寅. 比较体育 [M]. 北京：人民体育出版社，1990.
[11] 熊斗寅. 体育文选 [M]. 贵阳：贵州人民出版社，1996.
[12] 孙炳辉，郑寅达. 德国史纲 [M]. 上海：华东师范大学出版社，1995.
[13] 任弘. 国外家庭健身新视野 [M]. 北京：中国轻工业出版社，1999.
[14] 卢元镇. 社会体育导论 [M]. 北京：高等教育出版社，2004.
[15] 曲宗湖. 几个国家学校体育的比较 [M]. 北京：北京体育大学出版社，1987.
[16] 鲍尔生. 德国教育史 [M]. 滕大春，滕大生，译. 北京：人民教育出版社，1986.
[17] 中央电视台《大国崛起》节目组. 德国 [M]. 北京：中国民主法制出版社，2006.
[18] 科佩尔·S·平森. 德国近现代史（上册）[M]. 范德一，译. 北京：商务印书馆，1987.
[19] 丁建宏，李霞. 德国文化：普鲁士精神和文化 [M]. 上海：上海社会科学院出版社，2003.
[20] 邢来顺. 德国文化解读——人类文化苍穹的双子星座 [M]. 济南：济南出版社，2005.
[21] 国家体育总局政策法规司. 他山之石——国外、境外体育考察报告选编 [R]. 北京：国家体育总局政策法规司（内部发行），2000.
[22] 国家体育总局政策法规司. 他山之石——国外、境外体育考察报告选编（Ⅱ）[R]. 北京：国家体育总局政策法规司（内部发行），2005.

［23］中国群众体育现状调查课题组. 中国群众体育现状调查与研究［M］. 北京：北京体育大学出版社，1998.
［24］国务院研究室科教文卫司，国家体委政策法规司. 体育经济政策研究［M］. 北京：人民体育出版社，1997.
［25］国家体育总局政策法规司. 中国体育：迈向“十一五”——体育事业“十一五”规划文件资料汇编［M］. 北京：人民体育出版社，2007.
［26］国家体委科教司，北京体育大学. 国际群众体育［M］. 北京：人民体育出版社，1994.
［27］体育大辞典编辑部. 体育大辞典［M］. 上海：上海辞书出版社，2000.
［28］人民体育出版社. 体育项目大全［M］. 北京：人民体育出版社，1998.
［29］中国大百科全书总编辑委员会《体育》编辑委员会. 中国大百科全书体育［M］. 北京：中国大百科全书出版社，1982.
［30］卢先吾. 全民健身大全［M］. 北京：人民体育出版社，1996.
［31］瞿葆奎. 体育文集・体育［M］. 北京：人民体育出版社，1988.
［32］林显鹏. 国外群众体育发展趋势［M］. 北京：国家体育总局信息研究所，2001.
［33］石磊. 市场经济条件下的各国体育政策［M］. 北京：国家体育总局体育信息所，1998.
［34］拉斯洛・孔. 体育运动全史［M］. 颜绍泸，译. 北京：中国体育史学会办公室，1985.
［35］朱庭光. 法西斯体制研究［M］. 上海：上海人民出版社，1995.
［36］刘波. 德国体育研究［M］. 北京：北京体育大学出版社，2012.
［37］潘华. 德国大众体育［M］. 北京：人民体育出版社，2011.
［38］凯撒. 高卢战记［M］. 任炳湘，译. 北京：商务印书馆，1979.
［39］八叔. 欧洲骑士史［M］. 武汉：武汉大学出版社，2009.

二、网站类

［1］http：//www.dosb.de/de/（德国奥体联官方网站）
［2］http：//www.dvv-wandern.de（德国大众体育网站）
［3］http：//www.istchina.com（德国IST体育休闲旅游学院网站）
［4］http：//www.onlycollege.com.cn（昂立体育德语网站）
［5］http：//www.sportinfo.net.cn（中国体育资讯网站）
［6］http：//www.chinasfa.net（中国大众体育网站）
［7］http：//byyoga.shanzhuyu.cn（博雅瑜伽网站）
［8］http：//deutschland.sonic.sh.cn（中智留学网站）
［9］http：//www.sportshow.com.cn（中国国际体育用品博览会网站）

［10］http：//www.deyinxiang.org（德国信息类中文门户网站）
［11］http：//sports.sina.com.cn（新浪体育网站）
［12］http：//www.sport.gov.cn （国家体育总局官方网站）
［13］http：//www.turnfest.de/portal（德国体育文化节网站）

三、论文类

［1］潘华. 中德全民健身的比较研究［J］. 成都体育学院学报，2008，34（1）：18–21.
［2］潘华. 德国的中国体育史研究述评［J］. 体育文化导刊，2005（12）：61–62.
［3］潘华. 试论杨氏体操［J］. 成都体育学院学报，1991，17（3）：24–26.
［4］潘华. 杨氏体操与历史的选择性［J］. 体育文史，1991（6）：63–66.
［5］潘华. 中德两国中小学体育教学的比较［J］. 体育学刊，2007，14（3）：73–76.
［6］潘华. 德国体育史学研究评述［J］. 体育科学，2008，28（10）：74–77.
［7］潘华，宋丽. 中德体博会之比较［J］. 体育学刊，2008，15（1）：51–55.
［8］花勇民，葛艳芳. 论西方体育制度安排［J］. 北京体育大学学报，2008，31（6）：730–732.
［9］周传志. 东德体育发展考［J］. 漳州师范学院学报：自然科学版，2008（2）：112–115.
［10］刘波. 德国体育俱乐部建制探析［J］. 体育与科学，2007，28（3）：57–60.
［11］石磊. 德国大众体育的几个特点［J］. 国外体育动态，1998（48）：393–397.
［12］蔡俊五. 德国大众体育进入“正确健身”新阶段［J］. 中国体育科技，1997（9）：14–15.
［13］杜利军. 发展群众体育及其对策（四）［J］. 国外体育动态，1994（16）：169–171.
［14］李振彪. 二战以来德国体育的发展［J］. 天津体育学院学报，1995，10（1）：15–20.
［15］李向东. 中国与德国体育管理体制的比较研究［J］. 体育文化导刊，2005（6）：53–55.
［16］倪同云. 国际大众体育发展趋势的研究［J］. 体育科学，1998，18（3）：8–11.
［17］杨金鹏. 国外大众体育组织与管理的几个特点［J］. 国外体育动态，1994（4）：226.
［18］兰星. 新型体育与康乐中心［J］. 国外体育动态，1995（41）：324.
［19］马铁. 世界各国大众体育活动的重点及未来计划［J］. 国外体育动态，1996（37）：289.

[20] 凌平. 联邦德国公共体育管理 [J]. 天津体育学院学报，1994，9（1）：16-21.
[21] 凌平. 联邦德国体育俱乐部的结构特点 [J]. 天津体育学院学报，1993，8（4）：25-28.
[22] 肖冲. 劳卫制与体育的求实精神 [J]. 体育报刊资料，1989（4）：16.
[23] 蔡俊五. 西德将进一步推广家庭体育奖章制 [J]. 体育文摘，1985（4）：60.
[24] 刘孝兰. 六国大众体育概述 [J]. 立信会计高等专科学校学报，1998（S1）：44-46.
[25] 孙伟. 国外社会体育的社会学分析 [J]. 辽宁体育科技，2003，25（2）：74-75.
[26] 张云华，孟钟捷. 纳粹阴霾下的德国体育运动 [J]. 体育文化导刊，2003（6）：61-62.
[27] 于大川. 德国的全民体育运动 [J]. 中国体育科技，1995（3）：11-12.
[28] 田克敉. 东欧某些国家中小学体育发展概况 [J]. 山东体育科技，1990（3）：61-64.
[29] 赵浚. 敢与苏、美抗衡的德意志民主共和国 [J]. 中国体育科技，1988（8）：6-8.
[30] 陈鸿斌.发民主德国体育成功的秘诀 [J]. 体育博览，1988（3）：9-11.
[31] 陈宝祥. 民主德国是怎样发展体育运动的（上）（综述）[J]. 体育科研，1984（8）：38-39.
[32] 陈宝祥. 民主德国是怎样发展体育运动的（上）（综述）[J]. 体育科研，1984（9）：25-27.
[33] 卢元镇，马廉祯. 辉煌背后的阴影——东德体育教训之一 [J]. 体育文化导刊，2005（6）：51-52.
[34] 卢元镇，马廉祯. 曼富莱德 · 艾瓦德沉浮录——东德体育教训之二 [J]. 体育文化导刊，2005（7）：56-58.
[35] 卢元镇，马廉祯. 海迪耶？安德烈耶？——东德体育教训之三 [J]. 体育文化导刊，2005（8）：49-51.
[36] 卢元镇，马廉祯. 难以自拔的体制陷阱——东德体育教训之四 [J]. 体育文化导刊，2005（9）：56-58.
[37] 卢元镇，马廉祯. 观念与体制相互依攀的怪圈——东德体育教训之五 [J]. 体育文化导刊，2005（10）：54-57.
[38] 赵澄宇. 民主德国的儿童与青少年体育 [J]. 中国学校体育，1987（4）：71-73.
[39] 董立红，虞重干. 美、德、日社区体育俱乐部的管理体系及运行机制 [J]. 体育成人体育学刊，2007，23（1）：10-11.

[40] 高建萍. 欧洲发达国家群众体育管理的相关经济政策研究 [J]. 南京体育学院学报，2004，18（6）：39-40.
[41] 王海源，刘政潭. 德国大学健身体育的特点及对我国学校体育改革的启示 [J]. 山东体育学院学报，2006，22（5）：104-107.
[42] 周永明，龚斌. 国内外大众体育成功发展模式的启示 [J]. 体育成人体育学刊，2007，23（2）：22-24.
[43] 王亚琼，徐宜芬. 中、美、德大众体育兴起的横向比较 [J]. 黔南民族师范学院学报，2003（6）：72-76.
[44] 戴俭慧，刘小平，罗时铭，等. 英、美、德三国体育指导员制度及启示 [J]. 上海体育学院学报，2003，27（4）：26-31.
[45] 王正伦. 大众体育的社会学视野——发达国家大众体育印象及其启示 [J]. 南京体育学院学报，2001，15（6）：15-17.
[46] 唐建军. 英、德、日社区体育俱乐部基本状况和存在的问题 [J]. 体育与科学，2001，20（3）：8-11.
[47] 肖嵘. 国外大众体育对我国群众体育的启示 [J]. 郧阳师范高等专科学校学报，2001，21（6）：79-81.
[48] 雷历. 国内外体育场馆政策对我国体育场馆未来发展的启示 [J]. 体育文史，2000（3）：13-14.
[49] 齐国强，郑立新，张永军. 域外大众体育发展状况及思考 [J]. 中国体育科技，2000，36（6）：46-49.
[50] 张夏榕. 各国体育测验制度比较分析及我国的发展趋势 [J]. 四川体育科学，1999（4）：42-44.
[51] 熊斗寅. 从国际大众体育发展趋势展望我国全民健身计划的发展前景 [J]. 体育科学，1998，18（2）：3-8.
[52] 姚毓武. 各国体育测验制度与健身计划简介 [J]. 天津体育学院学报，1994，9（2）：14-21.
[53] 凌平. 美国、德国、英国和日本大众体育发展的基本概况 [J]. 浙江体育科学，1994，16（6）：21-24.
[54] 边文. 德国：体育《黄金计划》受欢迎 [N]. 中国体育报，1994-8-13（8）.
[55] 陈孝平. 论东西方大众体育发展的共同点及发展趋势 [J]. 解放军体育学院学报，1996（3，4）：10-17.
[56] 凌明德，刘孝兰，王敏敏，等. 国内外群众体育的开展情况分析 [J]. 上海体育学院学报，1998，22（增刊）：111-114.
[57] 之文. 国外体育产业大趋势 [N]. 中国财经报，2002-10-19（3）.
[58] 中华人民共和国国家体育委员会赴民主德国体育考察团. 关于考察民主德

国学校体育的报告［J］. 中国学校体育，1990（1）：69–73.
［59］蔡俊五. 民主德国和联邦德国体育领导管理体制社会化的成功经验［J］. 体育科学，1989（2）：81–85.
［60］李寅生，凌平. 联邦德国体育管理体制及其特征［J］. 天津体育学院学报，1994，9（2）：31–35.
［61］王海源. 德国传统“杂技”进入学校体育的启示［J］. 山东体育学院学报，2008，24（7）：72–74.
［62］刘玮. 德国体育俱乐部运动［J］. 运动，2011（14）：155–157.
［63］刘波. 德国体育联赛体系的研究［J］. 体育与科学. 2007，28（9）：59–64.
［64］刘波. 德国体育俱乐部体制与竞技体育关系的研究［J］. 体育与科学，2007，28（11）：65–69.
［65］刘波. Sport概念在德国的研究与应用及对我国的启示［J］. 体育文化导刊，2007，（7）：74–78.
［66］刘波. 德国体育俱乐部体制与学校体育关系的研究［J］. 体育与科学，2008，29（1）：88–93.
［67］刘波. 中德体育师资培养比较［J］. 体育学刊，2008，15（6）：45–48.
［68］刘波. 德国体育俱乐部体制与群众体育关系的研究［J］. 体育与科学，2009，30（1）：64–68.
［69］刘波. 德国体育环境体育及其启示［J］. 体育文化导刊，2010（2）：145–148.
［70］刘波. 德国统一前后竞技体育发展特点研究［J］. 北京体育大学学报，2010，33（9）：25–28.
［71］刘波. 德国运动训练专业课程设置及对我国的启示［J］. 上海体育学院学报，2011，35（4）：77–80.
［72］刘波. 德国体育体制研究对进一步完善我国体育体制的启示［J］. 北京体育大学学报. 2011，34（11）：5–9，14.
［73］刘波. 体育与社会化关系研究［J］. 体育科学，2012，32（11）：90–97.
［74］缪佳. 德国体育和竞技体育发展的特点研究［J］. 体育与科学，2010，31（6）：68–70.
［75］胡安义，吴希林，蔡开明. 德国竞技体育后备人才的培养与启示［J］. 体育文化导刊，2013（9）：48–51.

四、外文类

［1］Krüger，Michael. Einführung in die Geschichte der Leibeserziehung und des Sports. Teil 1：Von den Anfängen bis ins 18. Jahrhundert［M］. Schorndorf：Verlag Karl Hofmann，2004.（德文）

[2] Krüger, Michael. Einführung in die Geschichte der Leibeserziehung und des Sports. Teil 2: Leibeserziehung im 19. Jahrhundert. Turnen fürs Vaterland [M]. Schorndorf: Verlag Karl Hofmann, 2005. (德文)

[3] Krüger, Michael. Einf ü hrung in die Geschichte der Leibeserziehung und des Sports.Teil 3: Leibeserziehung im 20. Jahrhundert. Sport f ü r alle [M]. Schorndorf: Verlag Karl Hofmann, 1993. (德文)

[4] Julius , Bohus. Sportgeschichte, Gesellschaft und Sport von Mykene bis heute [M]. M ü nchen: BLV Verlagsgesellschaft, 1986. (德文)

[5] Hans Joachim Teichler, Gerhard Hauk. Illustrierte Geschichte des Arbeitssports [M]. Berlin, Bonn: Verlag J. H. W. Dietz Nachf, 1987. (德文)

[6] Louis L. Snyder: Encyclopedia of the Third Reich [M]. New York: Da Capo Press, 1976. (英文)

[7] Digel, Helmut. Talentsuche und Talentfoederung im internationalen Vergleich [J]. Leistungssport, 2001 (4) : 72–78. (德文)

[8] Baumert, Armin.Nachwuchsf rderkonzept im DeutschenSport [R]. SPD-Dikussionsveranstaltung "Opimale Nachwuchsfoerderung" in Berlin, 2002–06–16. (德文)

[9] Ueberhorst, Horst. Geschichte der Leibes ü bungen, Bd. 6 [M]. Berlin: 1989. (德文)

[10] Christoph Breuer. Sportentwicklungsbericht 2005/2006 Analyse zur Situation der Sportvereine in Deutschland [R]. Band 02/2007 Sonderdruck, Köln: Sportverlag Strauss, 2007. (德文)

[11] Christoph Breuer. Sportentwicklungsbericht 2007/2008 Analyse zur Situation der Sportvereine in Deutschland, Sportvereine in Deutschland [R]. Köln: Sportverlag Strauss, 2008. (德文)

[12] Christoph Breuer. Sportentwicklungsbericht 2007/2008 Analyse zur Situation der Sportvereine in Deutschland, Kurzfassung [R]. Köln: Sportverlag Strauss, 2009. (德文)

[13] Christoph Breuer, Pamela Wicker. Sportentwicklungsbericht 2009/2010 —— Analyse zur Situation der Sportvereine in Deutschland [R]. Köln: Sportverlag Strauss, 2010. (德文)

[14] Deutscher Bundestag. 11.Sportbericht der Bundesregierung [R], 2006. (德文)

[15] F. A. Brockhaus. Der Sport Brockhaus [M]. Wiesbaden: F. A. Brockhaus, 1982. (德文)

[16] Corroll, Victor A. Employee Fitness Programmers: An Expanding Concept [J]. International Journal of Health Education, 1980, 23 (1) : 35–44. (英文)

[17] Deutscher Sportbund. Sport in Deutschland [M]. Frankfurtam Main：Deutscher Sportbund Generalsekretariat，2003.（德文）
[18] DOSB. Bestandserhebung 2007 des Deutschen Olympischen Sportbundes [R]. Frankfurt/M：Deutscher Olympischer Sportbund，2007.（德文）
[19] DOSB. Bestandserhebung 2008 des Deutschen Olympischen Sportbundes [R]. Frankfurt/M：Deutscher Olympischer Sportbund，2008.（德文）
[20] DOSB. Bestandserhebung 2009 des Deutschen Olympischen Sportbundes [R]. Frankfurt/M：Deutscher Olympischer Sportbund，2009.（德文）
[21] DOSB. Bestandserhebung 2010 des Deutschen Olympischen Sportbundes [R]. Frankfurt/M：Deutscher Olympischer Sportbund，2010.（德文）